코딩으로 배우는

미디어아트

Learning Media Art Through Coding

김대우 지음

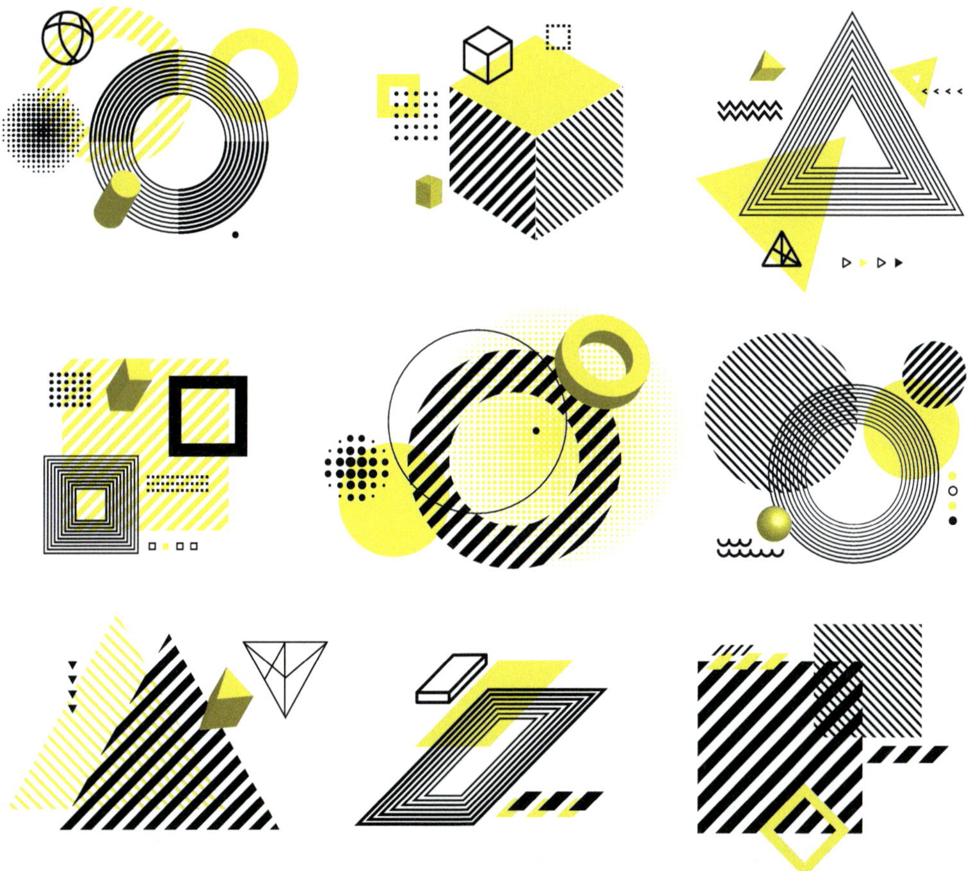

도서출판 홍릉

저자소개

김대우

부산대학교 미술학과를 졸업하고 성공회대학교 문화예술경영학과 석사학위를 받고 중앙대학교에서 애니메이션이론/콘텐츠프로듀싱 전공으로 박사학위를 받았다. 8년간 애니메이션 및 게임회사 (디지털드림스튜디오, 웹젠)에서 캐릭터디자이너와 테크니컬디렉터로서 활동했다. 현재 성공회대학교 디지털콘텐츠 전임교수로 재직 중이다.

코딩으로 배우는 미디어아트

Learning Media Art Through Coding

인 쇄: 2024년 10월 28일 초판 1쇄
발 행: 2024년 11월 10일 초판 1쇄

저 자: 김대우
발행인: 송 준
발행처: 도서출판 홍릉
주 소: 01093 서울시 강북구 인수봉로 50길 10
등 록: 1976년 10월 21일 제5-66호

전 화: 02-999-2274~5, 903-7037
팩 스: 02-905-6729
e-mail: hongpub@hongpub.co.kr
http://www.hongpub.co.kr
ISBN: 979-11-5600-238-3(93000)

정 가: 19,000원

머리말

프로세싱은 코딩에 관심은 있지만 한 번도 접해보지 못한 일반인들과 컴퓨터비전 기술을 이용해 미디어아트 작품을 제작하고 싶은 예술대학 순수미술 전공생, 디자인 전공생에게 기초코딩을 배우는데 용이한 프로그래밍언어다. 특히 게임디자인과 영상시각효과(VFX), 미디어아트 분야에서 테크니컬 아티스트로 활동하고 싶은 학생이라면 적극 추천한다. 테크니컬 아티스트는 예술적 감각과 프로그래밍 기술 능력을 고루 갖추고 있어야 한다. 내가 프로세싱을 추천하는 첫 번째 이유는 그나마 다른 언어들에 비해 쉬운 편이다. 두 번째는 여러분들이 만든 코드를 그래픽이미지로 확인할 수 있어 피드백이 빠르고 작품화 되어가는 재미가 생긴다. 이것 외에도 다양한 장점이 있지만 두 가지 이유만으로도 코딩에 도전할 동기를 충분히 심어줄 수 있을 거라고 본다. 프로세싱은 국내 40여 대학에서 프로세싱을 가르치는 것으로 알려졌다.

나는 예술대학에서 입체조형을 배웠던 미대생이지만 25년간 3D컴퓨터 그래픽분야 회사와 교육 분야에서 활동하면서 마야의 mel 스크립트와 유니티의 C#을 곁다리로 조금씩 배우게 되었다. 그러면서 예술과 IT의 융합처럼 학제 간의 통합, 융합적 사고를 갖춘 인재 양성에 관심이 많았다. 5년간 디지털콘텐츠 전공생에게 유니티 C#을 가르쳐 보기도 했지만, 학생들에게 진입장벽이 너무 높았다. 예술대학이나 디자인학과에서 기초코딩 문법을 배우기에 적절한 언어를 찾던 중 프로세싱이 눈에 들어왔다. 프로세싱은 일반적인 언어와 코딩 문법은 같으면서 빠르게 시각화시킬 수 있다는 점이 매우 매력적으로 다가왔다. 이후 내가 재직하고 있는 대학에서 〈코딩으로 배우는 미디어아트〉라는 교과목으로 현재까지 가르치고 있다. 어렵게만 생각해 왔던 코딩 문법을 쉽게 배울 수 있고 미디어아트 작품을 만들 수 있어 좋다는 긍정적인 평가가 많았다.

국내 대학에서 비전공자를 위한 코딩교육은 스크래치(Scratch)나 디자인씽킹기반 코딩교육 프로그램을 이용하거나 프로그래밍 언어 중 비교적 쉽다고 알려진 '파이썬'같은 컴퓨팅 언어를 가르치고 있다. 국내 예술 관련 대학에서는 최근 '프로세싱'을 이용한 코딩교육이 늘어나는 추세다. 스크래치에 비해 정교한 코딩이 가능하고 C++ 나 파이썬에 비해 비교적 쉽고 시각적 결과물로 표시된다는 장점이 있다. 다만 나의 판단으로 볼 때 해당 교과목을 살펴보면 예술과의 연관성을 무시하고 코딩문법 교육에만 주안점을 두고 있는 것으로 보인다. 아무래도 코딩이 예술과의 접점이 없다 보니 기존 코딩교육 방식으로 교육하는 것이다. 프로세싱은 기타 언어에 비해 쉽다고는 하지만 낯선 언어체계를 배우는 만큼 결코 포토샵처럼 쉬운 툴이 아니다. IT 비전공자가 배우기 힘든 주요한 이유는 논리적인 추론을 바탕으로 한 언어적 절차구조로 사고해야 효과적이다. 직관, 감각의 교차편집, 무의식적 연결성 같은 창의성을 발휘하는 예술가들에게 배우기 힘든 학습방법이다. 일반적으로 코딩은 수학과 논리성을 기반으로 규칙적인 동작과 문제해결을 하는 것이 목적이고, 시각 예술은 감각과 창의성을 기반으로 불규칙적이고 독창적인 예술작품을 만드는 것이라고 생각해 왔다. 그래서 막연히 사고하는 방법에서 서로 다른 대척점에 있어 융합할 수 없다고 생각해 왔다.

따라서 이를 해결하기 위해 몇 가지 고려해야 할 사항이 있었다. 첫 번째 코딩으로 만들어진 결과물이 반드시 예술가들에게 익숙한 시각적 이미지로 구현되어야 한다는 점이다. 두 번째 처음 배우는 디자이너와 예술가들이 배우기에 코딩 문법이 쉬워야 한다. 세 번째 코딩과 기초조형과의 유사성을 부각시켜 예술가들이 코딩을 배움으로써 실제 생산성 있는 작품을 만들 수 있도록 해야 한다. 이와 같은 관점에서 프로세싱은 IT 비전공자 입장에서 문법이 간단하고 배우기 쉬우면서 코딩을 이용해 만들어진 결과물이 미디어아트 작품으로 생산되는 언어다. 그래서 이 책이 가장 중점으로 생각하는 부분은 최대한 시각 예술작품을 분석하기 위해 이론화시켜 온 기초조형이론과 코딩문법을 맵핑시켜 코딩을 배운다는 점이다. 나는 예술 및 디자인 분야를 전공하는 IT 비전공자가 친근하게 이해할 수 있는 교수법으로 기초조형 이론을 프로그래밍의 알고리즘과 대응시켜 학습자를 이해시키는 방법을 제안하고 싶다. 이것이 논리와 합리성을 강조하는 컴퓨팅 사고와 감각과 창의성에 입각한 조형감각이 결합할 수 있는 방법이라고 보고, 이 책을 저술하게 된 목적이다.

기초조형은 좋은 작품에서 보여지는 미적 요소와 조건이 무엇인지 찾고자 하는 바램에서 구축해 온 아름다움의 원리라고 할 수 있다. 본격적으로 모던니즘의 미학을 기초로 한 칸딘스키(Wassily Wassilyevich Kandinsky), W.그로피우스(Walter Adolph Georg Gropius)에서 출발하여 자연과학과 미학을 접목시켜 디지털 바우하우스를 제창한 막스벤제(Max Bense)까지 시대적 흐름에 따라 조형요소와 원리를 연구해 왔다. 최근 컴퓨터로 제작된 뉴미디어 작품들이 등장하면서 미디어아트에 적용 가능한 생태학적 관점에서 조형언어와 원리에 대한 연구들도 있었다. 이 책은 데이비드A.라우어(Lauer, David A)와 스티븐 펜탁(Pentak, Stephen)이 저술한 〈조형의 원리〉라는 책을 기준으로 기초조형개념을 설명할 것이다. 〈조형의 원리〉는 현대디자인과 미술작품에서 시간과 공간을 뛰어넘어 존재하는 미학적 원리와 조형요소를 쉽게 설명하고 있고 교육자를 위한 모듈화된 포맷으로 주제와 도판이 실려 있다. 관심있는 분들은 위 책을 참고하길 바란다.

이 책은 프로그래밍 경험이 없는 일반인이 대상이지만 Photoshop, illustrator, premiere 소프트웨어를 한 번쯤 다뤄본 분들이나 예술분야를 전공하는 미술/디자인 전공자라면 더욱 도움이 될 것이다. 이 책의 학습내용은 기초조형이론을 큰 카테고리로 구분한 조형요소, 조형원리, 조형요소의 구조화, 이미지 미디어아트, 시청각 미디어아트로 구분해서 lesson 별로 나누었다. 각 lesson은 다시 4~6의 세부 주제장으로 나누었다. 각 장마다 조형이론을 진화심리학 관점에서 설명한 내용이 있고 본격적으로 프로세싱에서 조형요소에 해당하는 함수나 구현 알고리즘을 배우게 된다. 실습 예제는 가급적 각 장이나 주제에 해당하는 작품을 구현해 보는 프로젝트로 실습하려고 했다. 이 책이 초급자를 위한 과정이지만 다른 프로세싱 책들과 차별화된 점은 기능구현 코딩에 멈추지 않고, 여러분들이 만든 작업물이 완성도 있는 그래픽이미지, 모션그래픽, 인터렉티브 콘텐츠 작품으로 구현되도록 만든 점이다. 학습자입장에서 작품완성을 해보는 경험은 배움의 동기부여와 지속성에 엄청난 영향을 미치기 때문이다. 처음에는 저자가 제공해 준 소스파일을 이용해 제작과정을 익히고 다시 본인만의 미디어아트 작품을 반드시 제작해 보길 바란다. 이 책에 코드를 약간만 수정하면 여러분만의 창의적인 작품으로 재창조될 것이다.

※ 17장 이후 예제를 완성하기 위해 필요한 이미지 데이터들은 아래 주소를 통해 다운로드 받을 수 있다.

https://url.kr/9hzwk4

목차

Lesson
01

프로세싱과 조형요소

Media Art Learning by Coding

CHAPTER 01

프로세싱 시작하기

개요

- 프로세싱 설치하기
- 프로세싱 웹사이트
- 프로세싱 인터페이스
- 프로세싱의 픽셀좌표

프로세싱을 시작하기 앞서 사용하는데 도움을 주는 프로세싱 웹사이트를 둘러보고, 기본개념으로 잘 이해하고 있어야 하는 렌더링 좌표를 알아보도록 하자.

1-1 프로세싱 설치하기

프로세싱은 우리가 컴퓨터와 소통하기 위해 만들어 놓은 약속된 언어여서 컴퓨터에 설치해야 한다. 프로세싱은 오픈소스이기 때문에 무료로 설치할 수 있다. 프로그램을 다운받기 위해 https://processing.org 사이트를 방문한다. 메인메뉴에서 Download를 클릭하면 설치페이지가 나온다. 본인의 pc시스템이 window면 Download Processing 4.3 for Windows 버튼을 클릭해 다운받으면 된다. 다른 운영체제 시스템을 사용한다면 아래 macOS, Linux 아이콘을 클릭하면 설치 가능한 프로세싱 버전을 다운로드 할 수 있다.

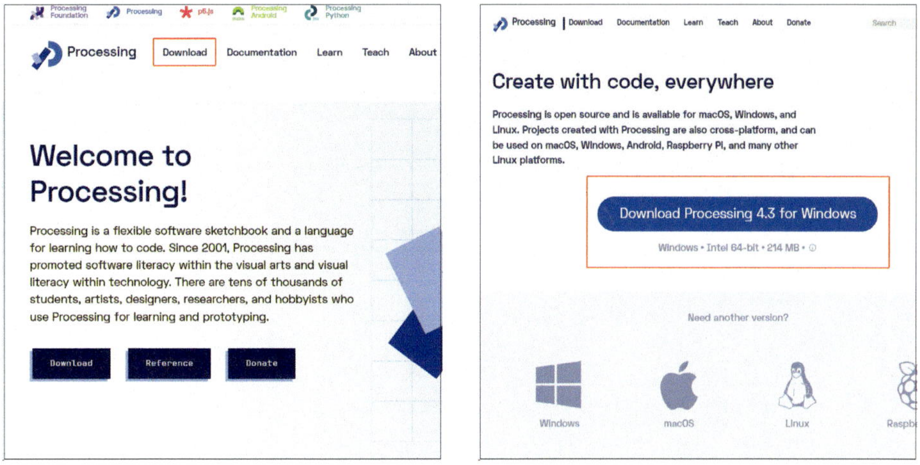

▲ 그림 1-1

압축된 프로세싱 파일을 다운받고 압축을 푼다. 그러면 아래처럼 processing4-3(최신버전 넘버링) 폴더 내부에 아래와 같은 폴더가 있을 것이다. 프로세싱을 실행하고자 할 때는 그림 1-2에서 파란색으로 그려진 processing 아이콘을 더블클릭하면 실행된다.

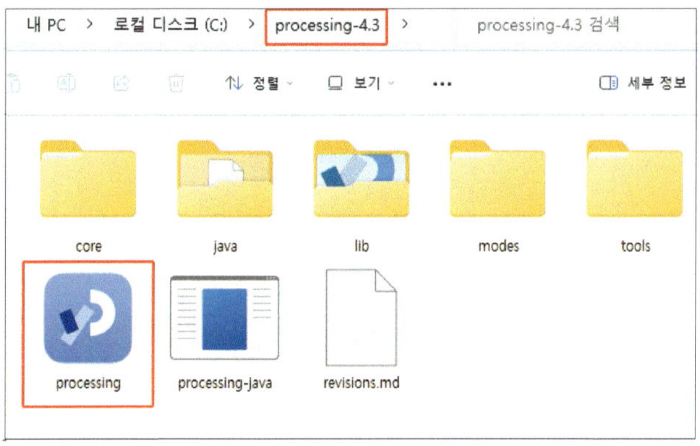

▲ 그림 1-2

1-2 프로세싱 웹사이트

프로세싱 웹사이트에서는 초급자뿐만 아니라 전문가에게도 보물 같은 자료들이 모여 있는 곳이다. 그림 1-3은 프로세싱 웹사이트에서 Documentation/reference/Array라는 데이터를 찾아본 결과 화면이다.

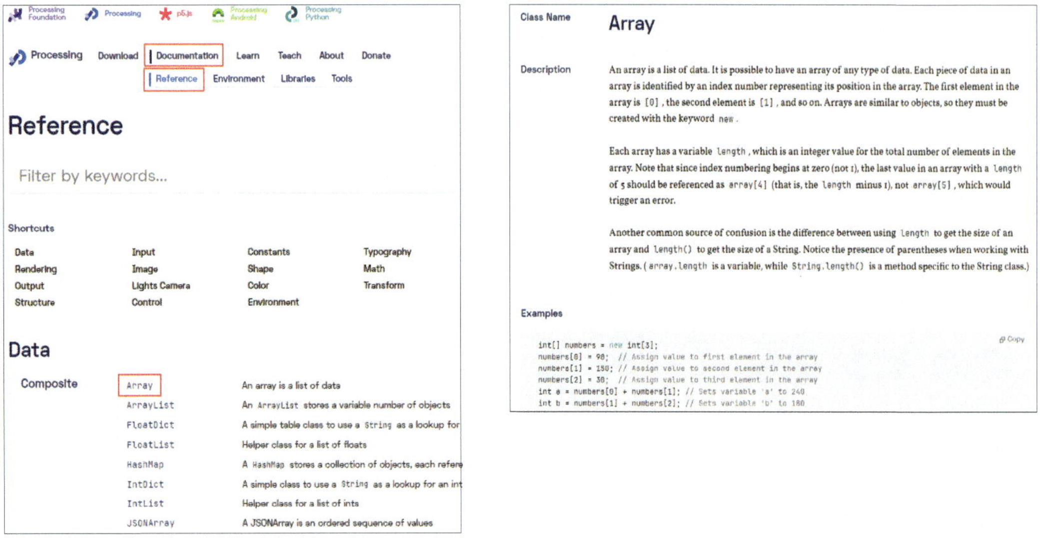

▲ 그림 1-3

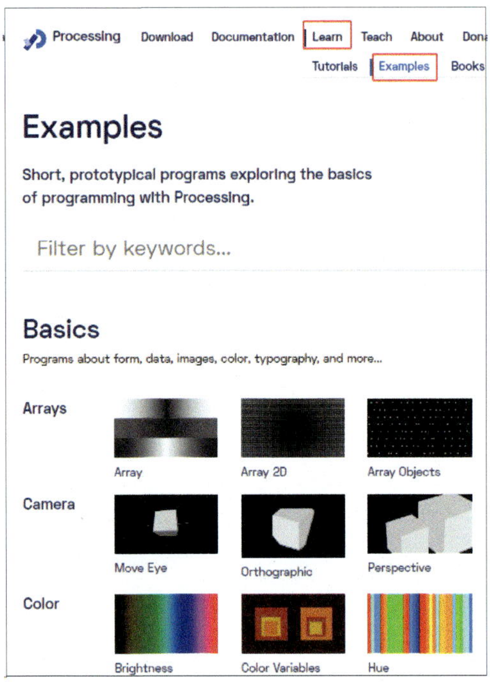

▲ 그림 1-4

프로세싱은 프로그래밍언어이기 때문에 한글 사전에서 단어를 찾아보는 것처럼 필요한 도형, 색, 렌더링, 이미지, 수학, 변환, 데이터 등 함수의 설명과 사용법을 알아볼 수 있다. 코딩경험이 늘어나면 원하는 기능을 구현해 주는 함수를 찾고자 할 때 매우 유용하다. 기본적으로 영어로 되어 있지만 마우스 오른쪽 버튼을 클릭해 구글(Google)의 한글 번역 기능을 활용하면 이해하는 데 도움이 된다.

개인적으로 프로세싱 웹사이트의 가장 큰 장점은 견본와 튜토리얼(예제)이 많다는 점이다. 그리고 각 예제를 클릭하면 구현 코드와 관련 예제들이 나오는데 다양한 예제들로 인해 미디어아트의 표현능력을 넓힐 수 있다. Learn/Examples 페이지에 카테고리별로 수많은 예제들이 있다. 썸네일 이미지를 클릭하면 해당 예제 페이지로 들어가 자세한 구현 코드를 확인해 보자.

1-3 프로세싱 인터페이스

프로세싱을 실행하면 그림 1-5 왼쪽 그림처럼 단순한 메뉴와 버튼, 편집창이 보이는 프로그램창이 열린다. 메인메뉴와 세부 기능은 나중에 예제를 만드는 과정에서 필요할 때마다 설명할 것이다. 간단 한 사용법은 아래와 같다.

- 프로세싱은 1-5 왼쪽 그림 하얀색 영역에 명령어코드를 입력한다.
- ▶ 실행 버튼을 클릭해 코드를 실행한다. 그러면 1-5 오른편 그림처럼 회색 이미지창이 뜬다. 이것을 렌더링 이미지라고 말한다.

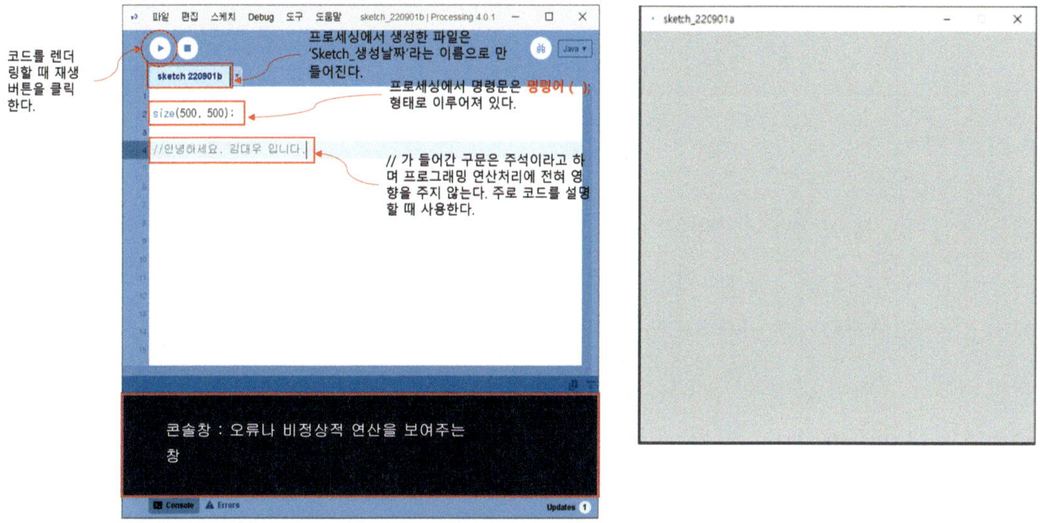

▲ 그림 1-5

1-4 프로세싱 픽셀좌표

위 그림 1-5처럼 코드를 작성하고 실행 버튼을 클릭해 보면 회색바탕의 렌더링 이미지가 나타났을 것이다. 앞으로 여러분들은 이 렌더링 이미지에 그림을 그릴 것이기 때문에 픽셀 위치가 어떤 좌표개념을 사용하고 있는지 알고 있어야 한다. 프로세싱에서는 2차원 직교좌표계 (Cartesian Coordinates System)를 사용한다.

- 프로세싱은 1-6 왼쪽 그림의 회색 영역처럼 제 4사분면을 사용한다.

- 일반적인 직교좌표계에서 제 4사분면은 Y축이 음(–)의 방향인데, 프로세싱에서는 Y축 방향을 따라 양의 값을 갖는다.
- 그림 1–6의 오른쪽 이미지는 가로 500픽셀, 세로 500픽셀 좌표를 보여준다.

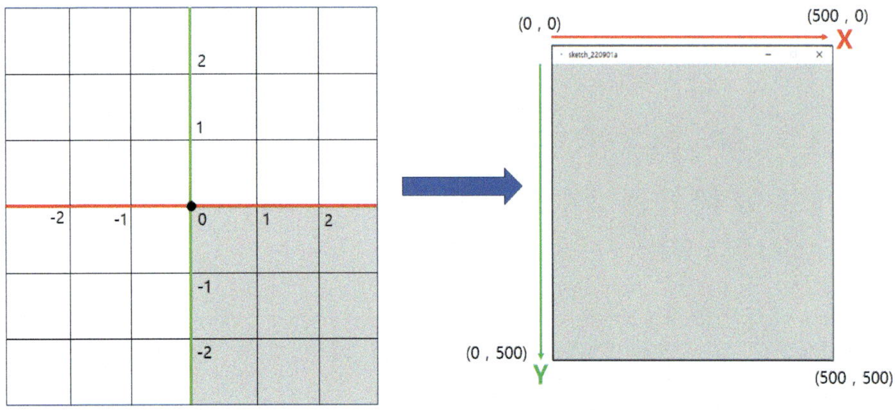

▲ 그림 1–6

위 좌표계 개념을 이해하고 있어야 도형 함수를 그릴 때 정확한 위치값을 지정할 수 있다.앞으로 만들어 볼 예제나 작품들은 대부분 도형을 어디에 위치시킬 것인가, 어떠한 경로로 움직이게 할 것인가, 어떤 위치에서 회전할 것인가라는 문제로 고민할 것이기 때문에 어떤 방향이 x, y 축이고 어떤 방향으로 가야 값이 증가하는지 이해하고 있어야 한다. 그래서 아래 간단한 점을 그려보기 예제를 통해 연습해 보도록 하자.

예제 2–1 Point로 점 만들기

❶ 먼저 스케치를 만들어보자. 프로세싱을 열고 파일(file)/저장(save)을 클릭한다.

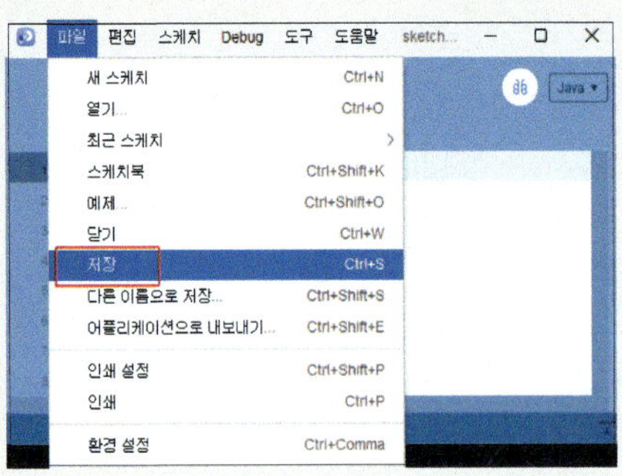

그럼 저장할 수 있는 브라우저 창이 나온다. 원하는 경로에 point 이름으로 저장한다.

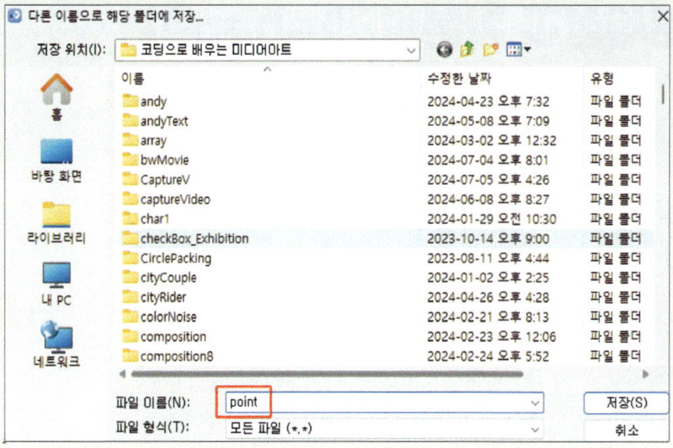

❷ size(200, 200) 코드를 작성해서 넣자. 괄호 안(200, 200)은 가로, 세로 200픽셀 크기의 렌더링 이미지를 만들겠다는 함수명령어이다. size() 함수는 가급적 상단 맨 처음 들어가도록 하자. 그리고 ( ) 안의 좌표 숫자를 매개변수라고 한다. 그리고 반드시 도형함수 끝에 ;을 넣어야 한다. 다음에 올 명령문과 구분 짓기 위함이다. 이것을 빠뜨리면 에러가 발생하면서 점이 렌더링이 되지 않는다.

❸ point(100, 100) 코드를 다음 아래 칸에 넣는다. 괄호 안 (100, 100)은 가로, 세로 100픽셀로 이동한 지점이기 때문에 렌더링 이미지의 정중앙이 될 것이다. ▶ 실행 버튼을 클릭해 렌더링을 확인해 보면 실제 중앙에 점이 찍혀 있는 것을 확인할 수 있다.

point

```
size(200, 200);      ❷

point(100, 100);     ❸
```

Media Art Learning by Coding

CHAPTER 02

프로세싱과 기본형태(shape)

개요

- 기하도형과 자극기억
- 점, 선, 사각형, 원
- 기본도형을 조합해서 캐릭터 만들기

프로세싱은 기하형태를 제공한다. 기본형태에 속한 점, 선, 면의 기원을 이해하고 프로세싱에서 간단한 도형명령어를 통해 화면위에 도형그래픽을 생성하는 과정을 배워보자.

2-1 기하도형과 자극기억

그림이나 디자인 작품에서 형태를 이루는 가장 기본요소는 점, 선, 면으로 만들어진다. 따라서 우리가 그림을 그린다면 윤곽선과 형태를 구성하는 점, 선, 면, 도형에 대해 알아볼 필요가 있다. 우리의 일상생활 속에 복잡한 사물 형태가 많이 있지만 건축물, 가구 같은 사물은 직사각형 형태를 가지고 있고, 그릇이나 접시는 타원형의 형태를 많이 가지고 있다. 자동차처럼 복잡한 형태로 보이지만 기본도형들의 결합으로 구축된 복합형태이기 때문에 각 부분은 사각형, 원형, 삼각형 같은 기본도형으로 분리될 수 있다. 그렇다면 기본도형들의 기원은 어떻게 만들어진 것일까?

진화심리학자 핑커(Steven Arthur Pinker, 1997)는 복잡한 사물의 형태를 대체하고 인간의 본성이 잠재되어 있는 자극기억을 일깨워 줄 목적으로 예술이 발전했다는 '자극기억이론'을 주장했다. 사람들에게 형태와 색과 소리에서 즐거움을 얻게 하는 목적을 위해 진화한 마음의 기제가 있다고 한다. 예를 들면, 잘 익은 과일을 쉽게 찾도록 설계된 컬러시각기제는 그러한 패턴을 모방한 그림을 잘 만듦으로써 즐겁게 작동시킬 수 있고 그림·사진에 등장하는 여성이미지는 생식력이 높은

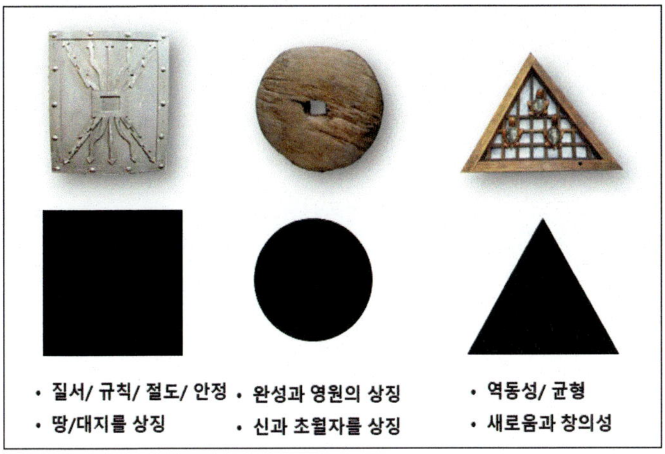

▲ 그림 2-1

여자를 알리는 단서에 대한 심리적 선호를 이용하기 위해 설계된 패턴일 수 있다는 것이다. 그렇다면 평면 공간 위에 형태를 함축하고 상징적으로 표현된 사각형, 원형, 삼각형 같은 기하도형은 그림 2-1처럼 인간기억이 표상하고자 하는 잠재된 본질적인 형상을 상징한다고 볼 수 있다.

칸딘스키는 자신의 저서<점·선·면>에서 당시의 예술연구는 회화의 기초 혹은 본질적인 요소에 관한 연구가 부족하다는 생각에 리듬, 반복, 음색, 가락과 같은 요소들이 음악의 매개체로 사용되는 것처럼, 회화도 음악과 유사한 조형요소가 무엇인지 연구했고 그것이 점, 선, 면, 형태로 보았다. 칸딘스키의 의도처럼 점, 선, 면, 형태는 회화를 구성하는 구성요소이면서 그 자체로써 순수 조형미를 보여주는 매개체라고 생각했다. 이 같은 예술철학은 20세기 이후 현대미술과 디자인에 큰 영향을 주었다. 그림 2-2 피카소의 <the Bull> 그림이 있는데, 자연적(사실적) 형태를 가진 황소 그림이 점차 단순하고 군더더기 없는 간결한 선과 면으로 수렴되는 과정을 보여준다. 피카소의 그림은 칸딘스키의 난해한 조형이론 설명을 직관적으로 설명해주는 그림이라고 볼 수 있다.

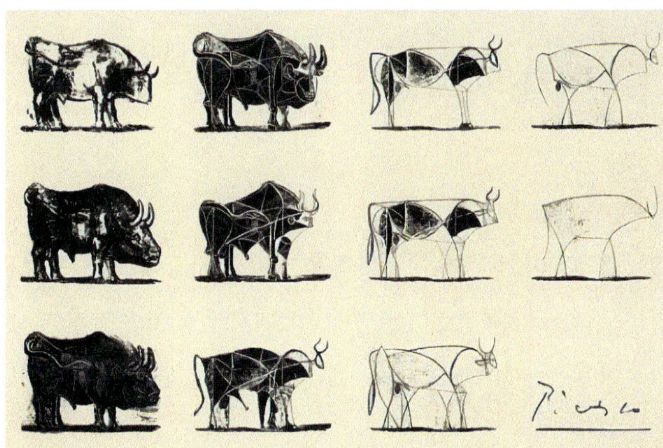

▲ 그림 2-2

프로세싱 언어에서 점, 선, 기하도형을 표현할 수 있는 Shape 명령어를 가지고 있다. 나는 프로세싱에서 제공하는 기하도형들을 이용해 칸딘스키처럼 사물의 매개체로 표현하거나 추상적 개념을 상징하는 대체재로 사용할 것이다. 여러분들도 저자의 예제를 참고할 뿐 여러분들의 자극기억에 따라 자유롭게 도형을 상징화하면서 사용하길 바란다.

2-2 점, 선, 사각형, 원

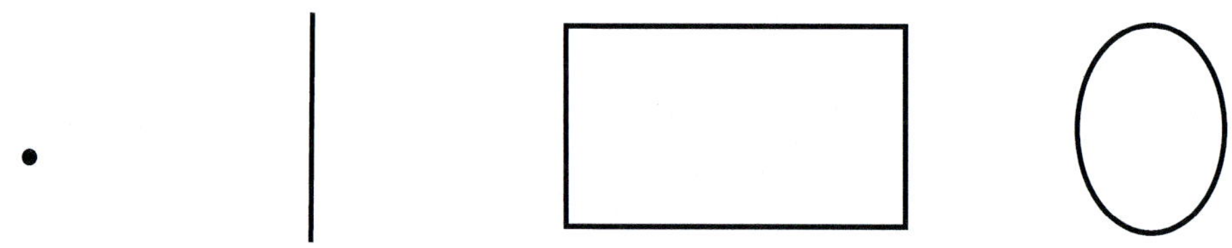

점	선	사각형	타원

point( )	괄호 안 매개변수 (x위치, y위치)
line( )	괄호 안 매개변수 (x1위치, y1위치, x2위치, y2위치)
rect( )	괄호 안 매개변수 (x위치, y위치, width, height)
ellipse( )	괄호 안 매개변수 (x위치, y위치, width, height)

▲ 그림 2-3

그림 2-3같이 네 가지 기본도형을 가지고 시작해 보자. 프로세싱 도형 명령어(함수) 중에 점에 해당하는 point라는 명령어는 앞서 1장에서 만들어 보았기 때문에 지금은 선부터 그려보자. 선을 그리는 것은 두 개의 점을 잇는 것과 유사하다. 선을 그리려면 (x1, y1, x2, y2) 좌표만 넣으면 된다.

예제 2-1. line 그려보기

❶ 렌더링 이미지의 크기는 size(400, 400) 가로세로 400픽셀 크기로 만든다.

❷ line(0, 0, 200, 200)는 원점(0, 0)에서 화면의 중앙(200, 200)까지 선을 긋는다는 의미이다.

line

```
size(400, 400);          ❶

line(0, 0, 200, 200);    ❷
```

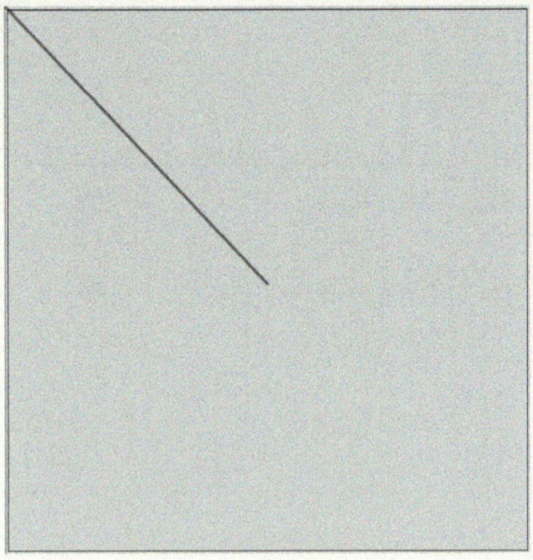

면은 다양한 기본도형이 있는데 타원에 해당하는 명령어는 ellipse(), 직사각형은 rect()이다. 도형을 그리기 위해 넣는 매개변수의 속성은 도형마다 다르다. rect(x위치, y위치, 가로길이, 세로길이) 같은 형식으로 코드를 작성해야 한다. 매개변수는 도형의 위치, 크기, 부피, 색 등과 같이 도형을 정의하는 속성들이다.

예제 2-2. rect 사각형 그려보기

❶ 렌더링 이미지의 크기는 size(400, 400) 가로세로 400픽셀 크기로 만든다.

❷ rect(100, 100, 200, 200)는 원점에서 가로:100, 세로:100 이동하여 사각형 width:200, height:200을 만들라는 의미이다.

❸ rect() 함수로 그려지는 사각형의 중심점은 중간이 아니라 ③번호가 있는 상단왼편 꼭지점이다.

rect

```
size(400, 400);              ❶

rect(100, 100, 200, 200);    ❷
```

예제 2-3. ellipse 타원형 그려보기

❶ 렌더링 이미지의 크기는 size(400, 400) 가로세로 400픽셀 크기로 만든다.

❷ ellipse(100, 100, 200, 200)는 원점에서 가로:200, 세로:200 이동하여 타원형 width:200, height:200을 만들라는 의미이다.

ellipse

```
size(400, 400);               ❶

ellipse(200, 200, 200, 200);  ❷
```

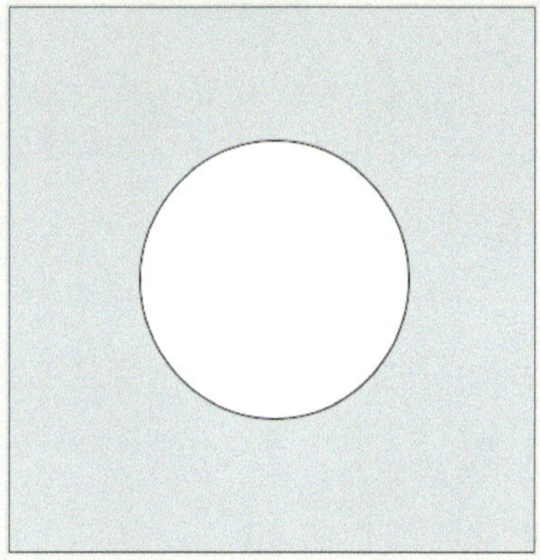

이 밖에도 정원, 삼각형, 호, 사다리형, 다각형 등 다양한 도형 함수가 있다. 사용법은 프로세싱 웹 사이트에 가서 reference 메뉴에 들어가 해당 도형의 함수 이름을 찾거나 검색어 찾기로 찾아볼 수 있다. 각 도형 함수마다 사용하는 방식이 다르고 예상치 못한 팁들을 알게 되는 경우도 많다. 그래서 reference 메뉴를 참조하는 경험을 자주 갖기를 바란다.

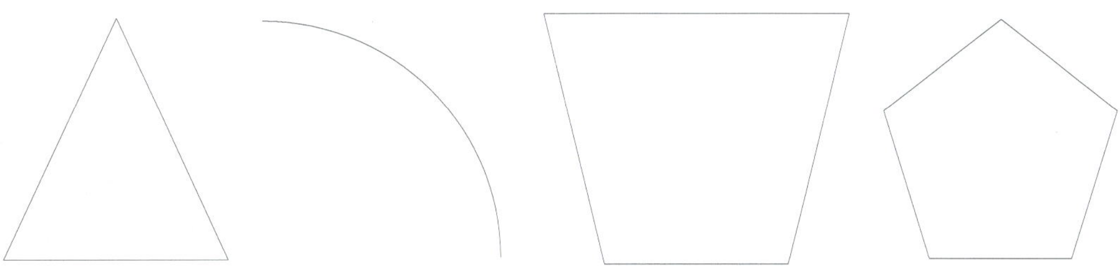

삼각형 호 사다리형 다각형

▲ 그림 2-4

▲ 그림 2-5

기하도형으로 만들어진 대표적인 작품으로 현대회화 작품 중 그림 2-5 말레비치의 '검은 원' 작품을 예로 들 수 있다. 그 작품은 하얀색 캔버스 중앙에 검은 원이 그려져 있다. 검정색원은 특정 사물을 재현하는 형태가 아니기 때문에 오로지 위치, 크기, 부피 같은 요소로 작품 내에서 긴장감과 어떤 느낌에 큰 영향을 미치고 있다. 앞으로 프로세싱을 통해 작품을 제작하게 될 여러분들은 말레비치가 의도했던 것처럼 기하도형을 의미 없이 사용하기보다 여러분 나름의 상징과 의미를 부여해 2차원 공간 속에 어떻게 배치할 것인지 고민해 보길 바란다. 그러면 나름의 조형감각을 키울 수 있다. 기존의 드로잉이나 유화의 작품과 다른 점은 도형의 위치, 크기, 부피를 나타내는 속성은 프로세싱에서 숫자 형태를 많이 사용하기 때문에 문자와 기호를 통한 추론적 사고를 해야 한다.

2-3 기하도형을 조합해서 캐릭터 만들기

프로세싱에서는 기본도형을 활용해 여러분이 원하는 형태를 만들 수 있다. 이때 도형함수들은 프로세싱 에디터 창의 상단에서부터 아래로 한 줄 한 줄 쌓이도록 작성한다. 도형을 조합해서 사물의 형태를 만들 때 고려해야 할 사항은 두 가지가 있다. 첫 번째 도형이 그려질 위치와 크기를 고려해 숫자를 넣어야 한다. 두 번째 맨 아래 작성된 도형함수가 그림에서 맨 앞 순서에 나타나게 된다는 점이다. 양파껍질에 비유하면 최상단에 작성한 도형함수는 맨 안쪽껍질이고 최 하단에 작성한 도형함수는 맨 바깥쪽 껍질에 해당된다. 그래서 안쪽 그림 같은 경우 중첩되어 안 보이는 부분이 발생할 수 있다. 타원과 삼각형을 만들어 캐릭터의 몸통과 머리를 만들어보자.

예제 2-4. 기하도형으로 캐릭터 만들기

❶ 렌더링 이미지의 크기는 size(400, 400) 가로세로 400픽셀 크기로 만든다.

❷ 몸통에 해당하는 삼각형은 triangle(점1.x, 점1.y, 점2.x, 점2.y, 점3.x, 점3.y)형식으로 괄호 안 매개변수를 작성해야 삼각형을 그릴 수 있다. (매개변수 숫자는 다르게 작성해도 됨.)

❸ 머리에 해당하는 타원은 ellipse(x축 위치, y축 위치, 가로크기, 세로크기)형식으로 괄호 안 매개변수를 작성해야 타원을 그릴 수 있다. (ellipse() 함수는 최하단에 있어 타원형에 가려져 삼각형 꼭지가 안 보이는 것을 확인 할 수 있다.)

char

```
size(400, 400);     ❶

triangle(250, 300, 300, 150, 350, 300);  ❷
ellipse(300, 200, 100, 100);             ❸
```

몇 가지 추가적인 도형함수까지 포함되면 캐릭터를 만들 수 있다. 이처럼 완성된 캐릭터는 앞서 설명했던 자극기억에 따라 우리의 시지각은 뇌에 기억해 두었던 어떤 사물의 형태와 유사성을 비교해서 한 사물로 규정짓게 된다. 물론 실존 사물로 인식하지 않더라도 자연스럽게 몰입하고 수용할 수 있는 상태가 된다. 이것을 심리/문학적 용어로 불신의 유예(A brief suspension of disbelief)라고 한다. 이제부터 앞서 배운 도형들을 조합해서 본인이 원하는 캐릭터를 만들어보자. 일단 저자가 만든 캐릭터 제작과정을 참고하라.

예제 2-5. 캐릭터 완성하기

❶ 두 개의 눈(타원)을 만들기 위해 ellipse() 함수를 두 개 만든다. 매개변수는 아래 숫자 그대로 작성한다.

❷ 두 개의 다리(사각형)을 만들기 위해 rect() 함수를 두 개 만든다. ('//' 는 주석으로써 코드를 쉽게 이해할 수 있도록 간단한 코멘트를 달아놓는 메모이다. 주석이 있는 줄 끝까지는 프로그램과 컴파일에 영향을 주지 않는다.)

char

```
size(600, 600);
//캐릭터 몸통
triangle(250, 300, 300,150, 350, 300);

//캐릭터 머리
ellipse(300, 200, 100, 100);

//캐릭터 눈
ellipse(280, 200, 20, 20);    ❶
ellipse(320, 200, 20, 20);

//캐릭터 다리
rect(300, 300, 25, 50);    ❷
rect(275, 300, 25, 50);
```

연습문제 2

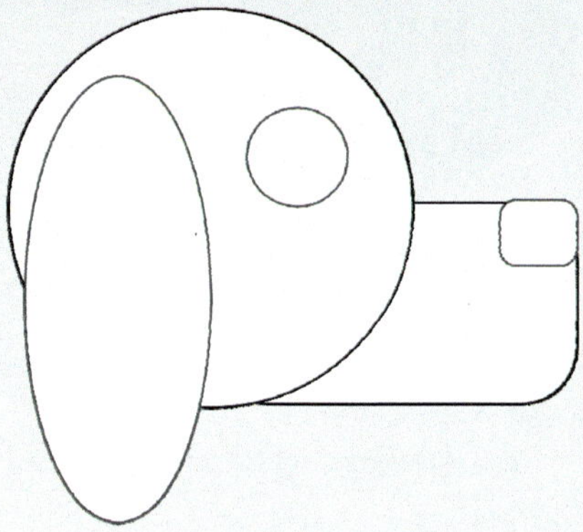

- 옆 그림처럼 도형을 조합해서 강아지 머리를 만들어라.
- 렌더링이미지 크기는 600 x 600이고 도형의 비율과 크기는 똑같을 필요는 없으며 비슷한 형태를 만들면 된다.
- 코와 주둥이 같은 모서리가 라운딩된 사각형 경우 rect() 함수를 사용하면 된다. (예: rect(100, 100, 200, 100, 30) 마지막 다섯 번째 매개변수로 모서리의 라운딩 값을 지정할 수 있다.

Media Art Learning by Coding

CHAPTER 03

프로세싱과 색(color)

개요

- 색 개념과 프로세싱 색
- 유채색 그리기
- 색상선택도구 활용하기
- 색투명도 그리기

색과 관련된 기초조형 개념을 이해하고 프로세싱에서 색상을 적용하는 명령어를 배운다.

3-1 색 개념과 프로세싱 색

그림에서 형태는 대상의 정보를 알려주고 색은 감정과 느낌에 큰 영향을 미칠 수 있는 조형요소라고 볼 수 있다. 초록색 산과 노란색 들판으로 덮여진 전경을 보면 따뜻하고 긍정적인 느낌이 든다. 하얀색 눈으로 덮여져 있는 산과 들판을 보면 추운 느낌을 느끼게 만든다. 하루의 시작인 새벽녘의 푸르른 색과 정오의 뜨거운 백색, 하루의 마감을 알리는 노을 진 붉은색은 시간의 흐름을 느끼게 하면서 사냥의 시작과 끝, 휴식이 필요함을 느끼게 만들어 준다. 대부분의 문화권에서 이성에게 어필하기 위해 화려한 색상이 가미된 화장과 장식이 가미된 의복을 입는 것은 일반적인 경향성이다. 이처럼 색은 인간의 생존 활동과 성 선택 과정에서 특정한 색에 대한 느낌이 강화되도록 진화해 왔다.

▲ 그림 3–1

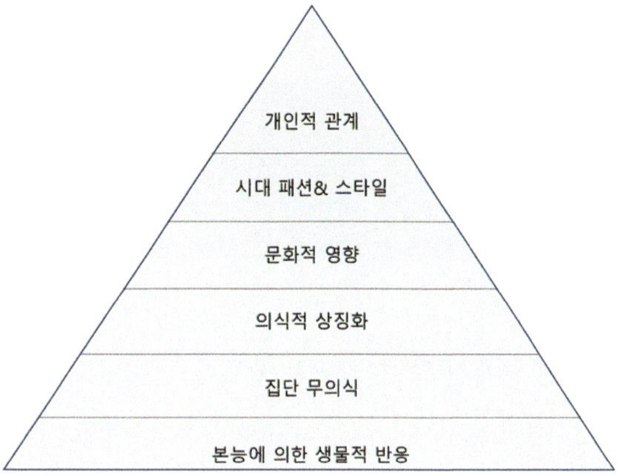

▲ 그림 3–2

프랑크 H.만케(Frank H. Manke,1998)는 색채 피라미드를 통해서 색을 인지하는 층위를 설명한다. 인간의 본성에 내재 된 시각자극에 의한 생물학적 반응이 최하층에 깔려있고 중간층위에는 집단무의식, 문화적 영향과 매너리즘이 영향을 미치고 최상층에서 패션/스타일의 유행, 개인적 수용까지 색의 선호와 선택에 영향을 미친다는 연구를 내놓았다.

색 조형요소에서 배워야 하는 것은 그림 3–3 색상환표처럼 인간 진화 과정에서 본성에 각인된 상징색을 이해하고, 과거의 작품에서 적절한 색 활용의 사례를 배워야 한다. 그리고 두 가지 이상의 색을 결합해서 강조와 균형을 이루게 하는 방법, 색상환표에 따른 유사색, 보색, 삼원색 조합 같은 색 배합도 중요하다. 색은 기호로서, 언어로서 기능하며 언어와 문화의 한계를 넘어 공통성을 발휘하는 초언어적 영향을 미치게 된다. 효과적인 색 배합 사용은 무의식적이지만 강력한 영향을 끼쳐 전체 톤이나 분위기를 훌륭하게 연출해 주고 전달하려는 특정 메시지를 효과적으로 전달해 준다. 그래서 색을 잘 사용하기

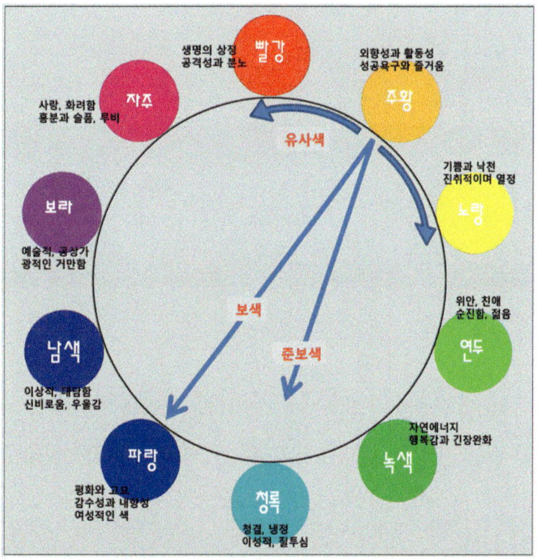

▲ 그림 3–3

위해서 유명한 작품을 분석하고 여러분이 프로세싱으로 작품을 제작해 보면서 경험적으로 체득하는 것이 좋다.

프로세싱에서 색을 지정하는 함수는 fill(), ground(), stroke() 등이 있다. 각 함수의 ()안에 색과 관련된 숫자를 넣으면 색이 나타난다. 색 중 가장 단순한 색상은 명도(Grayscale)이다. 명도값을 명시하려면 0은 검정색, 255는 흰색으로 사용하면 된다. 예를 들어, fill(255) 코드를 작성하면 도형색을 흰색으로 넣게 된다. 0 ~ 255의 다른 숫자(50, 80, 120, 200)는 흰색과 검정색의 범주에서 명도차이를 나타내는 각 회색을 의미한다.

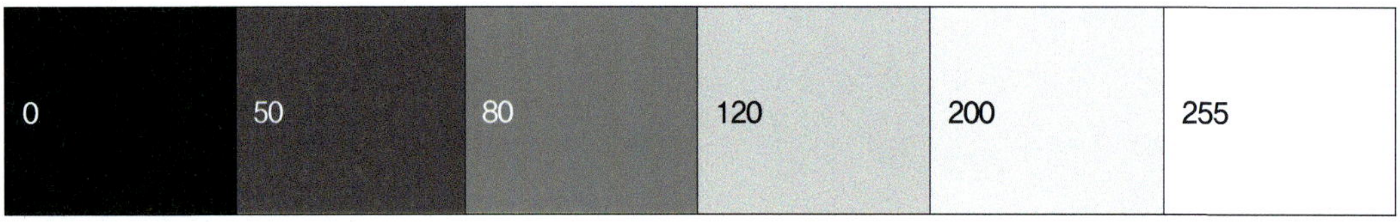

▲ 그림 3-4

프로세싱에서 유채색을 넣기 위해서는, 디지털로 색을 표현하는 RGB 방식을 이해할 필요가 있다. 사진/그림 같은 비트맵 방식으로 구현된 이미지는 픽셀들의 군집으로 만들어져 있다. 그리고 각 픽셀마다 red, green, blue 색상을 가지고 있으며, 세 가지 색상의 가산혼합으로 색을 표현하고 각 색상마다 0 ~ 255 단계의 숫자로 표현되어 있다. 채도(Saturation) 색값을 명시하려면 채도가 없는 무채색은 0, 채도가 높은 유채색은 255로 하면 된다. 그래서 색상과 관련된 함수의 매개변수에 R, G, B 순서대로 0~255 숫자를 넣으면 된다. 도형에 빨간색을 넣고자 한다면 fill(255, 0, 0)로 코드를 작성하여야 한다.

▲ 그림 3-5

프로세싱에서 다채로운 색상을 표현하려면 RGB 방식으로 매개변수를 넣으면 된다. 디지털색상 표현은 빨간(red), 초록(green), 파랑(blue) 삼원색을 조합해서 만들게 된다. 이 삼원색은 함께 섞일수록 색상은 밝아진다. 그래서 삼원색 모두 255단계로 채도가 높은 원색이라면 함께 섞였을 때 흰색이 된다. 예를 들어 도형색 함수 fill(255, 255, 255)로 지정하면 도형에 흰색이 넣어진다. 이것은 앞서 Grayscale로 넣었던 fill(255)와 같은 결과를 나타낸다. 어떤 방식을 사용해도 무방하다. 그림 3-6을 보면 RGB 삼원색이 겹쳤을 때 교집합 영역이 어떻게 변화되는지 보여준다. 만약 여러분이 노랑색을 넣으려면 fill(255, 255, 0)으로 값을 넣으면 된다.

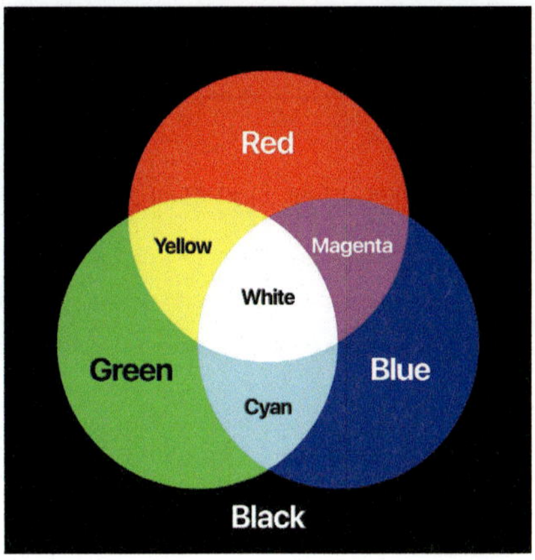

▲ 그림 3-6

예제 3-1. 검정색 사각형을 만들기

❶ 가로세로 400픽셀 이미지를 만들기 위해 size(400, 400) 코드를 작성한다.

❷ fill(0) 명령어를 사용해 검정색 0을 사각형에 채워보자. ()괄호 안 0은 검정색, 255는 흰색을 의미한다. (항상 적용하려는 도형 바로 상단에 fill() 함수를 넣어라.)

❸ rect() 함수로 정사각형을 이미지 중앙에 그려지도록 매개변수(100, 100, 200, 200)를 지정한다.

❹ 렌더링을 걸어보면 옆 그림처럼 사각형이 이미지의 중앙에 그려진다. (프로세싱에서 사각형의 중심축은 왼쪽 상단으로 설정되어 있다.)

gray

```
size(400, 400);              ❶
fill(0);                     ❷
rect(100, 100, 200, 200);    ❸
```

3-2 유채색 그리기

아래 예제를 통해 사각형에 색상을 빨간색으로 넣어보자. 예제 3-1을 그대로 사용하자.

예제 3-2. 빨간색 사각형 그리기

❶ fill() 함수의 R, G, B 매개변수에 (255, 0, 0)값을 넣어보자. 그러면 사각형에 빨간색으로 채워질 것이다. (나중에 여러분들은 ( )안 매개변수에 다른 숫자를 넣어 다른 색상을 넣어보길 바란다.)

red

```
size(400, 400);

fill(255, 0, 0);            ❶
rect(100, 100, 200, 200);
```

3-3 색상선택도구 활용하기

우리는 RGB에 해당하는 정확한 색상 숫자를 찾아내기 쉽지 않다. 포토샵의 colorPicker 팝업창에 익숙한 사람이라면 색상을 숫자로 색을 구분하는 방법을 잘 알고 있을 것이다. 포토샵의 colorPicker 팝업창에 해당하는 도구가 프로세싱에도 존재한다. 프로세싱에는 '색상선택'이라는 colorPicker가 존재하고 원하는 색상을 선택하면 숫자로 변화해 준다.

예제 3-3. 색상선택도구 활용하기

❶ 도구 / 색상 선택을 선택한다. 그러면 색상 선택 창이 뜰 것이다.

❷ 색상 선택 창에서 마우스를 빨간색 오른쪽 상단으로 옮겨놓는다. 그러면 R:255, G:0, B:0으로 값이 자동으로 설정되어 들어간다. 이 값을 참조해서 fill(R, G, B)함수 매개변수에 해당하는 값을 넣으면 된다.

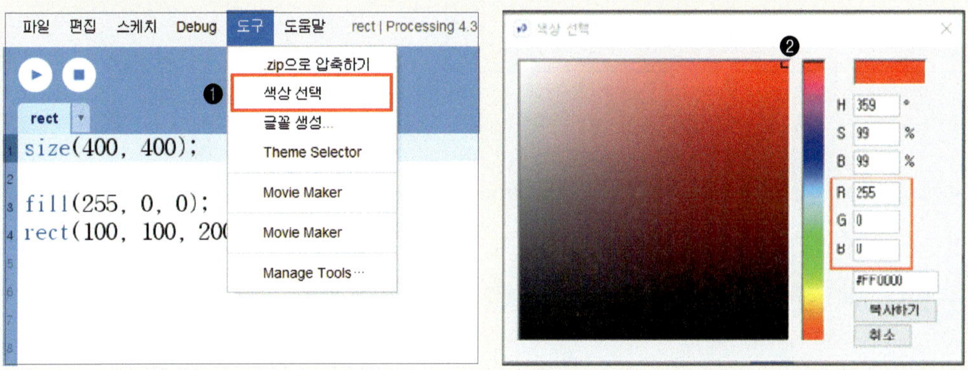

디지털 색상은 RGB 삼원색 외에도 HSB 삼원색, 16진수로 이루어진 헥스 색상코드(hex code)로 색을 선택할 수 있다. 프로세싱에서 색을 지정할 때 일반적으로 RGB 삼원색에 숫자를 직접 입력하기 때문에 검정(0), 흰색(255), 빨강(255, 0, 0), 노랑(255, 255, 0), 청록(0, 255, 255), 보라(255, 0, 255)는 혼합된 값을 기억하는 것이 도움이 된다. 그리고 프로세싱에서 색과 관련된 명령어 fill(), stroke(), background() 등의 함수도 있는데 아래 예제에서 살펴보자.

예제 3-4. 윤곽선색과 도형색을 넣어보기

❶ stroke() 함수를 사용해 윤곽선 색을 노랑(255, 255, 0)으로 넣어보자. (다른 색을 넣고자 한다면 색상 선택을 활용하자.)

❷ fill() 함수에 (0, 255, 255) 매개변수를 넣어 청록색을 넣어보자. (이후 색상 선택 도구를 이용해 다양한 색상으로 넣어보라.)

rect

```
size(400, 400);

stroke(255, 255, 0);        ❶
fill(0, 255, 255);          ❷
rect(100, 100, 200, 200);
```

프로세싱에서 배경색을 넣는 방법은 background() 함수를 사용하는 것이다. ( )괄호 안에 RGB 매개변수값을 넣으면 원하는 색을 지정할 수 있다. 매개변수가 하나면 무채색, 세 개면 유채색을 넣을 수 있다. fill() 함수 사용법과 같다. 예제 3-4를 그대로 사용하자.

예제 3-5. background color 넣어보기

❶ background() 함수의 매개변수에 0을 넣어 배경색을 검정으로 채우자.

rect

```
size(400, 400);

background(0);            ❶
fill(0, 255, 255);
rect(100, 100, 200, 200);
```

3-4 색 투명도 그리기

프로세싱에서 fill(), stroke(), background() 함수의 괄호 안에 RGB 매개변수 3개 값 외에 네 번째 매개변수값을 넣을 수 있다. 네 번째 매개변수값은 투명도(opacity)를 조절하는 값이다. 투명도 값은 RGB 값처럼 0~255 범위 값을 갖는다. 0값은 완벽한 투명도를 갖고, 255 값은 완벽한 불투명도를 갖는다. 아래 예제는 두 개 도형을 겹쳐놓고 투명도를 조절해 아래 도형이 반투명하게 보이도록 만드는 예제이다. 앞서 만들어 두었던 예제 3-5를 그대로 사용하자.

예제 3-6. 도형색에 투명도를 넣어보기

❶ stroke() 함수는 지우고 fill()함수만 남겨 놓는다.

❷ fill(R, G, B, opacity) 함수의 네 번째 매개변수는 투명도값을 150정도 주어서 노란색원을 반투명하게 만들어 보자. 새로 ellipse() 함수로 타원도형을 그린다. 그러면 노란원이 반투명해져 아래 사각형이 살짝 보일 것이다.

rect

```
size(400, 400);
background(0);

fill(0, 255, 255);          ❶
rect(100, 100, 200, 200);

fill(255, 255, 0, 150);     ❷
ellipse(100, 100, 200, 200);
```

연습문제 3

- 연습문제 2에서 제작했던 강아지머리에 오른쪽 그림처럼 색상을 넣어보자.

- 도구/색상선택 창을 사용해 원하는 색상값을 찾으면 된다.

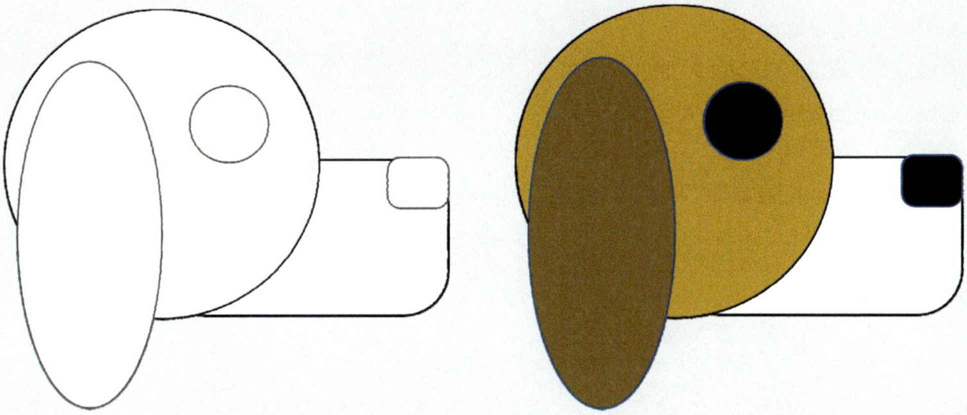

Media Art Learning by Coding

CHAPTER 04

내장함수(setup, draw)와 상호작용

개요

- 시간의 흐름과 상호작용
- setup( ), draw( ) 내장함수 개념이해하기
- setup( )함수 draw( )함수 사용법 이해하기

상호작용, 애니메이션을 그래픽이미지에 적용하기 위해 기본설정함수 setup( ), draw( ) 의 기본개념을 이해하고 활용법을 배운다.

4-1 시간의 흐름과 상호작용

만약 여러분들이 그림 4-1처럼 그림을 그리려고 한다면 대체로 종이와 볼펜을 준비할 것이다. 도구 없이 머릿속으로 상상해 볼 수 있지만 종이와 볼펜이 없다면 물리적 결과물이 남지 않아 남들에게 보여 줄 수 없다. 종이와 연필은 흔한 재료이긴 하지만 그린다는 행위와 최종결과물을 제작한다는 전제하에 무조건 준비해야 하는 필수적인 요소라고 볼 수 있다. 마찬가지로 프로세싱에서도 이미지를 제작하기 위해 필수적인 환경이 필요하다. 그것은 시간의 흐름이라는 개념인데 setup(), draw() 함수로 구현한다. 그리고 이 필수적인 함수들은 여러분이 작성한 코

▲ 그림 4-1

드로 인해 그래픽이미지가 자동적으로 움직이거나 마우스를 따라가게 만들거나, 이펙트효과를 만들어 내도록 상호작용하는 기초 환경함수가 될 것이다.

프로세싱으로 만드는 미디어아트 작품들은 대체로 자동움직임이나 상호작용으로 구현되는 그래픽이미지를 제작할 때 사용되고 있다. 정지된 이미지는 공간만 있어도 표현되지만 자동움직임과 상호작용은 시간이라는 요소가 필요하다. 애니메이션 그래픽 이미지를 렌더링을 걸기 위해서 매 시간(프레임)마다 렌더링을 반복 실행할 내장함수가 필요하다. 그것이 draw()함수이다. setup()함수는 최초에 단 한번 실행되면서 화면의 사이즈, 변수선언, 배열선언 등 초기설정에만 사용된다. 이처럼 프로세싱에서 코드를 작성할 때 setup(), draw()함수는 안정된 그래픽 이미지를 제작하는데 필수적인 함수라 할 수 있다.

그리고 이전까지 프로세싱에서 코드를 작성할 때 하얀색 입력창에서 도형과 색과 관련된 명령어를 한 줄 한 줄 작성하면서 그래픽이미지를 만들었었다. 이제부터 그와 같은 코드작성은 지양할 것이다. { }코드블록 형태로 여러 줄의 명령문을 묶는 것이며 이 같은 방식이 프로그래밍의 일반적인 관습이며 코드를 조각으로 분리하여 관리하는 것이 효과적이고 시인성도 좋다.

> 코드블록은 중괄호 안에 들어있는 코드를 말한다. '{ '은 코드를 열고 '} '은 코드를 닫는다는 의미이다. 보통 중괄호는 단독으로 사용할 수 없고, 함수나 조건문, 반복문 등을 사용할 때 함께 사용한다. 코드가 길어지면 함수의 그룹, 조건문의 그룹, 반복문의 그룹이 헷갈리는 경우가 많이 발생한다. 이때 중괄호 { }를 자세히 구분해서 인식하는 습관을 가져야 한다.
>
> { → 코드를 여는 중괄호
>
> **코드 블록**
>
> } → 코드를 닫는 중괄호

프로세싱에서 코딩을 할 때 대표적으로 코드블록을 사용하는 사례는 내장함수로 자주 사용되는 setup(), draw() 함수를 사용할 때이다. setup(), draw() 함수는 각각 나름의 기능을 가지고 있지만, 앞으로 프로세싱에서 코드를 작성하여 그래픽 이미지를 만들 때 거의 무조건 setup()와 draw() 함수 모두를 사용한다고 생각해도 무방하다.

4-2 setup( ), draw( ) 내장함수 개념이해하기

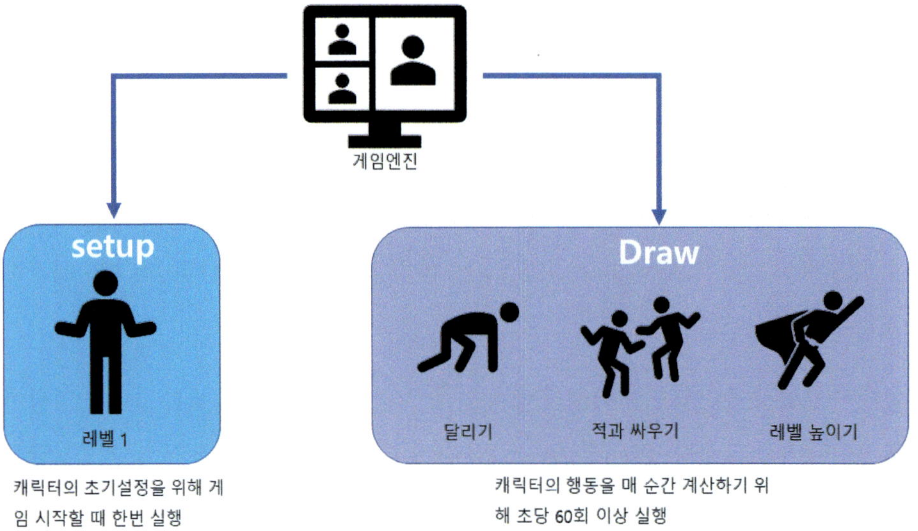

▲ 그림 4-2

위 그림은 게임에 비유해서 setup(), draw()함수의 역할을 설명한 내용인데 게임의 경우 최초에 캐릭터 설정(캐릭터 형태, 기본 체력, 기본 공격력, 기본 방어력 등)을 정하는 과정이 필요하다. 게임 캐릭터가 기본형태와 기능 없이 시작할 수 없기 때문이다. 이 기본설정에 해당하는 기능이 setup() 함수이다. 이후 게임을 실행하면서 걷기, 뛰기, 공격, 죽음, 레벨 높이기 등으로 캐릭터를 운영하게 되는데 플레이어의 선택과 그에 대한 반응이 실시간 피드백을 받아야 한다. 이 과정에 해당하는 것이 draw() 함수다. 따라서 게임의 실행과정은 위 프로세스를 반드시 거쳐야 한다. 이 같은 각 함수의 역할을 이용해 우리가 원하는 게임, 미디어아트를 만들 수 있다. 프로세싱에서 그림을 그리거나 미디어아트를 만드는 과정 또한 게임과 거의 같다. 아래 예제에서 background() 함수가 setup() 함수 안에 있는 것과 draw() 함수 안에 있는 것의 차이점을 통해 두 함수의 기능을 이해해 보자.

예제 4-1. setup( )함수와 draw( )함수의 차이점

❶ 가로세로 400픽셀 이미지크기로 렌더링이미지를 만든다. 이 때 배경색을 지정하는 background() 함수를 setup() 함수에 넣는다.

❷ ellipse() 타원도형 함수로 빨간색 원을 그린다. 첫 번째와 두 번째 매개변수로 mouseX,

mouseY를 넣어 현재 마우스커서의 실시간 x, y 좌표를 가져온다.

mouseX mouseY	프로세싱 내장변수로써 현재 마우스의 위치 값을 가져올 수 있다.

❸ ▶ 실행 버튼을 클릭하고 마우스를 움직이면 아래 그림처럼 빨간색 타원이 실시간 생성되면서 마우스를 따라 그려질 것이다.

ellipse

```
void setup( ){
 size(400, 400);
 background(255);     ❶
}
void draw( ){

 fill(255, 0, 0);
 ellipse(mouseX, mouseY, 50, 50);     ❷
}
```

❹ setup() 함수에 있던 background() 함수를 draw() 함수에 넣는다. ▶ 실행 버튼을 클릭하고 마우스를 움직이면 아래 옆 그림처럼 타원의 궤적이 나타나지 않는다. (그 이유는 background 색을 1초에 60회 배경색(흰색)을 매 프레임마다 그렸기 때문이다.)

ellipse

```
void setup( ){
 size(400, 400);
}
void draw( ){
 background(255);        ❹

 fill(255, 0, 0);
 rect(mouseX, mouseY, 50, 50);
}
```

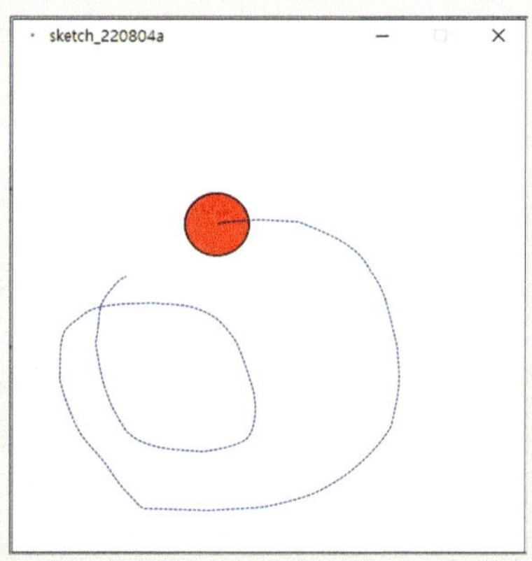

4-3 setup( ), draw( ) 사용법 이해하기

setup() 함수는 한 번만 실행되기 때문에 절대 변한지 않거나 변수값을 초기화 할 때 사용한다. 그래픽이미지를 제작하는 코드 중 변할 가능성이 없는 함수는 size()일 것이다. 창 크기가 설정되지 전에는 프로세싱이 아무것도 할 수 없기 때문이다. draw() 함수는 본격적인 그림을 구축하는데 사용되는 도형들을 넣으면 된다. 애니메이션까지 고려하지 않은 상태라면 background() 함수를 setup() 함수에 넣어도 무방하다. 위 예제에서 setup(), draw() 앞에 'void' 라는 키워드는 함수를 선언할 때 사용되는 범용 키워드인데, 특별한 의미를 부여할 필요는 없다. 추후 코딩문법을 배우면서 구체적인 개념을 이해하게 될 것이다. 앞서 2장 2-5 캐릭터 예제를 가져와 setup(), draw() 방식으로 변형하자.

예제 4-3. 캐릭터 setup( )함수와 draw( )함수의 사용법

❶ void setup() { }코드블록을 삽입한다. 여기에는 size()함수만 넣는다.

❷ void draw() { }코드블록을 삽입한다. 여기에 실제 캐릭터 관련 함수들을 넣는다.

char

```
void setup( ) {        ❶
  size(600, 600);
 }

void draw( ) {         ❷
  triangle(250, 300, 300,150, 350, 300);

  ellipse(300, 200, 100, 100);

  ellipse(280, 200, 20, 20);
  ellipse(320, 200, 20, 20);

  rect(300, 300, 25, 50);
  rect(275, 300, 25, 50);
 }
```

연습문제 4

- setup(), draw()를 사용해 배경그래픽 이미지를 만들어보자.
- 아래 예시처럼 실제 배경사진을 최대한 단순한 도형으로 대체하여 배치하자. (왼쪽 그림 → 오른쪽 그림)
- 렌더링이미지 사이즈는 800 x 600정도 만들면 된다.

CHAPTER 05 함수와 형태 창조

개요

- 함수와 형태
- 함수유형 알아보기
- 함수유형②를 활용해서 캐릭터 만들기

형태를 만들기 위한 함수의 개념과 유형을 이해하고 새로운 캐릭터를 창조하기 위한 용도로 함수를 어떻게 활용할 수 있는지 이해한다.

5-1 함수와 형태

앞서 배운 setup()과 draw()도 함수이며, 여러분이 만들고 싶은 용도로 새롭게 정의해서 자신만의 함수를 만들어 낼 수도 있다. 함수는 커피콩, 물, 설탕 등 모든 재료가 들어가 있는 커피자판기와 비슷하다. 코드블록 안에 다양한 명령어를 그룹 해 놓은 묶음으로 생각해도 된다. 자판기에서 계속 커피를 뽑아 마실 수 있듯이 함수 하나만 만들어 놓으면 비슷한 형태의 개체를 만들어 낼 수 있다. 자판기에 대해 좀 더 고민해보면 자판기에는 다양한 커피종류가 있어 원하는 커피종류를 선택하고 동전을 넣으면 그 커피가 완성되어 나온다. 이 같은 특성을 함수로 바꾸어 생각하면 특정 입력 값에 따라 다른 결과값을 내놓은 새로운 변형생산 기능을 갖추게 할 수 있다.

- 그룹핑 : 함수는 커피자판기와 비슷하다. 코드블록 안에 다양한 명령어를 그룹핑해 놓은 묶음이다.
- 반복생성 : 자판기에서 커피를 재생산하듯이 함수도 새로운 개체를 계속 만들어 낼 수 있다.
- 변형생산 : 자판기에서 동전과 선택버튼에 따라 다양한 커피가 나오듯이 함수도 매개변수를 다르게 넣으면 그에 따른 특정 결과값을 반환한다.

▲ 그림 5-1

조형요소 측면에서 함수는 예술가가 새롭게 의미를 부여하여 형태를 창조하기에 좋은 도구라고 볼 수 있다. 앞서 설명한 그룹핑, 반복생성, 변형생산 같은 함수의 속성은 수많은 블록을 결합하여 만든 레고 장난감처럼 개별적으로 구성된 도형들을 조합하여 원하는 어떤 형태든 만들 수 있고 위치조정과 애니메이션이 가능해서 하나의 구조체로 작품 속에 중요한 역할을 담당할 것이다.

형태는 해당 사물에 대한 자세한 정보를 제공해 준다. 예를 들어 인간이란 형태에서 인식할 수 있는 정보가 너무 많다. 어떤 인종인지, 남자/여자인지, 노인/청년인지 같은 해부학적 정보뿐만 아니라 경제적 수준, 성격인상, 패션스타일 등 문화 심리적 정보도 얻을 수 있다. 진화심리학적으로 우리는 형태에 대한 고정관념을 가져야 생존에 유리하도록 진화해왔다. 포식자와 식용동물의 형태를 구분해야 생존할 수 있고, 사냥을 하면서 엄폐할 수 있는 사물의 형태를 구분하고 포식자로부터 도망칠 때도 안전한 지형을 구분할 수 있어야 했다. 우리의 유전자에 각인된 수많은 형태원형들은 우리가 어떤 태도를 갖거나 어떤 행위를 하도록 유도한다.

형태의 종류에는 역사적으로 있어왔던 예술운동과 상업적으로 활용되기 위한 다양한 양식의 형태가 존재해 왔다. 자연그대로의 형태, 자연형태를 단순화하거나 왜곡/과장시키는 구상적 형태, 기존의 자연형태를 따르지 않고 새로운 형태를 추구하는 추상형태, 현실에 존재하지 않지만 자연적 형태의 느낌을 차용한 초현실적 형태 등이 있다.

▲ 그림 5-2

프로세싱에서 함수를 통해 만들 수 있는 형태 종류는 구상/추상 형태타입 모두 가능하다. 프로세싱에서 제공하는 도형은 기하형태를 가지고 있고, 나중에 배우게 될 PImage를 활용하면 사진이나 그림이미지도 불러올 수 있기 때문에 어떤 종류의 형태든 가능하다. 앞으로 몇 장에 걸쳐 만들게 될 형태는 현재 프로세싱에서 제공하고 있는 기본도형과 그래픽이미지를 활용해서 만들 예정이기 때문에 아래 세 가지 그림처럼 자연적 형태를 단순화하거나 왜곡/과장시키는 구조화된 구상형태를 주로 만들어 볼 것이다.

▲ 그림 5-3

5-2 함수유형 알아보기

함수를 만드는 방법은 간단하지만 사용목적에 따라 다채로운 형식이 있기 때문에 매우 기본적인 형식, 두 가지만 배우도록 하자. 우리는 완성된 형태와 구조체로 함수를 사용할 것이기 때문에 복잡한 형식의 함수유형을 당장 배울 필요는 없다. 그럼 기본적으로 함수를 선언하는 방법을 알아보자. 단 반드시 잊지 말아야 하는 점은 사용자가 직접 만든 함수는 setup(), draw() 함수 같은 프로세싱 내장함수 안에 넣어야 작동된다. 이것만 잘 기억한다면 마음껏 함수를 만들어 사용할 수 있다.

함수
유형
①
	void test( ) {
	
	코드 블록
	
	}
		함수유형 ①은 가장 기본적인 형식이다. 함수를 선언할 때 먼저 void라는 키워드를 작성하고 함수이름은 마음대로 작성하면 된다. 왼쪽 예시에서는 test라고 명명했다. 그리고 소괄호 ()를 열었다 닫으면 된다. 이후 중괄호를 { 열고 코드블록을 작성하고 중괄호를 } 닫는다.

<table>
<tr>
<td>함수
유형
②</td>
<td>void test (int x, int y) {

코드 블록

}</td>
<td>함수유형 ②는 앞서 기본적인 ① 형식과 거의 유사하다. 다만 함수 이름 뒤에 ( ) 소괄호 안에 (int x, int y) 같은 매개변수가 들어간다. int x, int y는 변수라고 하는 것이며 다음 장에서 자세히 다뤄볼 주제이다. 매개변수는 중괄호 안 코드블록에서 실제 사용되어야 한다.</td>
</tr>
</table>

함수유형①은 복잡하게 나열되어있는 명령어코드를 한 묶음으로 그룹해주는 역할이 가장 크다. 아래 아이스크림 예제를 통해 간단한 함수 만드는 방법과 그룹핑의 역할을 이해해 보도록 하자.

예제 5-1. 함수 유형 ①로 아이스크림 만들기

❶ draw() 함수 밖에 함수유형①형식으로 iceCream() 함수를 만들자. 함수 { }코드블록 내에서는 기존 작성하던 대로 도형함수 코드를 작성해서 넣으면 된다. (아이스크림 형태는 ellipse(), triangle() 함수로 만든다. 여러분이 직접 만든 iceCream() 함수를 만들었다면 이것을 함수의 정의라고 한다.)

❷ 함수를 정의했다고 실제 실행되지 않는다. 함수를 반드시 draw() 함수 안에 반드시 새로 만든 함수명을 넣어야 실제 렌더링 된다. 이것을 함수의 호출이라고 한다. draw()함수 안에 ice-Cream() 함수명과 소괄호를 작성해주면 된다. 실행하면 아래 오른쪽 그림처럼 렌더링 된다.

IceCream

```
void setup( ){
  size(500, 500);
}
void draw( ){
  iceCream( );        ❷
}
void iceCream( ) {
  fill(150, 215, 255);
  ellipse(200, 150, 140, 140);        ❶
  fill(255, 200, 0);
  triangle(150, 200, 200, 350, 250, 200);
}
```

위 ①형식으로는 가독성이 좋은 것 말고 다른 장점이 보이지 않는다. 예를 들어 아이스크림을 다른 위치에 한 개를 더 그리고 싶거나 크기를 줄이거나 하는 방법은 불가능하다. 이 같은 단점을 해결하기 위해 ②형식으로 함수를 만들어 보자. 함수를 정의하면서 소괄호 안에 매개변수를 만들면 된다. 앞서 예제 5-1을 가져와 ②형식으로 변환시켜보자.

예제 5-2. 함수 유형 ② 아이스크림 만들기

❶ 함수유형2는 함수유형1과 가장 큰 차이점은 소괄호 안에 매개변수를 넣은 점이 다르다. 일단 매개변수는 아이스크림 도형의 위치를 정의할 수 있는 x, y축 값을 넣는다. int는 정수형(integer)의 약자이다. 도형은 픽셀로 이루어져 있기 때문에 위치를 바꾸려면 정수형 숫자를 넣는 것이 좋다.

❷ iceCream() 함수 코드블록 안 ellipse(), triangle() 함수의 매개변수 숫자들을 x, y로 치환시켜야 한다. 그래서 ellipse도형의 원점을 기준으로 삼고자 한다. ellipse(200, 150, 140, 140); 명령어 중 첫 번째와 두 번째 매개변수가 타원도형의 위치 값이다. 이것을 x, y로 바꾸면 ellipse(x, y, 140, 140)된다.

❸ triangle() 함수는 세 개의 꼭지점으로 이루어져 있기 때문에 x, y축 개념으로 바꾸면 triangle(x1, y1, x2, y2, x3, y3)이다. 앞서 타원형을 기준점으로 삼았기 때문에 x1 = 200 – 50이고, y1 = 150 + 50이 된다. 따라서 동일한 방식으로 x2, y2, x3, y3 매개변수들을 치환하면 triangle(x–50, y+50, x, y+200, x+50, y+50)이 된다.

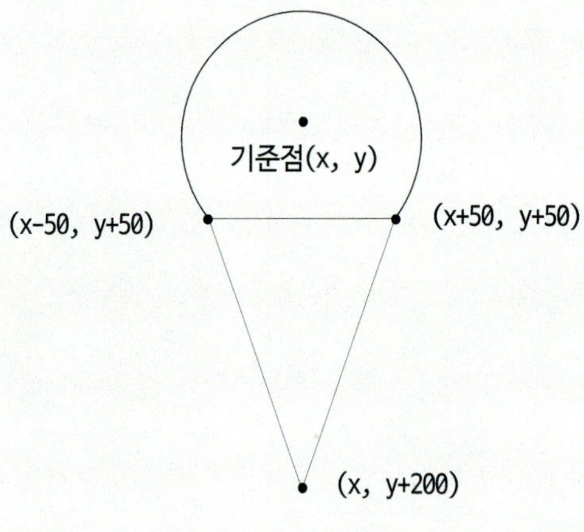

❹ draw() 함수 안에 iceCream(x위치, y위치)을 넣으면 원하는 위치에 도형을 위치시킬 수 있다.

2개 아이스크림을 만들기 위해 함수 이름을 두 번 작성한다. 렌더링을 해보면 아래 오른쪽 그림처럼 서로 다른 위치에 아이스크림이 그려진 것을 볼 수 있다.

IceCream

```
void setup(){
  size(500, 500);
}
void draw(){
  iceCream(100, 100);   ④
  iceCream(300, 300);
}
// 아이스크림 중심점 x:200 , y:150
void iceCream(int x, int y){      ❶
  fill(150, 215, 255);
  ellipse(x, y, 140, 140);        ❷
  fill(255, 200, 0);
  triangle(x-50, y+50, x, y+200, x+50, y+50); ❸
}
```

5-3 함수유형②를 활용해서 캐릭터 만들기

여러분이 위 함수유형②를 만들면서 가장 어려웠던 점은 중심점에서 각 도형의 위치값을 x, y 변수로 치환해야 하는 점일 것이다. 실질적으로 프로세싱을 이용해 그래픽디자인, 모션아트작품을 만들게 되면 캐릭터나 사물을 다수 복사하거나 움직이게 만드는 경우가 다수 발생한다. 그럴 때 함수유형②는 개체를 다수 복사하거나 애니메이션 시킬 때 매우 효과적으로 활용될 수 있는 방법이다. 따라서 중심점을 기준으로 이격거리를 치환하는 것이 번거롭고 어렵다 하더라도 함수유형②형식으로 자주 사용해 보길 바란다. 그러면 치환하는 작업이 익숙해져 나중에는 어렵지 않을 것이다.

함수유형②에 좀 더 익숙해지기 위해 비슷한 작업을 한 번 더 진행하자. 앞서 4장 예제 4-3에서 여러분들이 만들었던 캐릭터를 함수유형②형식으로 만들어 보자. 일단 캐릭터의 중심을 임의로 잡아야 한다. 이 중심을 기준으로 다른 도형과의 이격된 거리 값으로 매개변수를 치환해야 한다. 필자는 머리를 중심점(x:300, y:200)으로 잡을 것이다. 각 도형의 위치 값을 x, y로 치환하는 방법을 자세히 설명하지 않을 것이다. 먼저 여러분이 아래 완성된 코드를 보지 않고 스스로 해결해보길 바란다. 4장 예제 4-3을 가져와 수정하자.

예제 5-3. 함수 유형 ②를 활용해서 캐릭터 함수 만들기

❶ void Char(int x, int y) 함수를 정의한다. 함수 코드블록 내 도형함수 매개변수들은 머리중심점(x:300, y:200)을 기준으로 이격된 값으로 치환한다.

❷ draw() 함수에서 Char() 함수를 3개를 작성하고 위치값을 다양하게 넣어보라. 그럼 3개의 캐릭터가 만들어진다.

char

```
void setup( ) {
  size(600, 600);
 }
void draw( ) {
  Char(100, 100);
  Char(300, 300);   ❷
  Char(500, 100);
 }
void Char( int x, int y){       ❶
  //캐릭터 몸통
  triangle(x-50, y+100, x, y-50, x+50, y+100);
  //캐릭터 머리
  ellipse(x, y, 100, 100);
  //캐릭터 눈
  ellipse(x-20, y, 20, 20);
  ellipse(x+20, y, 20, 20);
  //캐릭터 다리
  rect(x, y+100, 25, 50);
  rect(x-25, y+100, 25, 50);
}
```

지금까지 함수유형의 종류를 알아보고 사물과 캐릭터를 함수로 만들어 보았다. 초급자로서 쉽게 함수를 정의내리고 호출해보는 일이 쉽지 않을 것이다. 그러나 함수의 효율성을 경험하게 되면 단순히 함수와 명령어를 묶어 놓은 집합체 정도가 아님을 이해하게 될 것이다. 함수유형②처럼 정의하면 캐릭터의 위치, 크기, 회전, 색까지 다양하게 변화시킨 그림 5-4처럼 다수의 캐릭터를 만들 수 있고, 변수를 활용하면 특정 기능까지 수행하게 만들 수 있다. 따라서 사용자의 의도에 따라 무궁무진하게 활용될 수 있으니 주목해 보길 바란다.

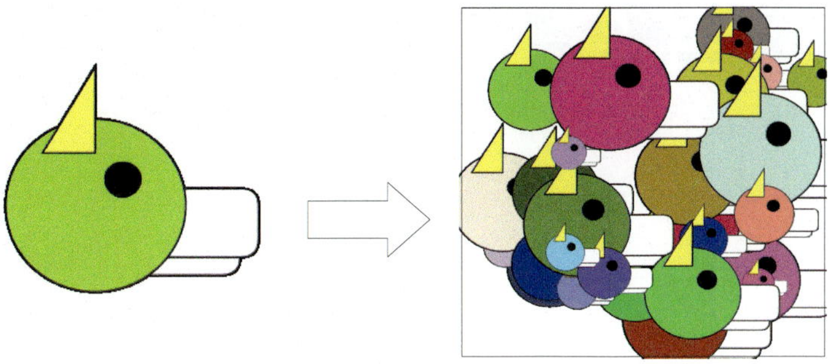

▲ 그림 5-4

위 예제에서 draw() 함수 안에서 Char(100, 100)이라는 이름의 함수를 호출해 보았는데, 지금까지 사용해본 rect(), ellipse()같은 프로세싱 도형명령어와 Char() 형태가 유사함을 알 수 있다. 결국 rec t() 함수도 함수유형②와 비슷한 개념으로 구축되어 있을 것으로 짐작할 수 있다. 물론 프로세싱에 내장된 도형함수들은 좀 더 복잡하게 구성되었지만 비슷한 개념으로 만들어졌다고 볼 수 있다. 이처럼 명령어의 묶음이라는 함수기능을 활용하면 단순한 기하도형들을 묶어 복잡한 도형으로 재창조할 수 있게 된다. 함수의 또 다른 장점은 필요할 때 언제든 재사용이 가능해진다. 따라서 함수는 어떤 사물을 창조적으로 형상화하는 조형기능과 대응된다고 볼 수 있다.

CHAPTER 06 함수와 조형속성

개요

- translate( )개념 이해하기
- 함수유형②를 활용해서 크기 조절하기
- pushMatrix(), popMatrix() 개념 이해하기
- 함수유형②를 활용해서 회전 만들기
- 캐릭터예제를 회전/크기 가능한 함수로 만들기

함수유형②를 이용해 형태도형 함수를 만들어 보면서 크기, 회전 속성의 매개변수를 만들어 보자. 더불어 translate, pushMatrix, popMatrix, color, scale 등 구조화에 필요한 조형기능들도 배우게 된다.

6-1 translate( ) 개념 이해하기

앞서 5장에서 기본적인 2가지 함수유형을 배웠다. 특히 함수유형②는 다수의 개체를 복사하고 원하는 위치에 그릴 수 있다는 효과가 있다는 것을 이해했다. 이제 좀 더 깊이 들어가서 프로세싱 기능을 넣어 개체의 크기, 색, 회전 같은 추가 속성을 넣어보자. 여러분이 그림 6-1처럼 프로세싱으로 강아지머리를 만든다면 어떻게 만들고 싶은가? 원하는 위치에 배치하고 싶고, 원하는 크기로 만들고 싶고, 색깔도 다양하게 넣고 싶고, 살짝 원하는 각도만큼 기울어져 있기를 바랄 것이다.

▲ 그림 6-1

여러분이 사용자정의함수를 통해 강아지의 위치, 크기, 회전, 색 같은 기능을 적용하려는 행위는 캐릭터에 개성을 부여하는 것이다. 이것을 구조화라고 한다. 부분적인 요소나 내용들을 서로 연결하여서 하나의 위계구조를 만들고 다양한 속성을 부여해 변형생산이 가능하도록 만드는 것을 말한다. 이 같은 구조화는 사실 이미지가 디지털로 전환되면서 가능해진 일들이다. 실제 그림을 그려 구현한다면 일일이 다시 그려야 할 것이다. 그러나 디지털 데이터는 함수와 수식으로 조직화되어있고 또 다른 함수와 결합이 용이해서 조형속성을 구조화하는 것이 코드 몇 줄 추가로 가능하다.

프로세싱에서 개체의 크기, 회전을 변환하려면 pushMatrix(), popMatrix(), translate(), scale(), rotate() 개념부터 알아야 한다. 갑자기 처음 접하는 함수들 때문에 이번 장의 난이도가 확 올라간 느낌이 들 것이다. 그러나 이후에도 지속적으로 사용할 함수이기 때문에 반복적으로 접하게 되면 개념과 사용법을 자연스럽게 익히게 될 것이다. 먼저 translate() 함수에 대해 배워보자. translate() 함수는 기본적으로 프로세싱의 좌표계를 평행 이동시키는 함수이다. 회전, 및 크기를 변환시키려면 translate() 함수를 사용해야 한다. 아래 예제를 통해 도형의 크기를 줄이는 방법과 translate() 함수개념을 이해하자. 프로세싱에서 rect 스케치 이름으로 저장한다.

예제 6-1. 사각형의 크기를 줄여보기

❶ setup()과 draw() 함수를 만들고 size(500, 500) 크기의 이미지를 만들자.

❷ 렌더링 이미지의 중간에 주황색 사각형을 그리자. rect() 함수 사각형은 도형의 왼쪽 상단이 생성되는 기준점이다. 그래서 x;150, y 150으로 해야 중간에 그려진다.

rect

```
void setup( ){
 size(500, 500);      ❶
}
void draw( ){
 fill(255, 150, 0);
 rect(150, 150, 200, 100);   ❷
}
```

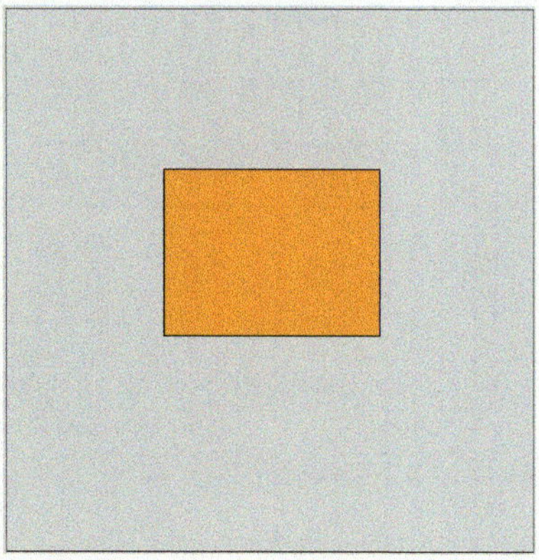

❸ 프로세싱에서 도형의 크기를 줄이는 방법은 scale() 함수를 사용하면 된다. 오리지널 크기는 1.0이고 절반의 크기는 0.5이다. scale() 함수의 매개변수에 0.5를 넣는다.

❹ 그럼 여러분이 예상하는 것과 다르게 사각형의 크기가 줄어들면서 좌표계 원점으로 이동하는 것을 확인할 수 있다.

rect

```
void setup( ){
 size(500, 500);
}
void draw( ){
 scale(0.5);            ❸
 fill(255, 150, 0);
 rect(150, 150, 200, 100);
}
```

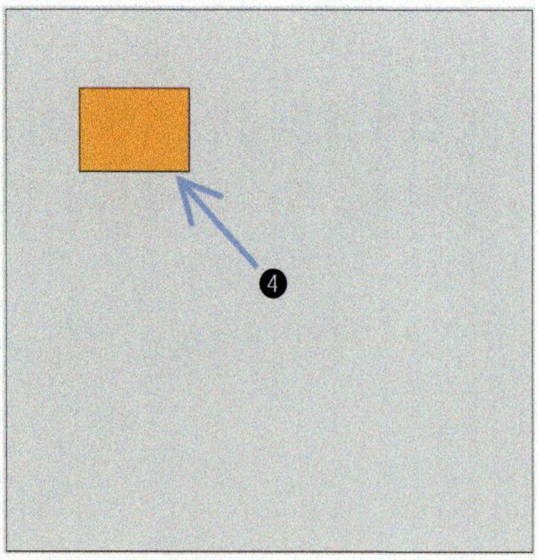

위와 같은 현상이 발생하는지 이해하려면 프로세싱에서 도형이 그려지는 좌표계를 이해해야 한다. 일단 직관적으로 문제의 원인을 이해하기 위해 아래 문제를 함께 고민해 보자. 아래 주황색 사각형의 회전/크기 중심점은 어디일까?

- A 또는 B 중에 여러분은 B라고 생각할 것이다. 왜냐하면 우리는 무의식적으로 사물의 정중앙이 중심이라고 생각하는 경향이 있다.
- 그러나 프로세싱에서 실제 위치/회전/크기와 관련된 중심점은 A가 된다. 따라서 크기를 줄이면 A지점을 기점으로 전체 크기가 줄어든다.

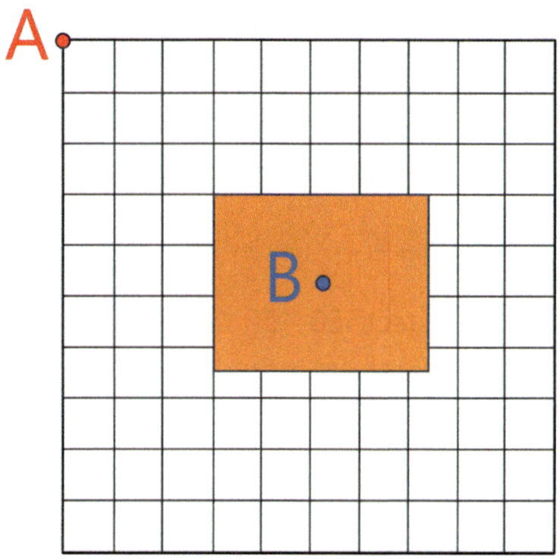

▲ 그림 6–2

위 평면이미지를 입체로 바꾼다면 아래 이미지로 표현될 것이다. 투명매트 위에 주황색 정육면체가 놓여있는 모습으로 변경해 보았다. 프로세싱의 도형에 대한 좌표계는 그림 6–3처럼 투명매트 위에 사물이 놓여있는 상태라고 볼 수 있다.

- 정육면체는 매트에 종속되어 있기 때문에 아래 매트를 화살표 방향으로 움직이면 정육면체도 함께 움직인다. (매트자체를 움직이는 명령이 translate( )함수이다.)
- 위치는 정육면체 또는 아래 매트를 움직여 위치를 바꿀 수 있다.
- 그러나 회전/크기와 관련된 변화는 무조건 투명매트 자체를 회전시키거나 크기를 조절해야 가능하다.

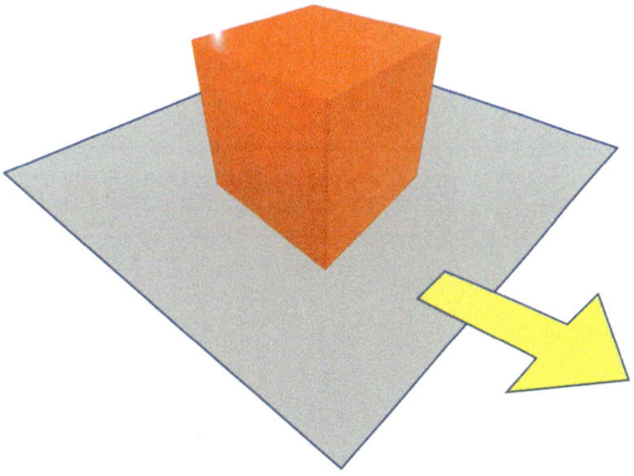

▲ 그림 6–3

그렇다면 투명매트 자체를 움직일 수 있는 translate(x, y) 명령어를 사용해 위치를 재배치하고 스케일을 줄여보자. scale()함수에 넣는 매개변수로는 오리지널 크기인 1값을 기준으로 소수점이 포함된 실수 값을 넣을 수 있다. 예를 들어 0.5는 1/2 크기이고, 2는 두 배 크기이다. 앞서 작성해 두었던 예제 6-1을 가져와 수정하자.

예제 6-2. translate( ) 이용해 원위치에서 사각형의 크기를 줄여보기

❶ translate(150, 150) 함수를 추가하라. 그럼 투명매트가 옮겨지면서 위에 사각형도 이동한다.

❷ 사각형의 크기를 절반으로 줄이기 위해 scale(0.5) 함수를 넣는다.

❸ 아래 rect(150, 150, 200, 100) 함수코드에서 x, y의 위치 값을 0으로 수정한다. 그럼 원래 있던 위치에서 1/2 크기로 줄어든다.

rect

```
void setup( ){
 size(500, 500);
}
void draw( ){
 translate(150, 150);        ❶
 scale(0.5);                 ❷
 fill(255, 150, 0);
 rect(0, 0, 200, 100);       ❸
}
```

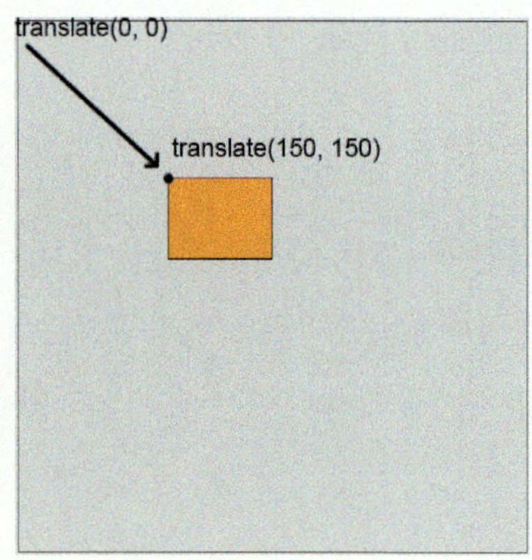

6-2 함수유형②를 활용해서 크기 조절하기

이제 투명매트 개념인 translate(x, y) 명령어를 이해했으니 도형 함수와 translate()를 만들어서 스케일을 줄여보자. 새로 만들 함수는 함수유형②를 이용할 것이고 매개변수는 3개를 만들 것이다. 더불어 스케일을 조절하려면 소수점이 포함된 실수를 매개변수에 넣을 수 있어야하기 때문에 정수형인 int로는 불가능하다. 따라서 실수형 데이터 타입인 float 타입의 변수를 만들 예정이다. 예제 6-2를 가져와 아래 예제를 따라하면서 크기조절 가능한 함수를 만들어보자.

예제 6-3. translate( ) 포함시켜 함수유형②로 만들어보기

❶ 함수유형2 형식으로 Box(int x, int y, float s) 함수를 만들어라. 마지막 매개변수로 float s'라는 스케일을 조절할 수 있는 매개변수 1개를 추가했다.

❷ scale() 매개변수 안에 숫자 대신 앞서 선언했던 변수 s를 넣으면 된다.

❸ draw() 함수 안에 Box(200, 200, 0.5), Box(200, 300, 1.0) 함수 2개를 작성해서 넣는다. (그런데 Box(200, 200, 0.5), Box(200, 300, 1.0)에서 세 번째 스케일 매개변수의 값이 0.5, 1.0으로 서로 다름에도 불구하고 두 개의 사각형은 동일한 1/2 크기로 그려져 있다. 다음 예제에서 이 문제를 해결해 보자.)

rect

```
void setup( ){
 size(500, 500);
}
void draw( ){
 Box(200, 200, 0.5);    ❸
 Box(200, 300, 1.0);
}
void Box(int x, int y, float s){    ❶
 translate(x, y);
 scale(s);    ❷
 fill(255, 150, 0);
 rect(0, 0, 200, 100);
}
```

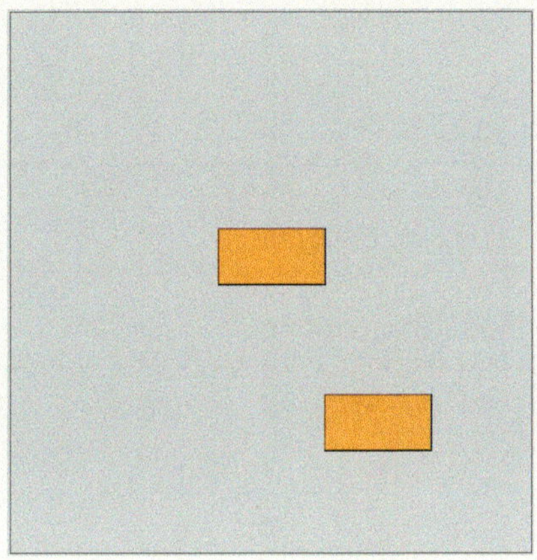

6-3 pushMatrix(), popMatrix() 이해하기

위 결과를 보고 여러분이 예상하는 위치와 크기가 어긋나 있어 당황했을 것이다. 그 이유는 translate()가 한번 선언되면 이하 모든 코드에 영향을 주는 특성 때문이다. 그래서 두 개의 Box() 함수 간에 서로 간섭하지 않기 위해 pushMatrix(), popMatrix()를 사용해야 한다. 도형코드의 시작부분에 pushMatrix()를 넣고 코드의 끝부분에 popMatrix()를 넣는다. 다시 말해 translate()가 사용되는 시작과 끝을 표시하는 묶음표시이다. 사용법은 아래 예제를 따라해 보면 알 것이다.

pushMatrix( );
.
.
.
popMatrix( );
	pushMatrix(), popMatrix()로 묶은 도형은 좌표계를 행렬스택에 저장하여 변환(회전, 크기, 이동)값을 다른 도형에 영향을 미치지 않고 독립적으로 제어할 수 있다.

예제 6-3. translate( ) 포함시켜 함수유형②로 만들어보자

❶ pushMatrix()는 translate() 명령어 위에 작성한다.

❷ popMatrix()는 작성된 도형명령어 맨 아래에 작성한다. 그러면 함수 간 서로 간섭하지 않고 정상적인 위치와 크기대로 주황색 사각형이 그려진다.

rect

```
void setup( ){
 size(500, 500);
}
void draw( ){
 Box(200, 200, 0.5);
 Box(200, 300, 1.0);
}
void Box(int x, int y, float s){
 pushMatrix();    ❶
 translate(x, y);
 scale(s);
 fill(255, 150, 0);
 rect(0, 0, 200, 100);
 popMatrix();     ❷
}
```

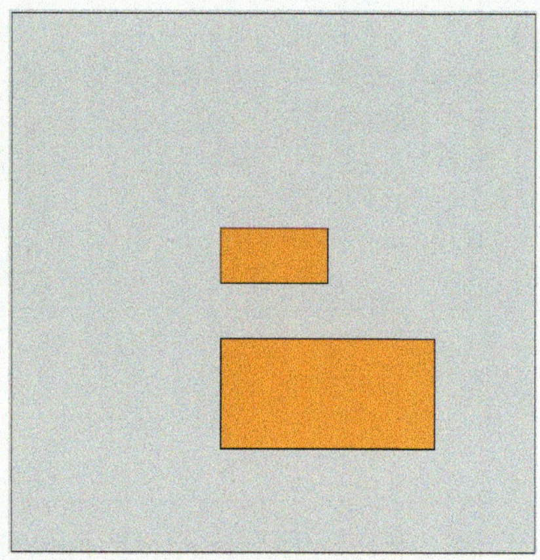

6-4 함수유형②를 활용해서 회전 만들기

앞서 예제에서 만들었던 Box() 함수에 회전 매개변수를 선언하고 주황색 사각형을 회전시켜 보자. 이전에 translate()로 중심점을 사각형 모퉁이로 옮겨놨기 때문에 예제 6-3을 그대로 사용하면 된다. 프로세싱에서 회전과 관련된 명령어는 rotate()가 있다. 다만 ( )소괄호 안에 매개변수로써 회전각도 값을 넣어주면 되는데, 프로세싱에서는 라디안 단위각도로 입력해줘야 한다. 우리가 일반적으로 degree각도(0~360)를 많이 사용하기 때문에 degree 단위로 넣으려면 radians(숫자)키워드를 써야 한다. 아래 예제를 통해 사용법을 알아보자.

예제 6-4. rotate명령을 이용해 도형을 회전시키자

❶ Box() 함수 매개변수 칸 마지막에 int r 변수를 삽입한다.

❷ scale(s) 함수 바로 아래에 rotate(radians(r))을 작성한다. Box(200, 200, 0.5, 10), Box(200, 300, 1.0, 45) 함수에 네 번째 매개변수를 10도, 45도 숫자를 넣어라. 렌더링을 실행해보면 각 도형들이 10도, 45도 회전한 것을 볼 수 있다.

rect

```
void setup( ){
 size(500, 500);
}
void draw( ){
 Box(200, 200, 0.5, 10);
 Box(200, 300, 1.0, 45);
}
void Box(int x, int y, float s, int r){   ❶
 pushMatrix();
 translate(x, y);
 scale(s);
 rotate(radians(r));        ❷
 fill(255, 150, 0);
 rect(0, 0, 200, 100);
 popMatrix();
}
```

6-5 캐릭터예제를 회전/크기 가능한 함수로 만들기

이전 예제 5-3의 캐릭터를 가져와 회전/크기가 조절 가능한 함수로 만들어 보자. 좀 복잡한 과정을 통해 만들지만, 이번 캐릭터 함수 만들기를 배우게 되면 프로세싱에서 코딩문법과 함수의 주요한 개념을 습득했다고 볼 수 있다. 추후 프로젝트 제작과정에서 함수를 만들어볼 기회가 있기 때문에 틈틈이 연습하게 될 것이다.

예제 6-5. 함수유형②와 translate()를 이용해 회전/크기 조절 가능한 캐릭터를 만들자

❶ Char(x위치변수, y위치변수, 크기변수, 회전변수) 함수의 매개변수에 세 번째 float s, 네 번째 int r 변수를 추가하라.

❷ 중복된 Char() 함수들 간의 간섭을 배제하기 위해 pushMatrix(), popMatrix()를 시작과 끝에 넣고, translate(x, y), scale(s), rotate(radians(r))을 한 줄씩 추가한다.

❸ Char() 함수는 머리를 중심으로 매개변수 x, y으로 치환된 상태일 것이다. 따라서 기존 x, y값은 translate(x, y)로 들어갔기 때문에 이후 도형코드에서 x, y 키워드를 모두 지운다. 다만 +, −부호는 지우지 말도록 한다. 그리고 매개변수 값이 x / y 만 있는 경우 이것은 0값으로 바꾼다.

❹ draw() 함수 안에 Char(100, 100, 0.5, 45), Char(300, 300, 1.0, 180), Char(500, 100, 1.5, 90) 코드를 작성하여 넣어라. 그럼 아래 그림처럼 크기와 회전이 제각각인 캐릭터들이 그려지게 된다.

rect

```
void setup( ) {
  size(600, 600);
}
void draw( ) {
  Char(100, 100, 0.5, 45);
  Char(300, 300, 1.0, 180);   ❹
  Char(500, 100, 1.5, 90);
}
```

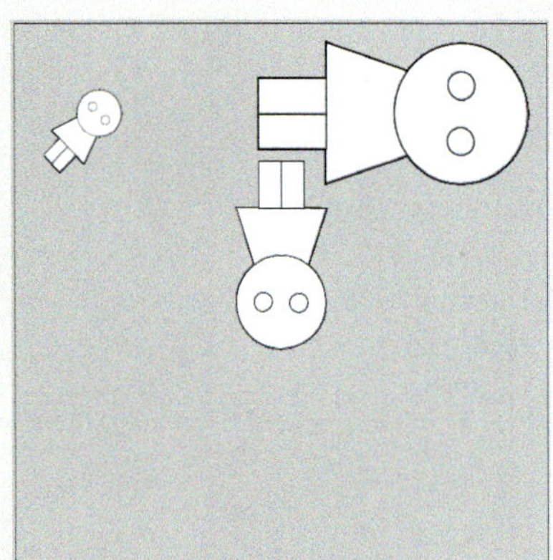

```
void Char(int x, int y, float s, int r){    ❶
  translate(x, y);
  scale(s);
  rotate(radians(r));
  //캐릭터 몸통
  triangle(-50, +100, 0, -50, +50, +100);   ❸

  //캐릭터 머리
  ellipse(0, 0, 100, 100);                  ❷

  //캐릭터 눈
  ellipse(-20, 0, 20, 20);
  ellipse(+20, 0, 20, 20);

  //캐릭터 다리
  rect(0, +100, 25, 50);
  rect(-25, +100, 25, 50);
  popMatrix();
}
```

Lesson

02

프로세싱과 조형원리

Media Art Learning by Coding

CHAPTER 07

변수와 움직임

개요

- 변수 개념과 운동성 이해하기
- 변수 선언하기
- 변수 이용해서 애니메이션 만들기
- 산술연산자와 변수 활용하기
- random내장함수 활용하기
- 지역변수 VS 전역변수

변수의 속성이 조형원리인 움직임과 어떻게 유사성을 갖는지 이해하고 변수를 활용해 움직임을 만들어내는 법을 배워보자.

7-1 변수 개념과 운동성 이해하기

코딩 문법을 배워가면서 가장 먼저 알아야 하는 개념 중에 함수와 더불어 중요한 것이 변수이다. 변할 변(變), 셈 수(數)라는 한자로 표기하는 변수(variable)는 두 가지 특성이 있다. 하나의 값을 저장할 수 있는 저장 공간이란 것과 그 값이 프로그래밍 과정에서 언제든 변할 수 있는 가변성을 갖는다는 것이다. 그런데 코딩 과정에서 두 가지 특성 때문에 데이터의 안전한 관리와 효율적인 입력, 애니메이션 기능 같은 신기하고 놀라운 기능을 만들어 낼 수 있게 된다.

직관적으로 변수가 무엇인지 여러분들의 이해를 돕기 위해 그림 7-1처럼 그릇으로 비유했다. 그릇은 밥그릇, 국그릇, 요리를 담는 넓고 평평한 그릇, 반찬을 담는 그릇 등 다양한 종류의 그릇이 있다. 그릇의 모양에 따라 그릇에 담기는 내용물이 다르다. 그렇게 해야 내용물을 넣고 먹기에 편리하기 때문이다. 변수도 프로그래밍을 위해 필요한 데이터(숫자, 문자, 색, 이미지 등)를 자신의 용도에 맞게 특정 그릇에 따로 저장해야 한다. 그리고 그릇은 한 번 사용했다고 버리지 않는다. 매일 식사할 때마다 찬장에서 꺼내 사용할 수 있다. 변수의 데이터도 필요할 때마다 다른 데이터로 교체해서 넣을 수 있다. 변수의 주요한 요점을 열거해 놨으니 확인해 보자.

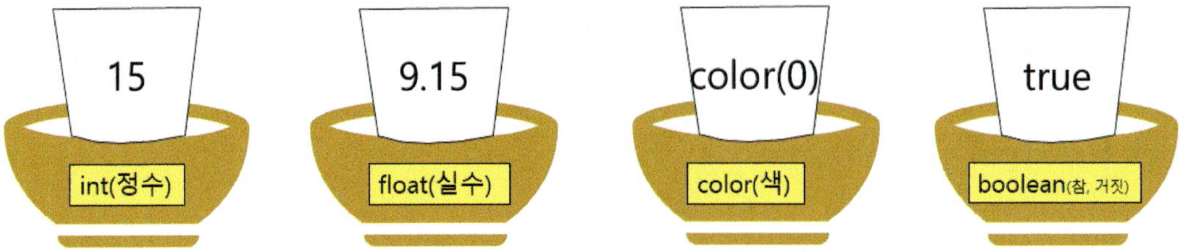

▲ 그림 7-1

1 저장 공간	변수는 내용물을 비우고 다른 것을 채울 수 있는 그릇과 비슷하다. (밥그릇, 국그릇, 반찬 그릇) 컴퓨터 메모리에 임의의 데이터를 저장할 공간과 주소이다.
2 data 종류	변수에 저장할 수 있는 데이터의 종류(정수, 실수, 문자, 참/거짓, 색 등)가 다양하다.
3 변수의 가변성	값이 달라질 수 있다는 속성을 이용해서 애니메이션 같은 흥미로운 결과를 만들어 낼 수 있다.
4 변수의 선언	변수는 선언/할당/초기화 3단계로 사용해야 한다.

한 번 만들어 놓은 변수는 숫자를 교체해서 넣을 수 있다는 가변성은 운동성이라는 조형 요소와 연결될 수 있다. 20세기 이후 영상기술의 발달로 동영상이미지를 이용한 영화, 애니메이션, 게임 같은 콘텐츠가 대세로 잡으면서 운동성이라는 조형 요소가 중요하게 대두되었다. 운동성은 우리 눈으로 보는 시각프레임에서 정지이미지가 보여지고 사라지는 가변적 상태와 다름없기 때문이다.

동영상이미지에서는 운동성의 구성요소는 시간과 동작이 있다. 그리스 엘레아학파의 철학자 제노(Zeno)의 개념에 따르면 "동작은 무한한 수의 정지상태"라고 주장했다. 어떤 개체가 움직이는 현상은 시간이라는 저장 공간 안에 한 장씩 동작하는 이미지 데이터를 저장하는 과정이라고 보았다. 이 같은 관점에서 동영상이미지를 분석하면 우리 뇌의 메모리 공간에 우리 눈의 망막을 통해 일정 시간 동안 자극된 이미지 데이터가 저장되는 과정이다. 따라서 움직임이 발생하고 관찰자가 인지하려면 반드시 뇌 공간에 변화 가능성이 있는 저장 공간이 필요하다. 이것이 코딩에서는 변수라는 개념과 일치한다. 변수는 컴퓨터 메모리에 특정값을 저장하는 공간을 뜻한다. 해당 메모리 공간에는 허용되는 범위 내에 어떤 값이든 저장할 수 있으며 언제든 값이 변화될 수 있는 가변성이 있다.

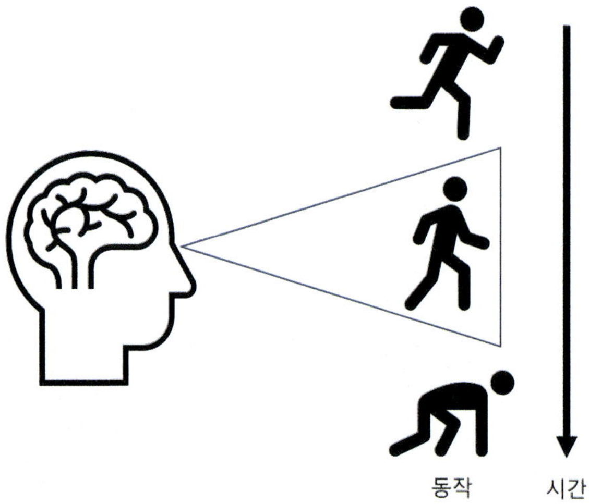

- 우리 눈이 달리기 동작을 관찰하고 있다면 달리기 한 순간의 동작을 뇌(변수)에 저장했다가 시간의 흐름에 따라 다른 동작으로 대체해서 뇌에 저장하는 것이다.

▲ 그림 7-2

운동성은 시간에 따라 단방향 운동을 하거나, 반복운동을 하거나, 불규칙적 운동을 함으로써 구성요소에 생명력이 존재하는 듯 느낌을 주기도 한다. 생명력은 스스로의 의지, 욕구, 배경에 따라 목적 행동을 보이고 반복된 행위를 통해 개성으로 구축되기도 한다. 진화심리학에 따르면 인간은 움직이는 사물에 대해 움직이지 않는 것보다 우선 인지하도록 진화적으로 적응 되어왔다고 한다. 수많은 사물들 중에 식용 가능한 사냥감을 찾기 위해, 포식자 동물을 빨리 파악해서 회피하기 위해 움직임 포착에 민감해지도록 진화해 왔다. 이 같은 인간의 본성을 이해한 작가들은 운동성을 이용해 작품의 주제의식과 상징성을 내포하려고 많은 시도를 해 왔다. 정지이미지에서는 동세감을 표현하는 것이 한계가 있지만 연속적이고 점진적 배열을 이용하거나 교차이미지, 불규칙 이미지로 운동성을 표현하려고 한다.

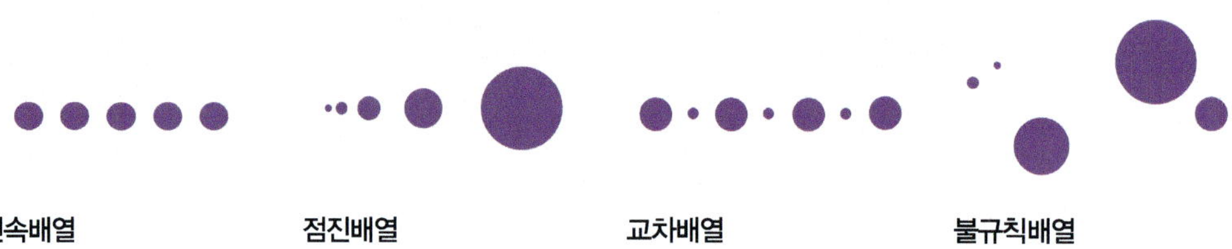

▲ 그림 7-3

7-2 변수 선언하기

일반적으로 변수를 만들 때(선언)는 코드 입력창의 최상단부터 작성하면 된다. 변수선언은 컴퓨터 메모리 안에 빈 공간을 하나 만드는 과정이다. 데이터유형은 int(정수), float(실수), string(문자), boolean(참/거짓), color(색) 등 특정한 종류가 있다. 이 책에서 사용할 변수 데이터유형은 종류가 많지 않아서 다른 장에서 하나씩 배우게 될 것이다. 이번 장에서는 자주 사용되는 int, float 정도만 배우도록 하자. 변수 이름은 여러분 마음대로 지어도 되지만 담으려는 데이터가 무엇인지 알 수 있는 단어를 선택하는 게 좋다. 그리고 변수 이름은 소문자로 시작하는 영문 단어로 만들기 바라며 마침표, 특수문자가 포함되면 안 된다. 몇 가지 규칙을 아래 작성해 놓았다.

- 변수를 선언하는 방법은 데이터유형을 먼저 작성하고 다음에 변수 이름을 작성하면 된다. 그리고 마지막에 세미콜론 ; 을 넣으면 된다.

int count ; → 변수 선언
(int: 데이터 유형, count: 변수 이름)

int count = 50 ; → 한 줄 코드로 선언과 초기화 가능 (50값을 count에 할당한다)

- 변수선언과 동시에 값을 할당할 수도 있다. (int count = 50;) 이것을 초기화라고 한다.
- 코딩 문법에서 A = B 수식은 같다는 의미가 아니다. B값을 A에 넣는다(할당한다) 라는 의미이다.

아래 예제에 나오는 변수선언을 코드 입력창에 그대로 작성해 보기 바란다. 당장 만들어 놓은 변수를 활용해 보지 않겠지만, 변수선언규칙을 직접 작성해 보면서 눈과 손에 익혀볼 필요가 있다. 막상 스스로 변수를 선언하려 할 때 데이터 타입이 헷갈리거나 변수명을 어떤 이름으로 지어야 하는지 망설여지는 경우가 많기 때문이다.

예제 7-1. 다양한 변수선언 예시

int count = 0;	count라는 정수 변수를 선언하고 0 값을 할당한다.
boolean happy = false;	happy라는 논리형 변수를 선언하고 거짓값을 할당한다.
float x = 4.0;	x라는 실수변수를 선언하고 4.0 값을 할당한다.
color c = color(255, 0, 0);	c라는 칼라 변수를 선언하고 빨간색 값을 할당한다.

7-3 변수를 이용해서 애니메이션 만들기

변수를 선언하고 초기화하는 방법을 배웠으니 실제로 프로세싱에서 변수를 사용하는 방법을 알아보자. 여러분은 변수의 중요한 특징 중 하나가 저장된 변수의 값이 변할 수 있다는 것을 배웠다. 이 특징을 이용해서 draw() 함수가 반복 실행하는 특성과 변수 자신의 값을 1씩 증가시키는 수식을 만들어 변수 가변성 활용할 것이다. 이 증가되는 변수값을 도형의 위치매개변수로 넣어주기만 하면 된다. 아래 예제를 통해 배워보도록 하자.

예제 7-2. ellipse() 타원을 움직이기

❶ 프로세싱의 코드 입력창 최상단에 int posX 변수를 선언하고 0값을 할당한다. (posX 변수 이름은 position X 축의 줄임말이다.)

❷ setup()와 draw() 함수를 작성해서 넣는다. 여기서 background(255) 명령어가 draw() 함수 내에 넣어야 한다. (움직이는 개체가 있다면 잔상이 남지 않도록 하기 위함이다.)

❸ draw() 함수 안에 posX = posX + 1; 수식을 넣어라. 변수 자신에게 1값을 더하고 다시 그 값을 다시 변수 자신에게 할당하라는 의미의 수식이다. (draw() 함수는 1초에 60회 이상 반복 실행하기 때문에 지속적으로 posX 값은 증가할 수밖에 없다.)

❹ ellipse() 함수 안에 증가하고 있는 변수 posX를 x축 위치값에 넣어준다. 그리고 렌더링을 실행하면 빨간 타원이 왼쪽에서 오른쪽 방향으로 천천히 움직일 것이다.

ellipse

```
int posX = 0;             ❶
void setup( ){
 size(600, 600);
}
void draw( ){
 background(255);         ❷
 posX = posX + 1;         ❸
 fill(255, 0, 0);
 ellipse(posX, 300, 100, 100);   ❹
}
```

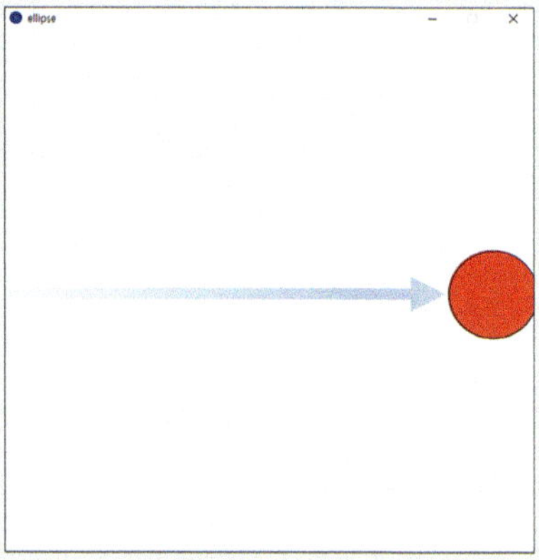

코딩에 익숙하지 않은 사람들은 draw() 함수에서 posX 변수가 증가되는지 잘 이해되지 않을 수 있다. 이를 이해하기 위해 동영상의 원리를 이해할 필요가 있다. 일반적으로 동영상은 정지이미지를 1초에 30장(TV) 이상 보여주면 우리 눈에는 자연스럽게 움직이는 동영상으로 인식한다. 프로세싱은 렌더링하려는 개체 개수나 pc 사양에 따라 약간씩 차이는 있으나 draw() 함수는 1초에 60 프레임 반복실행 된다. 다시 말해 1초에 60회 이미지를 화면에 띄우는 것과 비슷하다. 따라서 draw() 함수 안에서 posX = posX + 1처럼 변수 자신에게 1을 더하라는 수식을 넣으면 1초에 60번 반복 실행되면서 1초 후에는 posX는 60이 된다.

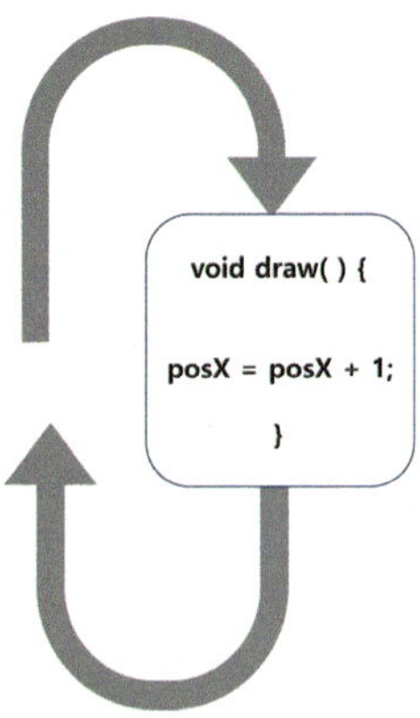

1프레임 : posX = 1
2프레임 : posX = 2
3프레임 : posX = 3
4프레임 : posX = 4
5프레임 : posX = 5
6프레임 : posX = 6
7프레임 : posX = 7
•
•
•
60프레임 : posX = 60

▲ 그림 7-4

7-4 산술연산자와 변수 활용하기

프로세싱에서 운동성은 변수값이 변화되는 특성을 이용해 산술연산자와 증감연산자와 함께 움직임을 만들 수 있다. 산술연산자 덧셈(+), 뺄셈(-), 곱셈(*), 나눗셈(/), 나머지(%)이고 증감연산자는 증가(++), 감소(--)정도가 있다. 이들 연산자는 두 개의 피연산자를 받아서 하나의 숫자 값을 반환한다. 프로세싱 코드 작성 중에 산술연산을 만들고 피연산자에 숫자 대신 변수를 사용하여 결과값이 변하도록 만들 수 있다. 그리고 결과값을 도형의 위치매개변수로 활용하면 도형을 애니메이션 시킬 수 있다.

종류	기호	문법	의미
대입 연산자	=	x = 3	x에 3을 대입
산술 연산자	+	x + 3	x와 3의 합
	−	x − 3	x와 3의 차
	*	x * 3	x와 3의 곱
	/	x / 3	x와 3으로 나눈 몫
	%	x % 3	x와 3으로 나눈 나머지

변수와 산술연산자를 이용하면 다양한 반복 움직임을 만들 수 있다. 그중에 모듈로 라는 패턴이 있는데 나머지 값을 구하는 % 연산자는 특정 경계 안의 숫자를 유지하는데 매우 유용한 연산자이다. 아래 3으로 나눈 값의 나머지를 보면 일정한 패턴이 있는 것을 확인할 수 있다. 이 같은 특성을 이용해 반복 움직임을 만들어 보자. 예제 7-2를 가져온다.

0 % 3 = 0 1 % 3 = 1 2 % 3 = 2 3 % 3 = 0 4 % 3 = 1 5 % 3 = 2 6 % 3 = 0	• % 나머지 결과값은 0, 1, 2가 계속 반복하고 있다. • 3으로 나눈 나머지 값은 3보다 1이 작은 2이다. 만약 4로 나눈 나머지 값은 3이 될 것이다.

예제 7-3. 모듈로(일정한 패턴반복운동) 애니메이션 만들기

❶ 타원의 y축 대신 넣을 새로운 변수를 선언한다. int posY = 0 작성한다.

❷ 모듈로(일정한 반복패턴)애니메이션을 만들기 위해 posY 변수에 (posY+1) % 100 수식을 할당하라. (숫자 100은 100픽셀만큼 움직이다 0으로 되돌아가도록 하기 위함.)

❸ ellipse() 함수 매개변수 중 y축 매개변수에 기존 300 위치값에 posY 값을 더하라. 렌더링을 실행해 보면 아래 오른쪽 그림처럼 위아래 반복운동으로 움직일 것이다.

ellipse

```
int posX = 0;
int posY = 0;          ❶
void setup( ){
 size(600, 600);
}
void draw( ){
 background(255);
 posX = posX + 1;
 posY = (posY + 1) % 100;    ❷
 fill(255, 0, 0);
 ellipse(posX, 300+posY, 100, 100);  ❸
}
```

7-5 random 내장함수 활용하기

프로세싱에서 불규칙성을 부여하는 명령어로 random()이라는 함수가 있다. 이 random과 변수를 활용하면 예측할 수 없는 불규칙한 효과가 발생한다. 도형의 위치를 무작위로 배치하거나, 칼라를 무작위로 선택하거나, 도형의 크기도 다양하게 생성시켜 줄 수 있다. 앞으로도 random() 함수는 자주 사용할 것이기 때문에 꼭 기억해두길 바란다. random은 무작위 수를 float(실수형)를 만들어 내는데 두 개의 매개변수를 요구한다. 최소값과 최대값을 넣으면 두 숫자 사이의 무작위 수를 반환한다.

아래 예제는 타원을 무작위 크기와 색, 위치에 자동으로 만들어지도록 만드는 random() 함수를 배우는 예제이다. float 타입의 변수 만드는 방법도 배워보자.

예제 7-4. random()함수를 활용한 애니메이션 만들기

❶ 6개의 float 타입의 변수를 선언한다. x, y 변수는 타원의 위치 변수, diam 변수는 타원의 크기, r, g, b 변수는 타원의 색으로 사용될 것이다.

❷ 타원의 위치를 무작위로 만들기 위해 x축, y축 각각에 random() 함수를 할당한다. (일단 이미지의 사이즈가 (800, 800)이기 때문에 x축에 최소값은 1, 최대값은 800을 넣는다. y축도 동일하게 할당한다.)

❸ diam은 타원의 크기변수로써 50~150 사이 크기로 만들 것이다.

❹ r은 색을 정의하는 변수값으로 프로세싱에서는 0 ~ 255단계를 넣을 수 있기 때문에 random(1, 255)값을 넣는다. g, b 변수도 동일하게 적용한다. (여기서 중요한 점은 변수값을 할당한 것은 draw() 함수에 넣었다는 것을 기억해야 한다.)

❺ r, g, b 변수는 fill() 함수의 매개변수로 사용한다.

❻ x, y는 ellipse() 함수의 위치값에, diam은 ellipse() 함수의 크기값에 사용한다. 렌더링하면 무작위로 다채롭고 다양한 색과 크기, 위치를 가진 원형점이 찍히는 것을 볼 수 있을 것이다.

ellipse random

```
float x ;        ❶
float y;
float diam;
float r ;
float g ;
float b ;
void setup() {
  size(800, 800);
  background(255);
}
void draw() {
  x = random(1, 800);      ❷
  y = random(1, 800);
  diam = random(50, 150);  ❸
  r = random(1, 255);      ❹
  g = random(1, 255);
  b = random(1, 255);
  fill(r, g, b);           ❺
  ellipse(x, y, diam, diam); ❻
}
```

7-6 지역변수 VS 전역변수

지금까지 프로세싱에서 변수를 사용하게 되면 setup()와 draw() 함수 밖 최상단에 선언하는 경향이 많았다. 그런데 변수 중에는 setup()와 draw() 함수 { }코드 블록 안에서 선언하고 사용되는 변수도 있다. { }코드블록 밖에서 선언되는 변수를 전역변수라고 부르고, { }코드블록 내에서 선언되는 변수를 지역변수라고 부른다. 따라서 지금까지 여러분들은 전역변수만 사용해 본 것이다. 지역변수는 아래 예제를 통해 사용법과 차이점을 배울 것이다.

```
int x = 0;    // 전역변수


void draw( ) {
   int x = 0;  // 지역변수
}
```

잠시 여러분의 핸드폰에 저장하는 전화번호를 변수로 비유한다면, 전역변수는 여러분 친구, 부모, 형제의 전화번호라고 할 수 있다. 오랫동안 저장해서 평상시에도 빈번히 연락하고, 긴급한 상황이 발생해서 도움을 요청할 때에도 필요한 전화번호라고 할 수 있다. 반면 점심 식사를 위해서 중국집 전단지에서 보는 전화번호는 지역변수라고 할 수 있다. 허기를 채우기 위해 지금 필요한 번호일 뿐이고, 오늘 이후에는 필요치 않은 전화번호일 가능성이 높다. 그래서 전역변수는 오랫동안 안전하게 보관해야 하는 데이터에 사용하고, 일시적으로 잠깐 사용하고 그 순간만을 위해서 존재하는 데이터는 지역변수로 사용하는 것이다.

프로세싱에서 전역변수는 프로그램 코드의 상단에 위치하고 setup()과 draw() 함수 바깥쪽에서 선언한다. 그러면서 전역변수는 프로그램 코드 전 영역에서 사용될 수 있다. 지역변수는 선언된 { }코드 블록 내에서만 사용될 수 있다. 만약 선언된 해당 { }코드 블록을 벗어나 사용되면 해당 변수가 존재하지 않음이라는 경고 메시지가 뜬다. 아래 예제에서 같은 이름의 변수를 전역변수로 만들었다가 지역변수로 만들어 보면서 지역변수와 전역변수의 차이점을 이해할 수 있다. 예제 7-2 타원 움직이기를 가져온다.

예제 7-5. 지역변수 VS 전역변수

❶ 전역변수로 선언한 int posX = 0 구문을 잘라내기(ctrl + x) 해서 draw() 함수 안에 붙여넣기(ctrl + v) 한다. 렌더링을 실행해 보면 빨간 타원은 움직이지 않고 정지되어 있을 것이다. (그 이유는 draw() 함수에서 매 프레임 실행할 때마다 posX 변수값이 0으로 초기화되기 때문이다. posX 변수는 draw() 함수 안에서는 무의미하게 사용되고 있지만 추후 배우게 될 조건문, 반복문 또는 특정 수식을 통해 얻게 되는 데이터 값을 임시로 담아둘 때 자주 사용된다.)

❷ int posX = 0을 잘라내기(ctrl + x) 해서 { } 코드 블록 외부 상단에 다시 붙여넣기(ctrl + v) 한다. 그러면 다시 빨간 타원은 움직일 것이다. (전역변수가 된 posX가 posX = posX + 1 구문을 통해 1씩 증가된 값이 ellipse(posX, 300, 100, 100)에 계속 대입되면서 움직이게 된다.)

ellipse

```
void setup( ){
 size(600, 600);
}
void draw( ){
 background(255);
 int posX = 0;     ❶ // 지역변수로 선언
 posX = posX + 1;
 fill(255, 0, 0);
 ellipse(posX, 300, 100, 100);
}
```

ellipse

```
int posX = 0;     ❷ // 전역변수로 선언
void setup( ){
 size(600, 600);
}
void draw( ){
 background(255);
 posX = posX + 1;
 fill(255, 0, 0);
 ellipse(posX, 300, 100, 100);
}
```

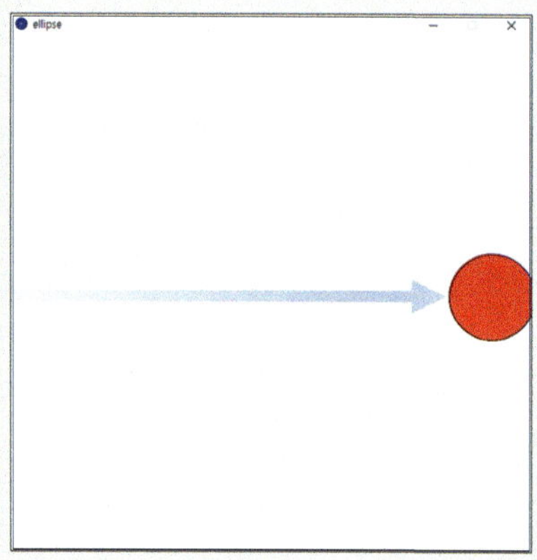

연습문제 7

- 앞서 제작했던 예제 5-3 캐릭터 함수를 가져온다.
- 캐릭터함수 매개변수에 숫자 대신 posY 변수를 만들어 아래 방향으로 움직이도록 해보자.
- 증가연산자는 posY = posY + 1처럼 만들면 된다.

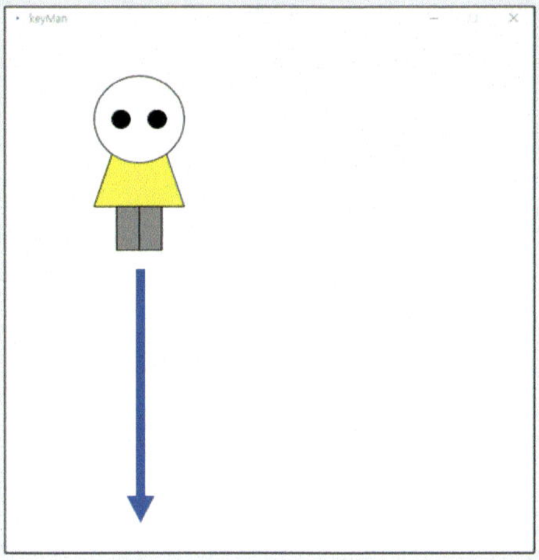

CHAPTER 08

조건문과 대비/강조

개요

- 조건문과 대비/강조
- 조건문 형식
- 논리 연산자
- 조건문 활용해서 움직임 제어하기
- if, else 조건문

조건의 참/거짓에 따라 동작을 수행하도록 하는 조건문의 속성이 조형 원리의 대비/강조와 유사함을 이해하고, 조건문 선언과 사용법을 배워보도록 하자.

8-1 조건문과 대비/강조

조형원리에서 대비/강조는 서로 상반되는 시각적 요소를 더욱 강하게 부각시켜 이미지의 주제를 명확하게 만드는 것을 말한다. 어떤 정물화가 있다면 화면의 중간이나 색이 강렬해서 다른 구성요소에 비해 관객이 인지할 정도로 눈에 띄게 만드는 것을 강조라고 한다. 대비라는 조형요소는 진화적 관점에서 성 선택 과정이나 집단생활 안에서 돋보이기 위해 나타난 감정이라고 본다. 한 개체나 하나의 구성요소만 존재한다면 비교우위나 비교열위를 인지하기 쉽지 않다. 성 선택 과정에서 다수의 동성경쟁자들 중에 짝짓기 기회를 늘이기 위해 이성에게 돋보이고자 하는 방법으로써 덩치를 키우거나 화려한 색으로 치장하는 행위를 한다. 집단 내에서 자신의 지위나 서열이 높다는 점을 강조하기 위해 다른 구성원들에 비해 크고 화려한 집을 짓거나 수많은 하인을 거느리기도 한다.

- 13세기경 제작된 치마부에의 〈옥좌에 앉은 성모자〉 중세 그림에서도 성모 마리아의 크기는 다른 천사들에 비해 크다.
- 예술작품으로 재현될 때 다른 구성요소보다 비교적 크거나 도드라져 보이는 색이거나 떨어져 배치되어 구분되는 느낌으로 대비/강조를 보여준다.

▲ 그림 8-1

프로세싱 코딩 문법 중 대비/강조에 대응하는 것이 조건문이다. 숫자를 비교하여 비교우위를 정하거나 현재의 상태를 참/거짓으로 구분 짓게 하면서 원하는 편으로 분기해 준다. 조건문은 이외에도 움직임과 기능 구현에 사용되기 때문에 강조에만 국한되어 사용된다고 볼 수는 없다. 다만 조건식에 따른 분기 방향성이 작가가 여러 구성요소 중 하나를 강조하고 싶어 하는 의도와 일맥상통한다고 말하고 싶다.

정지된 평면이미지에서 강조 방법은 구성요소 간 초점/색/크기에 의한 대비, 구성요소 간 위치에 의한 분리, 구성요소를 방사형/원근법적 배치로 강조할 수 있다. 시각적으로 혼란스럽거나 주제를 부각시키는 방법이 지나치지 않도록 균형, 통일, 변화 같은 다른 조형 요소도 함께 고려해서 어울림의 대비와 강조를 만들도록 해야 한다.

대비강조 분리강조 배치강조

▲ 그림 8-2

8-2 조건문 형식

조건문은 참인 사실을 나타내는 조건은 실행하고, 거짓을 나타내는 조건은 실행하지 않거나 다른 조건으로 이양한다. 조건문은 if(참이 되는 식)의 형식을 갖추고 있으며 소괄호 안을 불린(boolean) 표현식이라고 한다. 참인지 거짓인지 평가하는 표현식이다. 아래 if 형식은 ( )불린조건식이 참으로 판명되면 코드 블록 안의 명령이 실행되고 그렇지 않으면 실행되지 않는다. 따라서 여러분은 본인이 원하는 결과가 무엇인지 선택하는 과정이 선행되고 그 결과에 따라 참이 되는 조건식을 넣으면 된다. 조건문은 '선택'이란 동작을 자동화할 때 수행된다. 조건문은 기초코딩 문법 중 매우 기본적인 공식이고 형식도 간단하다.

조건문 유형 ①

```
if ( 조건이 참이 되는 식) {
        코드 블록
    }
```

if ( )문의 소괄호 안을 불린조건식(boolean)이라고 하는데 한 구성요소가 다른 요소에 비해 비교우위나 비교열위를 검증하는 영역이다. 그래서 수학연산자 중에 관계연산자를 많이 사용한다. 예를 들어 1은 0보다 크다는 조건식을 참으로 평가하면 if(1 > 0)로 표기한다. 또는 변수 a가 100보다 작거나 같다는 조건식을 참으로 평가하면 if(a <= 100)로 표기한다. 불린조건식(boolean)은 프로세싱 스케치 내에서 질문처럼 동작한다.

종류	기호	문법	의미
관계 연산자	〉	A 〉 B	A가 B보다 크면 참
	〈	A 〈 B	A가 B보다 작으면 참
	〉=	A 〉= B	A가 B보다 크거나 같으면 참
	〈=	A 〈= B	A가 B보다 작거나 같으면 참
	==	A == B	A와 B가 같으면 참
	!=	A != B	A와 B가 다르면 참

조건문으로 시각적 대비/강조를 하면서 관계 연산자를 활용한 조건식을 만들어 배경색을 바꾸는 예제를 만들어 보자. 예를 들어 마우스의 위치가 스크린의 왼편에 있다면 배경을 흰색으로 그렇지 않으면 검은색으로 선택한다는 표현식이다. 마우스의 위치를 매개로 화면의 영역과 색을 분할해서 대칭적 균형과 눈에 띄는 강조를 달성하려 한다.

예제 8-1. 조건문을 이용해 배경색을 분할하기

❶ if(mouseX 〉 250)의 불린조건식을 보면, 마우스가 250픽셀보다 많으면 코드 블록 명령어가 실행되는 조건식이다. (mouseX(프로세싱 내장변수)는 x축 mouse 값을 반환하는 변수이다. 렌더링이미지 내에서 마우스의 좌우 위치값을 실시간 인식한다.)

❷ '코드 블록 안에 명령어는 검정색 사각형을 그려라' 라는 명령어이다. 그래서 좌우 공간에서 마우스가 중간 이상 넘어가면 검정색이 나타날 것이다.

control

```
void setup(){
  size(500, 500);
}
void draw(){
  background(255);
  if(mouseX > 250){      ❶
    fill(0);             ❷
    rect(250, 0, 250, 500);
  }
}
```

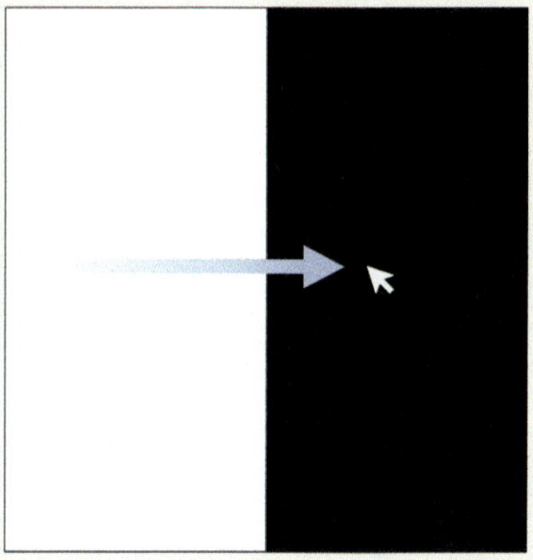

앞서 예제에서 조건문은 시각적 대비/강조를 하지만 움직임을 강조(제어)할 수도 있다. 예제 7-5에서 움직이는 빨간 원은 한 방향으로만 움직였다. 그런데 화면을 벗어나도 되돌아오지 않는다. 여러분들은 빨간 원이 다시 돌아오길 바라지만 조건에 따라 실행되는 결과가 달라지도록 코딩 흐름을 바꿀 수 있어야 가능하다. 빨간 원은 무조건 한 방향으로 움직인다고 할 때 화면의 끝에 닿으면 반대 방향으로 움직임을 반전시켜라. 그렇지 않고 끝에 닿지 않으면 계속 같은 방향으로 움직임을 유지하라는 조건을 만들 수 있다. 이렇게 하면 빨간 공의 움직임을 무한 반복운동으로 만들 수 있게 된다. 예제 7-5를 가져와 수정하자.

예제 8-2. 조건문을 이용해 좌우 반복 움직임 만들기

❶ int타입의 speed 변수를 만든다. 그리고 1값을 할당한다.

❷ posX 변수에 speed 변수를 더해 posX 값이 증가되도록 만든다.

❸ if조건식은 posX 변수가 증가하다가 600보다 크면 speed 변수에 −1를 곱하라는 코드이다. (빨간 원이 오른쪽 방향으로 움직이다가 화면 끝에 다다르면 다시 반대방향으로 움직이게 된다.)

❹ if조건식은 posX 변수가 증가하다가 0보다 작으면 speed 변수에 −1를 곱하라는 코드이다. (빨간 원이 왼쪽 방향으로 움직이다가 화면 끝에 다다르면 다시 반대방향으로 움직이게 된다.)

❺ ellipse() 함수에 x축 움직임 매개변수 자리에 posX 변수를 넣는다.

ellipse

```
int posX = 0;
int speed = 1;                          ❶
void setup( ) {
  size(600, 600);
}
void draw( ) {
  background(255);
  posX = posX + speed;                  ❷

  if (posX > 600) {
    speed = speed * -1;                 ❸
  }
  if (posX < 0) {
    speed = speed * -1;                 ❹
  }
  fill(255, 0, 0);
  ellipse(posX, 300, 100, 100);         ❺
}
```

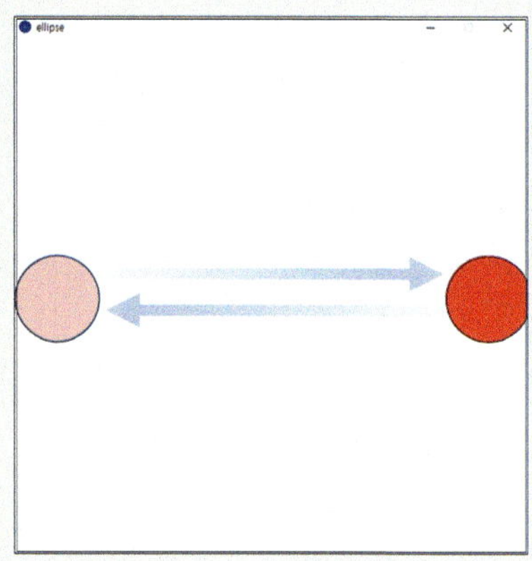

8-3 논리 연산자

논리연산자에 대해 알아보자. 논리연산자는 불린조건식 내에서 두 개의 피연산자의 논리합, 배타적 논리합을 규명해서 참, 거짓 결과를 내는 연산자이다. 앞서 조건문을 설명하면서 봤던 예제

8-2처럼 빨간원이 좌우 반복운동을 구현해 보았다. 우리는 두 가지 조건(1. 빨간원이 이미지의 오른편 끝에 도달했는가, 2. 빨간원이 이미지의 왼편 끝에 도달했는가)을 만들어야 해서 if 조건식을 두 개 만들었다. (아래 왼쪽 그림) 그런데 이것을 논리 연산자를 활용하면 하나의 if 조건문으로 압축할 수 있다. (아래 오른쪽 그림) 여기서 사용한 논리 연산자 ||는 'or'라는 의미이다. 두 개의 불린 조건식 중 하나만 참이어도 아래 코드 블록이 실행되는 코드이다.

```
if( posX > 화면의 오른쪽 끝) {
  움직임을 역방향으로 만드는 수식
}
if (posX < 화면의 왼쪽 끝) {
  움직임을 역방향으로 만드는 수식
}
```

```
if( posX > 화면의 오른쪽 끝 | | posX < 화면의 왼쪽 끝) {
  움직임을 역방향으로 만드는 수식
}
```

논리 연산자는 아래 표처럼 두 가지가 있다. 사실 4가지가 더 있지만 초급자에게 당장 쓰임새 있는 것은 아래 두 가지 연산자만 알고 있어도 된다. 나중에 필요하다면 추가적인 논리연산자를 배워보도록 하겠지만, 이번 장에서는 아래 두 가지 논리 연산자만 배우도록 하자.

종류	기호	문법	의미
논리연산자	||	A || B	A 또는 B, 둘 중 하나만 참이면 참
	&&	A && B	A 그리고 B, 둘 중 모두 참이어야 참

예제 8-2를 논리 연산자 스타일로 탈바꿈해보자. 예제 8-2를 가져와 수정하자.

예제 8-3. 빨간원 반복운동 논리연산자로 만들기

❶ if 조건문의 불린조건식(posX 〉 600 || posX 〈 0) 안에 한꺼번에 두 가지 조건문을 넣는다. (첫 번째는 빨간공이 오른편 끝에 닿거나, 두 번째 왼편 끝에 닿았을 때 항상 반대 방향으로 움직이게 만드는 불린식을 넣기 위해 논리연산자 ||를 사용한다.)

❷ 조건문 { }코드블록 안에 speed = speed * −1; 명령문을 넣는다. (speed값을 역수로 만들면 움직임을 반대방향으로 만들 수 있기 때문에 한번만 넣으면 된다. 렌더링을 실행하면 예제 8-2과 동일한 움직임을 보일 것이다.)

ellipse

```
int posX = 0;
int speed = 1;
void setup( ) {
  size(600, 600);
}
void draw( ) {
  background(255);
  posX = posX + speed;
  if (posX > 600 || posX < 0) {      ❶
    speed = speed * -1;              ❷
  }
  fill(255, 0, 0);
  ellipse(posX, 300, 100, 100);
}
```

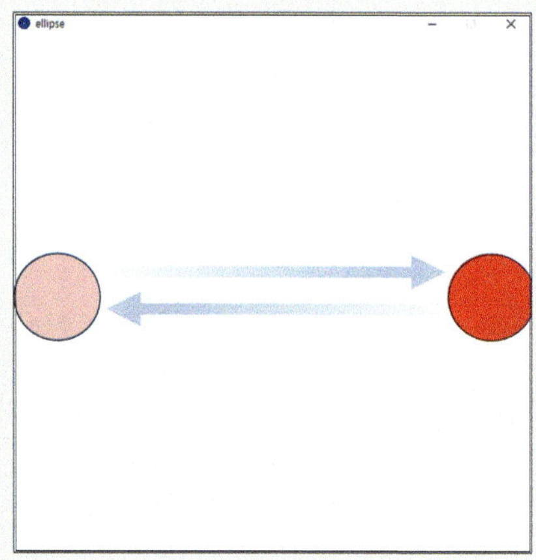

8-4 조건문을 이용해서 복잡한 움직임 제어하기

지금까지 조건문을 이용해 원하는 결과로 분기시키는 방법을 배웠다. 특히 도형의 움직임을 조건문으로 다양하게 제어 가능하다는 것을 확인했을 것이다. 그렇다면 좀 더 복잡한 움직임으로 만들기 위해 예제 8-3를 발전시켜 빨간원이 상하좌우 벽면에 부딪히면서 바운싱하는 예제를 완성해 보자. 이런 코드를 완성하는데 기본 아이디어는 간단하다. 예제 8-3은 좌우 반복운동이었으니 이것을 상하 반복운동도 함께 적용하면 된다. 그리고 상하운동과 관련된 if 조건문도 하나 더 만들면 된다. 다만 speed 변수를 하나 더 만들어 속도를 다르게 해줘야 방향이 살짝 틀어지면서 모든 면에 바운싱하게 될 것이다. 예제 8-3을 가져와 수정하자.

예제 8-4. 빨간원 상하좌우 벽에 바운싱 만들기

❶ 상하운동을 위해 posY 변수와 speedx, speedy 변수를 추가한다. 각 speedx, speedy 변수의 초기값은 2, 5를 넣어라.

❷ draw() 함수에서 좌우 반복운동을 만들기 위해 posX = posX + speedx 처럼 코드를 수정하고, 역방향으로 움직임을 반전시키기 위해 코드 블록 안에 speedx = speedx * −1로 코드를 수정한다.

❸ 상하반복운동을 위한 조건식은 좌우반복운동 조건식을 그대로 복사하고, posY 변수, speedy 변수로 이름만 바꾸면 된다.

❹ 마지막으로 ellipse(posX, posY, 100, 100) 처럼 y축 위치값에 posY 변수를 넣으면 된다. 렌더링을 실행하면 상하좌우 4면을 바운싱하면서 움직일 것이다.

ellipse

```
int posX = 0;
int posY = 0;          ❶
int speedx = 2;
int speedy = 5;
void setup( ) {
  size(600, 600);
}
void draw( ) {
  background(255);
  posX = posX + speedx;
  if (posX > 600 || posX < 0) {     ❷
    speedx = speedx * -1;
  }
  posY = posY + speedy;
  if (posY > 600 || posY < 0) {     ❸
    speedy = speedy * -1;
  }
  fill(255, 0, 0);
  ellipse(posX, posY, 100, 100); ❹
}
```

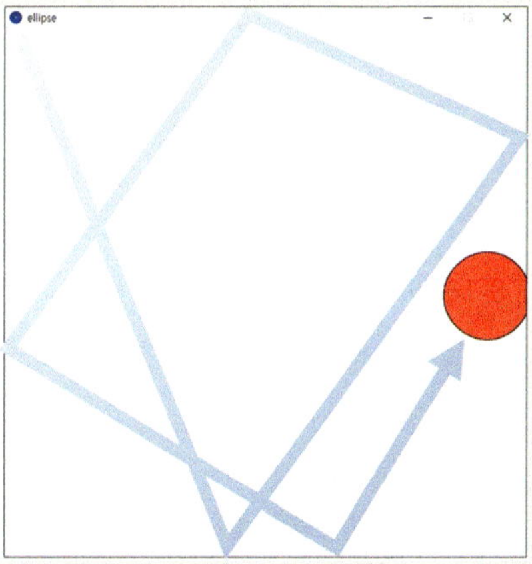

8-5 if, else 조건문

새로운 조건문 형식을 배우자. 앞서 배운 if(불린조건식)은 조건이 참이면 특정지시가 실행되고 거짓이면 무시된다. 그런데 여기서 거짓일 경우 새로운 특정지시를 만들어 다른 방향으로 분기하도록 만들고 싶을 때가 있다. 이럴 때 조건문 유형②인 if, else 형식 사용된다. if, else 형식은 (불린조건식)이 참으로 판명되면 A 코드 블록이 실행되고 거짓이면 B 코드 블록이 실행된다. 이때 거짓일 경우 실행될 수 있는 코드를 포함하기 위해 else 키워드를 넣은 것에 주목할 필요가 있다. 조건문유형 ②는 다양한 조건에 따라 다른 방향으로 분기하는 개념을 보여주는 것이다. 즉 불린식(boolean) 조건에 따라 조건문의 개수에 따라 프로그램이 다른 경로를 따르게 된다. 일상생활 속 문장으로 표현하면 다음과 같을 것이다.

〈 만약 내가 돈이 있다면 택시를 타고 집에 갈 것이다. 그렇지 않다면 걸어서 갈 것이다.〉

조건문 유형 ②

```
if ( 조건이 참이 되는 식) {
  A 코드 블록
} else {
  B 코드 블록
}
```

이번 예제에서는 마우스를 좌우 움직이는 것에 따라 회색과 검정색 사각형을 만들어 낼 것이다. 예제 8-1을 가지고 온다.

예제 8-5. if, else 조건문 유형② 만들기

❶ 기존 예제 8-1 코드에서 else { } 코드 블록을 추가한다.

❷ { }코드 블록 내에서 새로운 회색 사각형을 그린다. 회색을 넣기 위해 fill() 함수에 150을 넣고, 사각형을 그리기 위해 rect(0, 0, 250, 500) 함수 코드를 추가한다.

control

```
void setup(){
  size(500, 500);
}
void draw(){
  background(255);
  if(mouseX > 250){
    fill(0);
    rect(250, 0, 250, 500);
  }else{            ❶
    fill(150);      ❷
    rect(0, 0, 250, 500);
  }
}
```

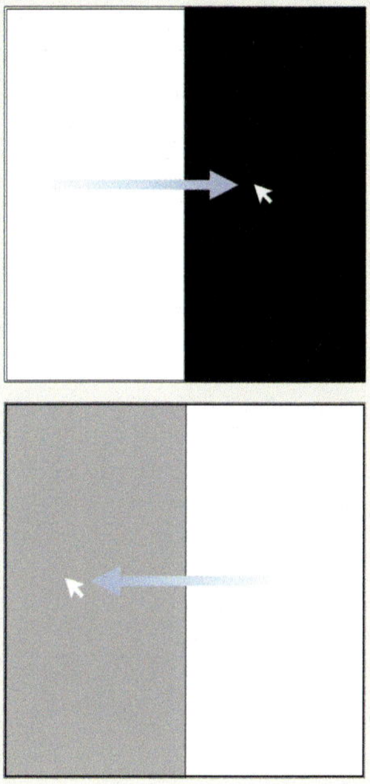

조건문 유형②는 좀 더 확장되어 다수의 조건을 테스트하기 위해 else if 키워드를 적용할 수 있다. 이런 형식을 조건문 유형③라고 하고 if, else if, else로 표기한다. 조건문 유형③은 if (불린조건식)이 참으로 판명되면 A 코드 블록이 실행되고 거짓이면 다시 else if( ) 불린조건식이 참인지 검증하고 참이면 B 코드 블록이 실행된다. 그러나 거짓일 경우 else의 C 코드 블록이 실행되면서 모두 3가지 분기 개념을 만들어 낸다. 일상생활 속 문장으로 표현하면 다음과 비슷할 것이다.

〈만약 내가 돈이 있다면 택시를 타고 집에 갈 것이다. 그렇지 않고 자전거가 있다면 자전거를 타고 집에 갈 것이다. 그렇지 않다면 걸어서 갈 것이다.〉

조건문 유형 ③

```
if ( 조건이 참이 되는 식) {
  A 코드 블록
}  else if ( 조건이 참이 되는 식){
  B 코드 블록
}else {
  C 코드 블록
}
```

이번 예제에서는 마우스를 왼편, 중간, 오른편 움직이는 것에 따라 빨강, 초록, 파랑색 사각형이 생성되도록 만들 것이다. 예제 8-4를 가져온다.

예제 8-6. if, else if, else 조건문 유형③ 만들기

❶ 렌더링이미지 사이즈를 수정하기 위해 size(600, 600)로 수정한다.

❷ 상단 첫 번째 if( ) 블린조건식에서 mouseX가 400을 넘으면 초록색 사각형을 만들도록 코드를 작성한다.

❸ 두 번째 else if ( )블린조건식에서 mouseX가 200을 넘으면 파랑색 사각형을 만들도록 코드를 작성한다.

❹ 마지막 else 블록에서 mouseX가 0~200미만이면 빨간색 사각형을 만들도록 코드를 작성한다. 렌더링을 실행하면 마우스의 위치에 따라 색이 달라질 것이다.

control

```
void setup(){
  size(600, 600);        ❶
}
void draw(){
  background(255);
  if(mouseX > 400){
    fill(0, 255, 0);          ❷
    rect(400, 0, 200, 600);
  }else if(mouseX > 200){
    fill(0, 0, 255);          ❸
    rect(200, 0, 200, 600);
  }else {
    fill(255, 0, 0);          ❹
    rect(0, 0, 200, 600);
  }
}
```

연습문제 8

- 예제 8-3 빨간공 바운싱 만들기를 참고해서 여러분이 만들어 두었던 캐릭터로 4면에 바운싱하는 애니메이션을 만들어라.

- posX, posY 움직임에 대한 조건문 2개를 만들어라. 예시)
  if (posX 〉 500 || posX 〈 0)

- speedx, speedy의 변수값이 서로 달라야 한다. 만약 값이 같으면 대각선 방향으로 반복 운동하게 된다.

CHAPTER 09

알고리즘과 애니메이션

개요

- 조형 원리와 알고리즘 이해하기
- 반복운동 만들기
- 중력 움직임 만들기
- 상호작용 효과 만들기

조형원리에 대응되는 알고리즘을 구축하기 위해 변수와 조건식을 활용하자. 그리고 미디어아트에 적용할 수 있는 다양한 애니메이션 제작방법을 배워보도록 하자.

9-1 조형 원리와 알고리즘 이해하기

나는 조형 요소인 움직임과 변수 그리고 강조와 조건문이 상호 대응되는 개념이라고 말했었다. 그러나 사실 변수와 조건문의 기능은 완벽히 움직임, 강조와 일치된다고 말할 수 없다. 다만 조형원리에 익숙한 미술전공자라면 각 코딩개념을 숙지하는데 1대 1 대응시켜 이해하는 것이 훨씬 도움이 되기 때문에 단순화시켜 대응했다. 하지만 이제부터 배우게 될 실전 코딩(불규칙적 배치, 다양한 속성 움직임, 상호작용 등)은 복잡한 명령어와 수식으로 구축해야 한다. 다시 말해 조형원리라고 하는 것들인 움직임, 강조, 통일성, 균형 등은 프로세싱에서 단일코드로 해결할 수 없고, 복잡한 수식과 함수가 절차에 따라 적절히 포함되어야 제대로 작동한다. 이것을 코딩용어로 알고리즘이라고 한다.

그림 9-1 앤디워홀의 <마릴린먼로> 작품은 조형요소로써 동일한 형태, 다채로운 색으로 이루어져 있고, 조형원리로 통일성을 높인 반복 배치가 적용되었다. <마릴린먼로>처럼 한 작품을 제작하기 위해 하나의 조형요소, 조형원리만으로 멋진 작품을 만들어 낼 수 없다. 프로세싱에서도 도형함수와 함께 변수, 함수, 조건문, 반복문 등과 함께 사용해야 원하는 미디어아트 작품을 만들 수

▲ 그림 9-1

있다. 만약 여러분이 구상적 형태와 유사색 조합으로 입혀진 색, 입체적 공간감으로 구축된 배경으로써 통일성과 균형감을 느끼게 해주는 작품을 만들고자 한다면 이것을 구현해줄 복잡한 알고리즘을 구축해야 한다.

이번 장에서는 쉬운 알고리즘으로써 변수와 조건문을 주로 사용하면서 추가적인 내장변수, 내장함수, 수학식을 더해서 움직임 알고리즘을 만들 것이다. 그림 9-2는 8장에서 만들어본 예제 8-5의 알고리즘 개념을 도식화한 그림이다. if, else if 조건문 유형③과 내장 변수 mouseX도 마우스의 움직임으로 색상의 상호작용적 변화로 재미를 느끼게 만드는 작품으로 색, 형태, 움직임의 조형요소와 변화라는 조형원리가 알고리즘으로 함께 구현된 것이다.

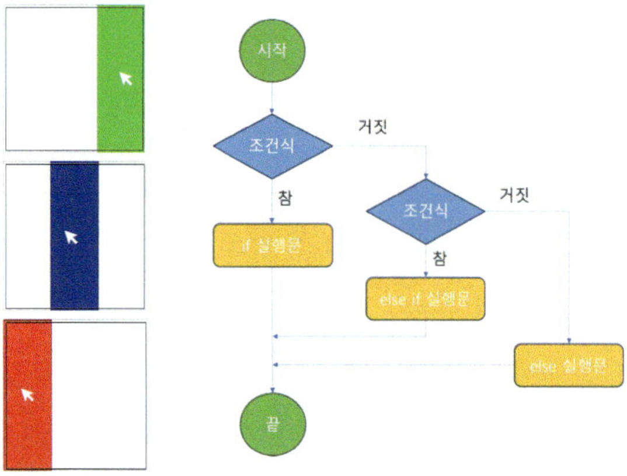

- if, else if 조건문 → 조형 원리 '변화'
- 내장 변수 mouseX → 조형 원리 '움직임'
- fill 색상 명령어 → 조형 요소 '색'
- rect 사각형 명령어 → 조형 요소 '형태'

▲ 그림 9-2

9-2 반복운동 만들기

여러분들이 직접 제작할 작품에서 원하는 움직임을 구현하기 위해 다양한 애니메이션 구현 방법을 배워두는 것은 큰 도움이 된다. 움직임의 반복은 위치변화 뿐만 아니라 회전, 크기에서도 반복 움직임이 가능하다. 이번에는 회전반복움직임을 구현해 보자. 이 반복운동은 한 방향으로 회전하는 것이 아니라 360도 회전 후 반대 방향으로 역회전하는 반복운동이다. 여러분이 작업했던 캐릭터로 회전운동을 만들기 위해 예제 6-5 캐릭터 함수를 가지고 온다.

예제 9-1. 캐릭터 회전 반복 움직임 만들기

❶ 정수(int)타입의 rot 변수를 선언한다. (캐릭터가 회전애니메이션을 하려면 숫자 대신 변수를 사용해야 한다.)

❷ 회전 애니메이션의 속도를 지정하기 위해 int speed 변수를 만들고 3을 할당한다.

❸ if(rot 〉 360 || rot 〈 1) 조건식을 만든다. 조건식은 rot 회전값이 360보다 크거나 1값보다 작으면 speed값이 역수로 되게끔 -1을 곱해준다.

❹ 캐릭터 함수 Char(int x, int y, float s, int r)에서 만들어 두었던 마지막 매개변수 r 변수 대신 rot 변수로 대체해서 넣는다. 렌더링을 실행하면 머리를 중심으로 시계방향으로 360도 회전하다가 다시 역회전 반복 움직임을 만들 것이다.

char

```
int rot;                          ❶
int speed = 3;                    ❷
void setup( ) {
  size(600, 600);
 }
void draw( ) {
  background(255);
  rot = rot + speed;            ┐
  if(rot > 360 || rot < 1){     ├ ❸
    speed = speed * -1;         ┘
  }
  Char(300, 200, 1.0, rot);       ❹
 }
void Char(int x, int y, float s, int r){
  pushMatrix();
    • // 이하 생략함
    •
    •
  popMatrix();
}
```

이번에는 반복스케일(커졌다 작아졌다) 애니메이션을 만들어 보자. 이 반복스케일은 일방적으로 커지거나 작아지는 것이 아니라 원하는 크기만큼 커졌다가 다시 원래 크기로 작아지는 것을 반복하는 것을 말한다. 예제 9-1 캐릭터를 가지고 와서 수정하자.

예제 9-2. 캐릭터 반복 스케일 움직임 만들기

❶ 스케일 변수로 사용할 float(실수형) 타입의 scl 이름의 변수를 선언한다.

❷ 스케일이 커지는 속도를 담을 amount 변수를 만든다. amount에 0.1값을 할당한다.

❸ 예제 9–1에서 사용한 코드를 거의 그대로 사용하는데 rot 대신 scl 변수로 교체하고, speed 대신 amount로 교체한다.

❹ Char() 함수 안에서 스케일에 해당되는 세 번째 매개변수를 scl 변수로 교체한다. 렌더링을 실행하면 캐릭터의 스케일이 커졌다 작아졌다 할 것이다.

char

```
float scl;                  ❶
float amount = 0.1;         ❷
void setup( ) {
  size(600, 600);
 }
void draw( ) {
  background(255);
  scl = scl + amount;
  if(scl > 2.0 || scl < 0.1){     ❸
    amount = amount * -1;
  }
  Char(300, 200, scl, 0);         ❹
 }
void Char(int x, int y, float s, int r){
  pushMatrix();
    • // 이하 생략함
    •
    •
  popMatrix();
}
```

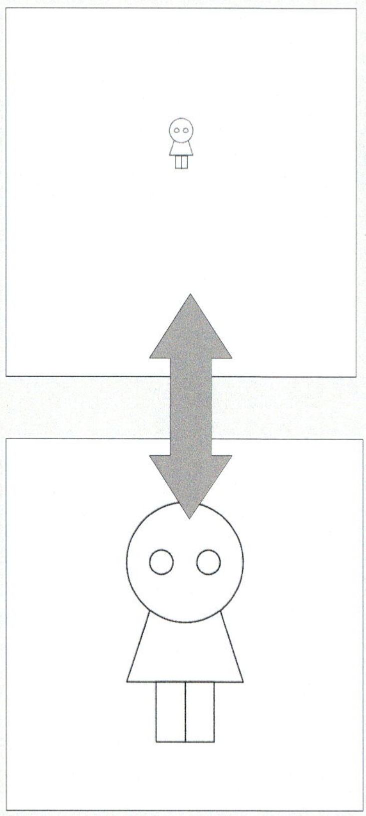

9-3 중력 움직임 만들기

조형적 관점에서 수직선은 수평성에 비해 활동성과 생명력을 느끼게 만든다고 알려져 있다. 그 이유는 중력 때문인데, 인간이 지구 중력의 힘을 극복하고 중력의 역방향으로 서 있어서 그렇다. 서 있는 자세를 유지하기 위해 평형감각이 뇌와 소통하고, 다리와 허리, 목 근육 움직임 같은 끊임없는 생명 활동이 발생하고 있기 때문이다. 반면 수평선은 죽음과 안정감을 느끼게 만든다. 이처럼 중력은 인간이 바라보는 물리적 세계가 아래 방향 또는 지구 중심으로 모든 사물이 수렴한다는 인식을 만들었다. 만약 여러분이 만들려는 작품이 현실 세계를 재현하고자 한다면 중력 방향, 중력가속도를 느끼게 만들어야 자연스러워 보일 것이다.

대표적인 중력 움직임은 그림 9-3처럼 뉴턴이 낙하하는 사과에서 중력의 힘을 발견했던 장면일 것이다. 프로세싱에서 변수와 조건문을 이용해 중력 움직임을 만들고 땅에 닿으면 다시 바운싱 되도록 만들어 보자. 중력 움직임 알고리즘을 만들 때 고려해야 할 것은 도형을 y축 방향으로 움직이는 것과 중력가속도가 더해져야 한다는 점이다. 한 방향으로 움직이는 것과 벽에 부딪힐 때 반대 방향으로 바운싱하는 코드는 7장 변수에서 배웠다. 그래서 해당 코드에서 중력가속도만 추가하면 아래로 떨어지는 중력 움직임을 만들어 낼 수 있다.

▲ 그림 9-3

예제 9-3. 떨어지는 공 만들기

❶ 새로운 스케치를 만들자. 스케치 이름은 gravity로 지정한다.

❷ 도형의 위치값을 대체할 수 있는 x, y 변수값을 만든다. 도형 움직임의 속도를 만들 수 있는 speed 변수와 중력 영향으로 떨어지는 속도가 증가하도록 가속도를 만들 수 있는 gravity 변수를 만들고 0.1값을 할당한다.

❸ 50픽셀 크기의 빨간색 타원을 만들기 위해 fill(255, 0, 0), ellipse(x, y, 50, 50)로 도형 함수를 작성한다.

❹ 빨간색 타원이 아래 방향으로 움직이기 위해 y = y + speed 증가식을 작성한다. 그리고 떨어지면서 가속도가 붙기 위해 speed = speed + gravity 증가식을 다시 추가한다. 빨간색 타원이 땅(height)에 닿았는지 확인하는 조건식을 넣고 { }블록에 빨간색 타원이 바운싱 되도록 speed = speed * –0.95코드를 넣어라. (–0.95는 공이 수십 차례 바운싱되다 점차 잦아들어 바운싱 운동을 멈추게 만들어 준다. 조건식 안 y축에 y = height 할당하는 이유는 가끔 바운싱되지 않고 화면 밖으로 사라지는 오류가 발생하기 때문에 이를 방지하기 위함이다.)

gravity ❶

```
float x = 300;
float y = 0;                        ❷
float speed = 0;
float gravity = 0.1;

void setup() {
  size(600, 600);
}
void draw() {
  background(255);
  fill(255, 0, 0);                  ❸
  ellipse(x, y, 50, 50);
  y = y + speed;
  speed = speed + gravity;
  if (y > height) {                 ❹
    speed = speed * -0.95;
    y = height;
  }
}
```

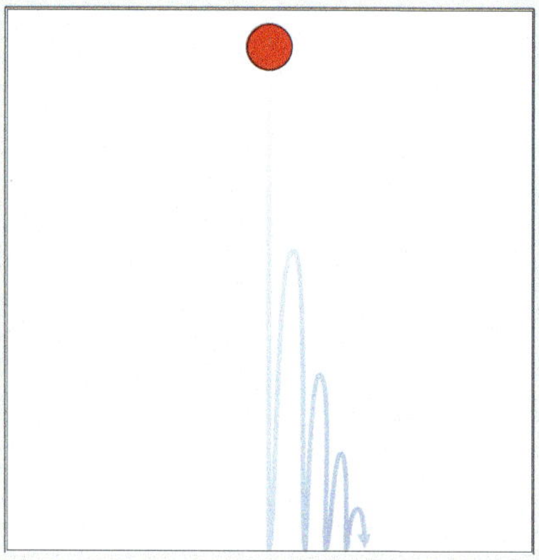

width (내장변수)	렌더링 화면의 맨 오른쪽 위치값 (예를 들어 size(600, 800)에서 첫 번째 매개 변수값인 600이 width 이다.)
height (내장변수)	렌더링 화면의 맨 아래쪽 위치값 (예를 들어 size(600, 800)에서 두 번째 매개 변수값인 800이 height 이다.)

9-4 상호작용 효과 만들기

코딩으로 미디어아트 작품을 만들 때 장점 중 하나는 상호작용이 가능하다는 것을 들 수 있다. 최근 그래픽 저작툴(일러스트레이터, 애프터이펙트)로도 그래픽이미지나 모션그래픽 영상을 제작할 수 있지만, 여전히 관객과 상호작용이 가능한 것은 프로세싱이나 터치디자이너, 유니티 같은 프로그래머블 제작툴만이 가능하다. 그림 9-4 같은 VR 게임은 상호작용이 극대화된 콘텐츠로써 관객의 참여를 유도할 수 있고, 자신의 의도와 행위에 따라 즉각적으로 시청각적 결과물이 표시되기 때문에 물리적 현실 세계처럼 극적인 현장감을 느끼게 만든다. 여러분은 남아있는 몇 차례의 chapter를 더 배우면 VR게임만큼은 아니지만 간단한 상호작용이 가능한 미디어아트 작품을 스스로 제작해 볼 수 있을 것이다.

▲ 그림 9-4

예제 8-6을 가져와 좀 더 발전된 상호작용 그래픽으로 만들어 보자. 해당 예제에서는 3등분 영역에 마우스가 멈춰 있을 때 각 영역이 특정색 사각형이 나타나도록 만들었다. 이번에는 렌더링 이미지를 직교좌표계처럼 4등 분할해서 마우스 커서가 각 분면에 있으면 해당 분면의 색이 검정색으로 나타나도록 만들어 볼 것이다. 마우스 커서값을 가져오는 방법은 mouseX, mouseY 내장변수를 사용하면 된다. 그리고 마우스 위치가 각 사분면에 있는지 불린조건식을 만들면 된다. 이때 불린조건식 내 마우스의 x,위치 y위치 두 개를 모두 검증해야 한다. 불린조건식이 참이면 검정색 사각형을 해당 사분면 크기만큼 그리면 된다. (if, else if 조건식을 사용하면 된다.)

예제 9-4. 마우스 포인터 전환효과 만들기

❶ 렌더링이미지 size는 600 x 600 픽셀로 설정한다.

❷ draw() 함수 안에서 먼저 이미지를 4등분할 해주는 가로선 line()함수, 세로선 line()함수 2개를 넣는다.

❸ 첫 번째, 2사분면에 위치할 때 검정색 사각형을 만들어 보자. if (불린조건식)에서 x축 방향에서 마우스 커서가 이미지 중간(width/2)보다 작고, y축 방향에서 마우스 커서가 이미지 중간(height/2)보다 작으면 검정색 fill(0) 사각형 rect(0, 0, 300, 300)을 만들라는 코드를 넣어라.

❹ 두 번째, 1사분면에 위치할 검정색 사각형을 만들어 보자. else if (불린조건식)에서 x축 방향에서 마우스 커서가 이미지 중간(width/2)보다 크고, y축 방향에서 마우스 커서가 이미지 중간(height/2)보다 작으면 검정색 fill(0) 사각형 rect(0, 0, 300, 300)을 만들라는 명령어를 넣어라.

❺ 세 번째, 3사분면에 위치할 검정색 사각형을 만들어 보라. 위 불린조건식은 그대로 사용하면서 관계연산자를 〈, 〉를 적절히 넣으면 된다. 검정 사각형을 그리는 실행문도 동일하다.

❻ 네 번째, 4사분면에 위치할 검정색 사각형을 만들어 보라. 위 불린조건식은 그대로 사용하면서 관계연산자를 〈, 〉를 적절히 넣으면 된다. 검정 사각형을 그리는 실행문도 동일하다. 렌더링을 실행해 보면 커서의 위치에 따라 해당 사분면의 사각형에 검정색이 칠해질 것이다.

rollover

```
void setup(){
  size(600, 600);     ❶
}
void draw(){
  background(255);
  line(300, 0, 300, 600);          ❷
  line(0, 300, 600, 300);
  if(mouseX < width/2 && mouseY < height/2){       ❸
    fill(0);
    rect(0, 0, 300, 300);
  }else if(mouseX > width/2 && mouseY < height/2){       ❹
    fill(0);
    rect(300, 0, 300, 300);
  }else if(mouseX < width/2 && mouseY > height/2){       ❺
    fill(0);
    rect(0, 300, 300, 300);
  }else if(mouseX > width/2 && mouseY > height/2){       ❻
    fill(0);
    rect(300, 300, 300, 300);
  }
}
```

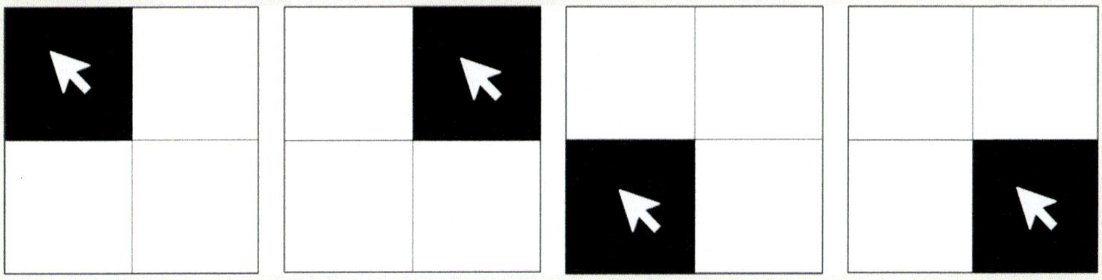

Media Art Learning by Coding

CHAPTER 10

반복문과 통일성

개요

- 통일성과 반복문의 유사성
- 통일성을 만드는 for반복문
- 통일성을 만드는 while반복문
- 이중반복문 만들기

특정코드를 반복적으로 수행하도록 만드는 반복문이 기초조형의 통일성 개념과 대응되는 개념이다. 프로세싱에서 반복문을 사용해 통일성있는 배치를 만들어보자.

10-1 통일성과 반복문의 유사성

조형원리에서는 다양한 구성요소들을 연관시켜 어떤 조직화를 추구하는 감정이나 느낌을 통일성이라고 한다. 통일성에서 중요한 점은 전체가 부분보다 두드러져 보여야 한다는 것이다. 앞서 앤디워홀의 <마릴린 먼로>작품에서 가로세로 짜임새 있는 구조에 마릴린 먼로의 다채로운 색상 얼굴들이 배치되어 있는 작품을 볼 때 관객들은 각각의 요소들을 따로 분리해서 보기 전에 전체적인 대열을 보면서 통일감을 느끼게 된다. 그러면서 각 개별요소들도 나름의 의미가 있으면서 전체적인 효과에 확실히 보탬이 된다. 마릴린 먼로의 형태가 같은 것처럼 서로 관련 없는 부분들의 집합체로서가 아니라 전체로서 인식할 수 있어야 한다.

통일성을 추구하는 감정은 인간의 진화과정 중에 집단생활과 관련이 있다. 생물 중 집단을 이루는 것은 개미와 벌 같은 곤충들이 있다. 그림 10-1처럼 한 개체로써는 작고 나약한 존재이지만 집단으로 공격해 올 때 위협감과 공포감은 거대한 포식자만큼이나 크게 다가온다. 우리의 무의식은 집단의 힘이 크고 인간 생존에 도움이 된다는 것을 알고 있다. 개인이 경쟁자와 맞설 때보다 집단을 이루면서 방어하고 공격할 때 매우 효과적이었다는 것을 느꼈을 것이다. 한 개체보다 군집을 가진 힘 때문에 수많은 군대 사열을 보면 효능감을 넘어 경외감을 느끼게 된다. 예를 들어 매스게임은 생존과 사냥을 위한 행위가 아니라 문화적이고 미적 행위로써 집단이 아닌 예술작품으로 받아들일 때 군집의 공포감이 아닌 짜임새 있는 조화로움과 아름다움을 느끼게 만드는 작품이 되기도 한다.

▲ 그림 10-1

통일성을 주는 조형 방법은 분리된 요소들이 서로 연결되어 보이는 것처럼 만드는 인접이 있고, 형태/텍스처/방향/색 요소들을 이용해 구성요소들을 계속해서 나열하는 반복이 있으며, 우리의 시선이 어떤 요소에서 다음 요소로 자연스럽게 전이되도록 연속에 의한 방법이 있다.

▲ 그림 10-2

프로세싱 코딩 문법 중 반복과 통일성에 해당하는 것이 반복문이다. 반복은 같은 규칙이나 일정한 분류로 묶인 데이터를 지속적으로 '반복수행'하는 것이다. 정해진 횟수만큼 반복(counter loop)일 수도, 무한정한 횟수의 반복(infinite loop)일 수도 있다. 또한 어떤 특정 상황이나 목표에 도달할 때까지 반복(while loop)하는 것도 가능하다. 반복문은 동일한 명령을 반복적으로 수행하는 것을 최소한의 코드로 변경해서 효율성이 높여준다. 규칙성이 있는 조형 요소를 방향과 위치를 다양화해서 연속 생성하기도 하고 행과 열에 맞추어 통일성 있게 배치할 수 있다. 반복문의 구조는 조건문과 유사하다. 그러나 조건문이 단 한 차례 명령문의 실행 여부를 결정하기 위해 '예/아니오'에 대한 질문을 하는 것과 달리 반복문은 몇 차례 반복되어야 하는지 결정하기 위한 질문을 한다. 이처럼 반복문은 완벽한 규칙성을 갖는 배치뿐 아니라 자유로운 배치를 갖더라도 구성 요소들 간의 어떤 조직화된 시각적 일관성을 보여줄 때도 반복문을 사용할 수 있다. 게슈탈트(Gestalt) 형태심리이론의 근접성과 유사성의 원리처럼 for문 안의 조건식은 근접성의 원리에 변화를 줄 수 있는 항목이며, 도형 함수는 유사성의 원리에 변화를 줄 수 있는 항목이 된다.

10-2 통일성을 만드는 for 반복문

반복문을 배워보기 전에 프로그래밍 측면에서 왜 반복문이 필요한지 알아보자. 조형 원리 측면에서 도형을 군집, 나열하기 위함이지만 프로그래밍 측면에서는 명령문을 단순화시킬 수 있는 편리함이 가장 큰 이유이다. 동일한 도형을 그리기 위해 동일한 명령어코드를 수 십 줄 나열해야 하는 것은 매우 비효율적이다. 반복된 명령어코드를 하나로 압축해 주는 것이 반복문의 역할이다. 그 효율성을 알아보기 위해 검정 사각형을 수평 방향으로 일정한 간격을 두고 나열해 보자.

예제 10-1. 도형함수의 나열과 반복문의 효율성

❶ 4개의 검정 사각형을 만들기 위해 여러 줄의 fill(), rect() 명령어를 4번 반복해서 작성한다. (왼쪽 그림 코드) 코드를 살펴보면 검정색 사각형의 매개변수 중 첫 번째 x축 위치값만 다르고 다른 매개변수는 모두 같다는 것을 알 수 있다. 실행버튼을 클릭해 사각형이 잘 나오는지 확인한다.

❷ for 반복문을 이용해 동일한 효과를 만들어 냈다. (오른쪽 그림 코드) for 반복문의 { }코드 블록에 사각형 함수 rect(i, 200, 100, 100); 중 첫 번째 매개변수만 i변수로 교체해 넣는다. (for 반

복문을 사용하면 3줄로 간단히 압축할 수 있다. 오른쪽 코드로 실행버튼을 클릭하면 아래 그림처럼 렌더링 될 것이다.)

loop

```
void setup(){
  size(600, 600);
}
void draw(){
  background(200);

  fill(0);
  rect(0, 200, 100, 100);  ❶

  fill(0);
  rect(150, 200, 100, 100);

  fill(0);
  rect(300, 200, 100, 100);

  fill(0);
  rect(450, 200, 100, 100);
}
```

loop

```
void setup() {
  size(600, 600);
}
void draw() {
  background(200);

  for (int i = 0; i < width; i += 150) { ❷
    fill(0);
    rect(i, 200, 100, 100);
  }
}
```

위 예제에서 사용해본 for문의 형식을 배워보자. for문은 특정 횟수를 정해서 그 숫자만큼만 반복 실행할 수 있다. 예를 들어 사용자가 정확히 반복해서 그려질 도형의 개수를 안다면 for문을 사용하는 것이 실용적이다. 다만 for문의 ( )소괄호 안의 3개의 영역이 있는데 각 영역의 선언 방법과 그것의 의미가 무엇인지 알아보자. 아래 for문의 형식과 설명은 번호순서대로 실행된다는 것을 보여준다. 그림 10-3은 코드 실행 과정을 도식화한 그림이다.

예제 10-2. for 반복문의 진행순서 이해하기

❶ i 변수를 초기화한다. (일반적으로 for문에서 계수기(counter)로 사용할 변수를 i라는 이름을 사용한다.)

❷ 조건문의 (불린조건식)과 동일하게 사용된다. i 변수가 원하는 숫자만큼 증가하지 못하게 관계연산자를 사용하여 참과 거짓을 검증한다. i변수가 10보다 작을 때까지 참이고 10 이상이면 거짓이 된다.

❸ 반복할 때마다 실제 구현되기를 희망하는 코드를 넣는다.

❹ 반복이 이루어질 때마다 i 변수를 1씩 증가하도록 i++ 코드를 넣는다. (i++는 i = i + 1라는 수식과 같다)

```
for ( ① int i = 0; ② i < 10; ④ i++) {
    ③ 반복 실행할 명령어 코드블록
}
```

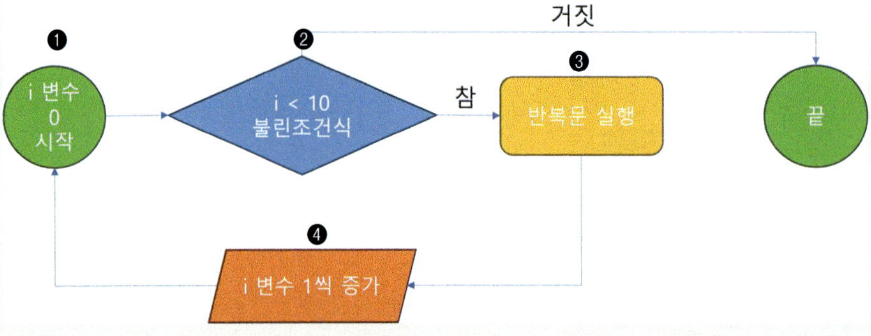

▲ 그림 10-3

여러분들은 아마 반복문의 실행 과정이 순차적인 시간의 흐름 속에 반복문이 실행한다고 생각할 것이다. 그러나 반복문은 1프레임 실행되는 그 찰나의 순간에 실행이 완료된다. 예제 10-1에서도 검정색 사각형 4개를 순간적인 1프레임 만에 모두 그렸을 것이다. 추후 이중 반복문이나 조건문 등 다양한 코드를 추가하여 알고리즘을 완성할 때 반복문의 실행과정을 이해하고 있어야 에러를 회피할 수 있다. 앞서 만들어 두었던 예제 6-5 캐릭터 함수 만들기를 가져와서 for문을 이용해 한 줄로 배치해 보자.

예제 10-3. 캐릭터 for 반복문으로 세로줄 세우기

❶ size (800, 800)으로 수정한다.

❷ 기본적인 for 반복문 형식을 그대로 작성한다. for( )소괄호 안의 불린 조건식(i < height)은 캐릭터를 세로로 나열하다가 렌더링 이미지의 y축 픽셀 끝(800)에서 반복 실행을 멈추게 할 것이다.

❸ 반복 실행할 명령은 캐릭터를 생성하는 함수를 넣는다. Char(400, i, 1, 0) 함수의 두 번째 매개변수는 y축 값이 들어갈 자리이기 때문에 숫자 대신 i 변수를 넣으면 된다. i 위치에 캐릭터가 생성하게 된다.

❹ 캐릭터 생성위치는 200픽셀마다 생성시키기 위해 i += 200으로 표기한다. (증분/감소 연산자 표기법은 아래를 참고하라.)

증분과 감소 연산자

변수에서 1을 더하거나 빼는 간단한 표기방법이다.

- i++ 는 i = i + 1과 동일하다.
- i-- 는 i = i - 1과 동일하다.

변수에서 특정값을 더하거나 빼는 간단한 표기방법이다.

- i += 2 는 i = i + 2과 동일하다.
- i -= 2 는 i = i - 2과 동일하다.

char

```
void setup( ) {
  size(800, 800); ❶
}
void draw( ) {
  background(255);
  for (int i = 0; ❷i < height; ❹i += 200) {
    Char(400, i, 1, 0); ❸
  }
}

void Char(int x, int y, float s, int r){
  pushMatrix();
    • // 이하 생략함
    •
    •
  popMatrix();
}
```

10-3 통일성을 만드는 while 반복문

while 반복문은 (불린조건식)이 거짓이 될 때까지 {} 명령어블록을 실행하게 된다. 특정 횟수를 정해서 그 숫자만큼만 반복 실행하는 for 반복문과 달리 불린조건식이 참이면 테스트 조건이 거짓이 될 때까지 무한 실행되는 것이 차이점이다. 그리고 코드 형식에서 for문은 초기화, 조건검사, 증가연산을 ( )소괄호에 포함이 되어있고, while문은 변수 초기화를 로컬변수로 따로 선언하고 증가 연산을 while문 { }코드 블록에 넣어주어야 한다.

예제 10-4. while 반복문 진행순서 이해하기

❶ i 변수를 만들고 초기값을 할당한다.

❷ while( )문 소괄호는 불린 조건식으로 사용된다. i 변수가 원하는 숫자만큼 증가하지 못하게 관계연산자를 사용하여 참과 거짓을 검증한다.

❸ 반복할 때마다 실제 구현되기를 희망하는 코드를 넣는다.

❹ 반복이 이루어질 때마다 i 변수를 1씩 증가하도록 i++ 넣는다.

```
① int i = 0;
 while ( ② i < 10; ) {
     ③ 반복 실행할 명령어 코드블록
     ④ i++
  }
```

예제 10-3 캐릭터 세로줄 세우기에 사용한 for문을 while문으로 교체하여 동일한 그림이 렌더링 되도록 만들어 보자. 다음 예제를 통해 while문의 코드형식과 실행되는 순서를 통해 두 반복문의 차이를 이해해 볼 수 있다. 예제 10-3을 가지고 와서 수정하자.

예제 10-5. 캐릭터 while 반복문으로 세로줄 세우기

❶ 정수형(int) offset 변수를 draw() 함수에 만들고 0값을 할당한다. (offset 변수는 앞서 10-3 예제의 i변수 역할을 한다.)

❷ while() 소괄호 안에 offset 변수값이 height보다 작을 때만 참이 되는 불린조건식(offset < height)을 넣는다.

❸ while문 { }코드 블록에는 캐릭터를 생성하는 함수를 넣어라. 캐릭터 함수의 두 번째 매개변수는 y축 값이 들어갈 자리이기 때문에 숫자 대신 offset 변수를 넣으면 된다.

❹ 캐릭터 생성 위치는 200픽셀마다 생성시키기 위해 offset += 200으로 표기한다. 실행 버튼

을 클릭해 보면 예제 10-3과 결과물이 동일하게 나타날 것이다.

```
char
void setup( ) {
  size(800, 800);
}
void draw( ) {
  int offset = 0;                  ❶
  background(255);
  while (offset < height) {        ❷
    Char(400, offset, 1, 0);       ❸
    offset += 200;                 ❹
  }
}

void Char(int x, int y, float s, int r){
  pushMatrix();
    • // 이하 생략함
    •
    •
  popMatrix();
}
```

10-4 이중 반복문 만들기

이중 반복문은 일반적으로 for문을 이용해 만든다. 이중 반복문을 이용하면 도형을 단방향이 아닌 가로방향, 세로방향으로 모두에 배치할 수 있게 된다. 앞서 앤디워홀의 <마릴린 먼로> 작품처럼 일정 면적 위에 동일한 개체를 가로세로 대열을 맞추어 배치함으로써 통일성 효과를 나타낼 때 사용할 수 있다. 코드 형식은 for문 안에 또 다른 for문을 넣은 형태를 가지고 있다. 외부 for문에서 i변수 이름을 사용했다면 내부 for문에서는 i변수 이름 외에 다른 변수(예를 들어 j변수) 이름을 넣어야 한다. 같은 변수 이름을 사용하면 에러가 발생한다.

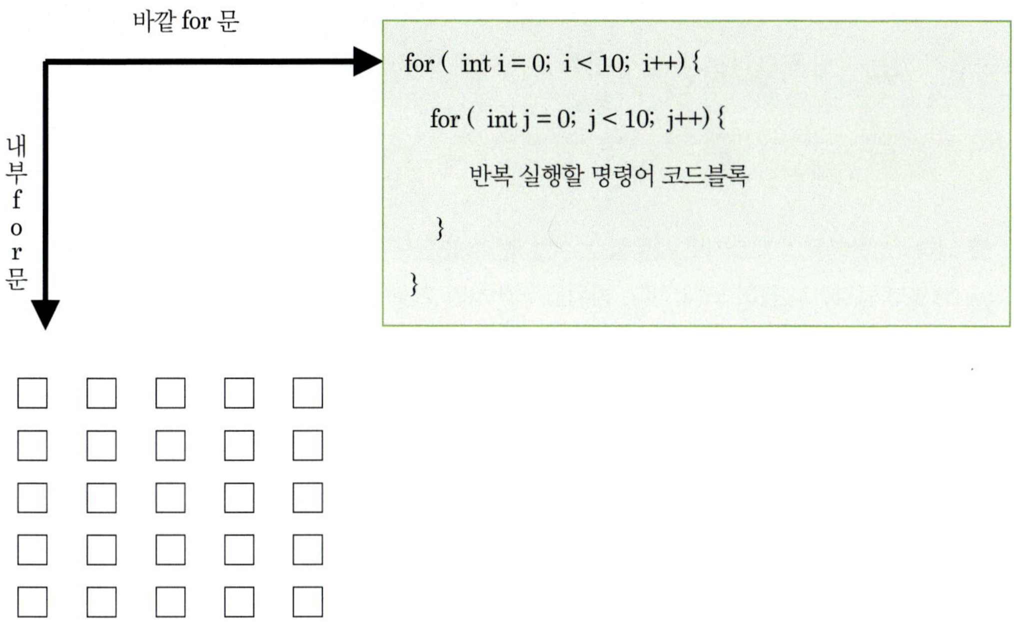

이중 for문은 아래 도형 순서도로 표기할 수 있다. 실행되는 과정은 외부 for문(밝은 회색 영역) 1회 실행할 때 내부 for문(어두운 회색 영역)은 10회 실행된다. 내부 반복문이 실행이 끝나야 다음 외부 반복문으로 넘어갈 수 있다. 그래서 외부 for문이 10회 모두 실행되면 총 100회 실행되는 결과를 얻을 수 있다.

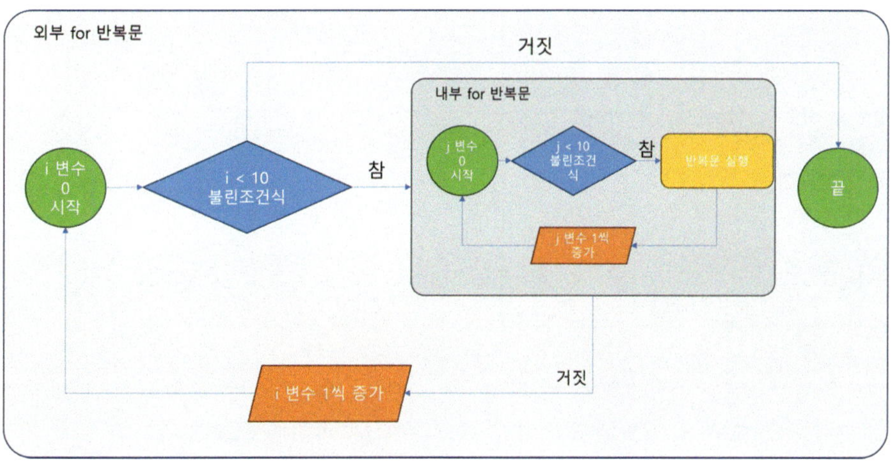

▲ 그림 10-4

아래 예제를 통해 실제 이중 for문을 만들어 보자. 화면에 꽉 채운 캐릭터가 오와 열을 맞춘 상태로 군집해 있는 그림을 그려보자. 앞서 만들었던 예제 10-3을 가지고 온다.

예제 10-6. 캐릭터 이중 for 반복문으로 군집 만들기

❶ 외부 for 반복문의 계수기로 사용할 정수형 x변수를 만든다. x축 간격은 200픽셀로 지정하고 width(800)범위까지 참이 되게 한다. 범위를 넘어서면 거짓이 된다.

❷ 내부 for 반복문의 계수기로 사용할 정수형 y변수를 만든다. y축 간격은 200픽셀로 지정하고 height(800)범위까지 참이 되게 한다. 범위를 넘어서면 거짓이 된다.

❸ Char() 캐릭터 함수 코드를 추가한다. 첫 번째, 두 번째 매개변수에 x, y를 넣는다. 렌더링을 실행하면 가로 8개, 세로 8개로 잘 정렬된 캐릭터 군집이 그려진다. 범위를 벗어나지 않기 위해 8개로 멈춘 것이다.

rollover

```
void setup( ) {
  size(800, 800);
}
void draw( ) {
  background(255);
  for (int x = 0; x < width; x += 200) {          ❶
     for (int y = 0; y < height; y += 200) {      ❷
        Char(x, y, 1, 0);                          ❸
     }
  }
}

void Char(int x, int y, float s, int r){
  pushMatrix();
   • // 이하 생략함
   •
   •
  popMatrix();
}
```

CHAPTER 11

반복문과 패턴화

개요

- 반복문으로 도형의 인접나열 만들기
- 반복문으로 그라데이션 색 만들기
- 반복문으로 칼라타일 패턴 만들기
- 연속적인 유사나열 만들기

반복 또는 군집의 패턴은 다양하다. 반복문을 활용해서 미디어아트에 활용할 수 있는 다양한 그래픽 패턴 만드는 방법을 알아보자.

11-1 반복문으로 도형의 인접나열 패턴만들기

조형원리로써 통일성이 반복문과 대응된다는 것을 기억하는 것은 중요하다. 여러분이 구상중인 작품에 그림 11-1처럼 반복적인 패턴을 보인다면 반복문의 활용가능성을 떠올려봐야 한다. 실제 시각적 이미지 창작에 있어 통일성을 이루는 알고리즘구축은 반복문, 조건문, 함수, 변수와 함께 사용될 수 있지만 그 알고리즘의 베이스는 반복문이 될 것이다. 반복문은 초급자에게 있어 어려운 코딩문법에 해당된다. 여러분들은 반복문의 코드형식과 활용법을 간단히 배웠으니 작품을 만들 때 아래와 같은 그래픽 패턴을 활용해보도록 하자. 앞으로 배워볼 패턴은 자주 활용될 수 있으므로 반복문 코드를 기억해 놓으면 도움이 된다.

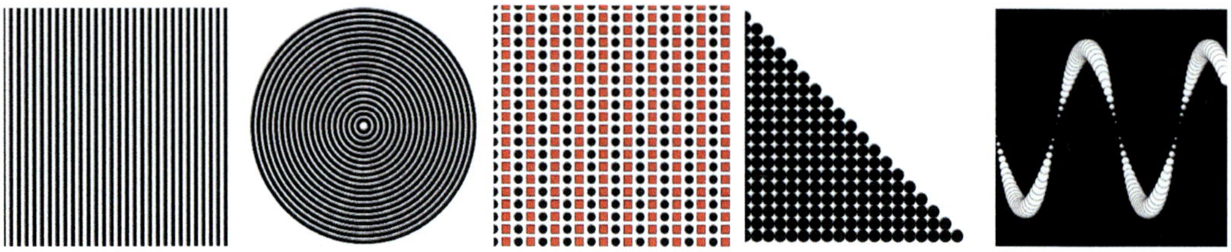

▲ 그림 11-1

먼저 단순한 구성요소의 연속배치로 통일성을 구현하는 일직선 나열패턴을 만들어 보자. 이런 패턴제작에는 for, while 어느 반복문도 가능하다. 개인적으로 반복조건식이 한 눈에 명확히 보이기 때문에 for 반복문을 선호하는 편이다. 그래서 for 반복문, line() 함수를 사용해 일정한 간격으로 반복된 수직선을 그릴 것이다.

예제 11-1. 수직선 반복패턴 만들기

❶ for(int x = 0; x < width; x +=20)는 x축 방향으로 20픽셀 간격으로 수직선을 긋는 것을 반복하고 오른편 끝에 다다르면(width) 선긋기를 멈추는 조건식이다.

❷ strokeWeight(10)는 선의 굵기를 10픽셀로 그리라는 함수다.

❸ line() 함수는 수직선의 시작점과 끝점의 x축 위치에 해당되는 매개변수들은 for문의 계수기로 사용했던 x 변수를 넣는다. y축 위치에 해당되는 매개변수들은 0과 height로 고정되어 있다. 실행버튼을 클릭하면 수직선 패턴이 그려질 것이다.

sprite

```
void setup(){
  size(600, 600);
}
void draw(){
  background(255);
  for(int x = 0; x < width; x +=20){    ❶
      strokeWeight(10);              ❷
      line(x, 0, x, height);         ❸
  }
}
```

직선패턴을 만들어 봤으니 원형패턴을 만들어보자. 조형적 측면에서 직선과 곡선은 상이한 느낌을 주지만 반복문의 코드는 거의 동일하다. 예제 11-1코드를 그대로 사용하면서 line()대신 ellipse() 도형함수를 사용하면 구현할 수 있다. 이미지의 중심에서부터 타원이 점차 커지면서 타원형패턴을 만들려고 한다. 예제 11-1코드를 가져와 수정해보자.

예제 11-2. 일정간격으로 커지는 타원형 패턴 만들기

❶ for(int x = 0; x 〈 width; x +=30)는 수직수평 크기를 30픽셀 간격으로 타원 긋는 것을 반복하고 끝에 다다르면(width) 타원그리기를 멈추는 조건형식이다.

❷ strokeWeight(10)는 선의 굵기를 10픽셀로 그리라는 명령어이다.

❸ 도형의 윤곽선만 보이게 하기 위해 fill(0, 0)함수를 작성한다. 첫 번째 매개변수는 도형의 검정색을 말한다. 두 번째 매개변수는 불투명도인데 0값이면 완벽한 투명을 말한다. 따라서 검정색도 투명해졌기 때문에 채워지는 색이 없이 윤곽선만 남는다.

❹ ellipse(300, 300, x, x)는 세 번째와 네 번째 매개변수에 가로와 세로의 크기를 점차 커지게 하기 위해 x변수를 넣는다. 렌더링해보면 원형이 점차 커지는 원형패턴이 나타날 것이다.

sprite

```
void setup(){
  size(600, 600);
}
void draw(){
  background(255);
  for(int x = 0; x < width; x +=30){      ❶
      strokeWeight(10);                   ❷
      fill(0, 0);                         ❸
      ellipse(300, 300, x, x);            ❹
  }
}
```

이번에는 이중 for문을 이용해서 격자패턴을 만들 것이다. 다만 홀수 세로줄에는 검정색 타원을 짝수 세로줄에는 빨간색 사각형을 그리는 패턴을 만들 것이다. 이때 유사도형을 한 칸씩 다르게 나열하려면 % 연산자로 홀수 짝수 코딩을 적용해야 한다. 아래 for문을 이용해 유사나열 패턴을 만들어 보자.

예제 11-3. 유사 나열한 도형 패턴 만들기

❶ 바깥 for(int x = 0; x 〈 width; x +=30)는 x축 방향으로 30픽셀 간격으로 수직선을 긋는 것을 반복하고 오른편 끝에 다다르면(width) 선긋기를 멈추라는 조건형식이다.

❷ 내부 for(int y = 0; y 〈 height; y +=30)는 x축 방향으로 30픽셀 간격으로 수직선을 긋는 것을 반복하고 바닥에 다다르면(height) 선긋기를 멈추는 조건형식이다.

❸ if (x % 20 == 0)는 홀짝 반복 코드로 x값을 나눈 나머지가 0이면 참이라는 불린조건식이다. (불린조건식이 참이면 검정색 원을 그리게 된다.)

❹ else if (x % 20 == 10)는 홀짝 반복 코드로 x값을 나눈 나머지가 10이면 참이라는 불린조건식이다. (불린조건식이 참이면 빨간색 사각형을 그리게 된다.rectMode(CENTER)은 사각형을 그릴 때 중심점을 사각형의 중간으로 위치하라는 함수이다.)

sprite

```
void setup() {
  size(600, 600);
}
void draw() {
  background(255);
  for (int x = 0; x < width; x +=30) {          ❶
    for (int y = 0; y < height; y +=30) {       ❷
      if (x % 20 == 0) {
        fill(0);                                ❸
        ellipse(x, y, 20, 20);
      } else if (x % 20 == 10) {
        rectMode(CENTER);
        fill(255, 0, 0);                        ❹
        rect(x, y, 20, 20);
      }
    }
  }
}
```

앞서 도형을 이용해 수직선, 원형, 격자형 군집을 만들어 보았다. 군집패턴을 보면 선적으로 표현 가능한 패턴(수직선, 원형)은 단일 for문으로 제작 가능하고, 상하좌우에 구성요소가 채워진 2차원 면적으로 표현 가능한 패턴(사각형, 유사나열)은 이중 for문으로 제작할 수 있다는 것을 알 수 있다. 이번에는 원형 점의 군집을 이용해 삼각형패턴을 만들려고 한다. 이것도 면적으로 표현되기 때문에 이중 for문을 사용해야 한다.

예제 11-4. 삼각형 패턴 만들기

❶ 바깥 for(int y = 0; y 〈 height; y +=30)은 수직방향으로 30픽셀 간격으로 타원을 반복해서 그리고 바닥면 끝에 다다르면(height) 그리기를 멈추는 조건형식이다.

❷ 내부 for(int x = 0; x 〈 y ; x +=30)은 가로방향으로 타원을 그릴 때 y개수만큼 원을 반복해서 그리겠다는 불린 조건식이다. (바깥 for문에서 선언된 y변수는 내부 for문이 모두 실행될 때마다 1씩 증가한다. 그래서 반복횟수가 많을수록 아래쪽 검은 점이 늘어나는 것이다)

❸ ellipse(x, y, 30, 30)는 검정색 타원을 x, y 위치에 그리라는 함수다. 렌더링을 해보면 삼각형 군집이 그려지는 것을 확인할 수 있다. 여러분들은 반대편 방향의 삼각형, 정삼각형 군집형태도 만들기 바란다.

sprite

```
void setup() {
  size(600, 600);
}
void draw() {
  background(255);
  for (int y = 0; y < height ; y +=30) {      ❶
    for (int x = 0; x < y ; x +=30) {         ❷
      fill(0);
      ellipse(x, y, 30, 30);                  ❸
    }
  }
}
```

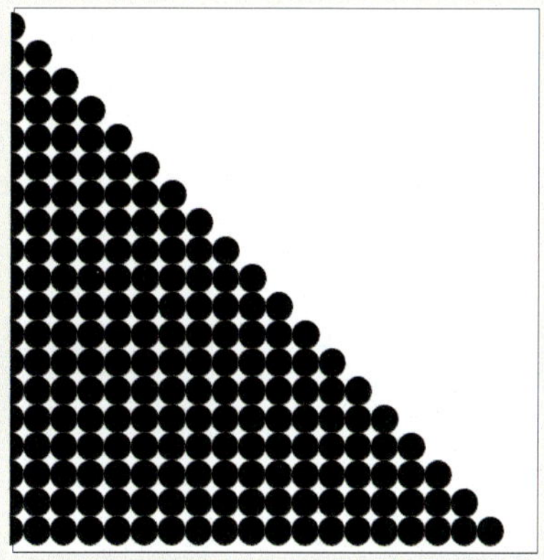

11-2 반복문으로 그라데이션 패턴만들기

그라데이션(Gradation)이란 어떤 색조, 명암, 질감을 단계적으로 높이거나 낮추어 자연스럽게 변환되도록 만드는 예술기법이다. 사실 자연에서 쉽게 볼 수 있는데, 그림 11-2처럼 노을진 하늘에서 붉은색에서 어두운 청록색으로 넘어가는 색조의 변화를 볼 수 있다. 여러분이 있는 실내 공간에서 한 벽을 보더라도 벽의 중앙에서 구석까지 간접광의 영향으로 밝은 색에서 어두운 색으로 넘어가는 색의 변화를 볼 수 있다.

▲ 그림 11-2

이 같은 그라데이션의 색조변화는 명도뿐만 아니라 공간, 거리, 분위기, 부피, 곡선/곡면 등을 표현할 때도 활용된다. 단색이 갖는 단조로움을 벗어나 두 색 이상을 조합하여 신선하고 입체감과 생동감을 줄 수 있어 디자이너들이 선호하는 기법이다. 그라데이션은 색의 변화가 직선적인 선형, 동그란 원형, 상하/좌우 반사형, 다이아몬드형 등 다양한 종류가 있다.

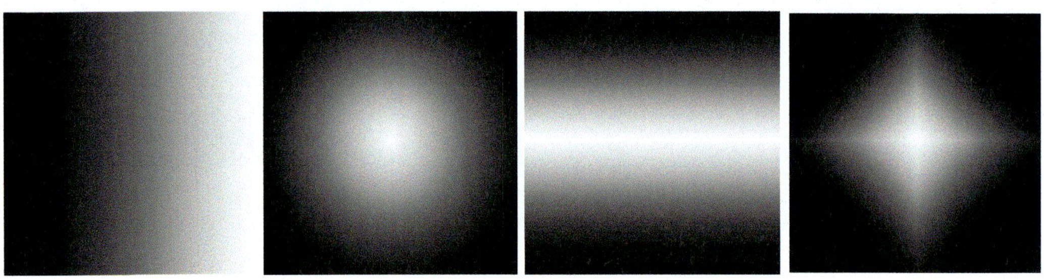

선형 원형방사형 반사형 다이아몬드형

▲ 그림 11-3

선형적인 형태로 변화되는 그라데이션은 앞서 수직선 반복패턴을 만들었던 방식과 거의 동일하다. 다만 선(line)을 촘촘하게 나열하여 단계적으로 다른 색조를 바꿔주기만 하면 된다. 이번 예제에서는 일직선의 색에 그라데이션 효과를 구현해 보자. 예제 11-1 일직선 패턴을 가져온다.

예제 11-5. 선형 그라데이션 패턴 만들기

❶ 일직선의 두께를 좀 더 두껍게 만들기 위해 strokeWeight(20)으로 수정하여 선과 선의 간격 만큼 선의 두께를 만들어라.

❷ stroke(R, G, B) 함수에서 윤곽선의 R채널에 x * 0.5 수식을 넣어, Red 칼라가 채도가 밝아지도록 만들었다. (0.5를 곱한 이유는 좀 더 많은 직선들이 점차 그라데이션 색의 영향에 포함시키기 위함이다.)

sprite

```
void setup(){
  size(600, 600);
}
void draw(){
  background(255);
  for(int x = 0; x < width; x +=20){
      strokeWeight(20);              ❶
      stroke(x * 0.5, 0, 0);         ❷
      line(x, 0, x, height);
  }
}
```

11-3 반복문으로 칼라타일 패턴만들기

지금까지 반복문을 활용해 다양한 패턴을 만들어보고 있다. 그런데 반복문을 통해서 생성하는 개체는 동일한 색을 가지는 경우가 대부분이다. 이번에는 다채로운 칼라가 깜빡이는 칼라격자무늬 패턴을 만들어보자. 프로세싱을 열고 스케치를 colorNoise 이름으로 저장한다.

예제 11-6. 칼라타일 패턴 만들기

❶ 정사각형 격자무늬를 만들기 위해 이중 for문을 만든다. (이중 for문에서 정의한 불린조건식은 x, y 변수가 각 40픽셀 간격마다 이격되도록 더해주는 조건식이다.)

❷ noStoke( )함수는 사각형 도형을 만들 때 윤곽선을 그리지 않겠다는 명령이다.

❸ fill() 함수 안 r, g, b 매개변수에 숫자 대신 random(1, 255) 함수를 대신 넣는다. 그럼 red, green, blue자리에 난수가 발생하면서 매 프레임마다 다채로운 색상이 그려진다.

❹ 사각형을 그릴 때 이중 for문에서 정의한 x, y변수를 x축, y축 위치에 넣어다. 사각형의 크기는 이중 for문에서 40픽셀 간격으로 생성하도록 만들었기 때문에 가로, 세로 크기 매개변수에 40을 넣어라.

colorNoise

```
void setup(){
  size(600, 600);
}
void draw(){
  background(255);
  for(int x = 0; x < width; x +=40){            ┐
     for(int y = 0; y < height; y +=40){         │
        noStroke();                        ❷      │
        fill(random(1, 255), random(1, 255), random(1, 255)); ❸  ├ ❶
        rect(x, y, 40, 40);                ❹      │
     }                                           │
  }                                              ┘
}
```

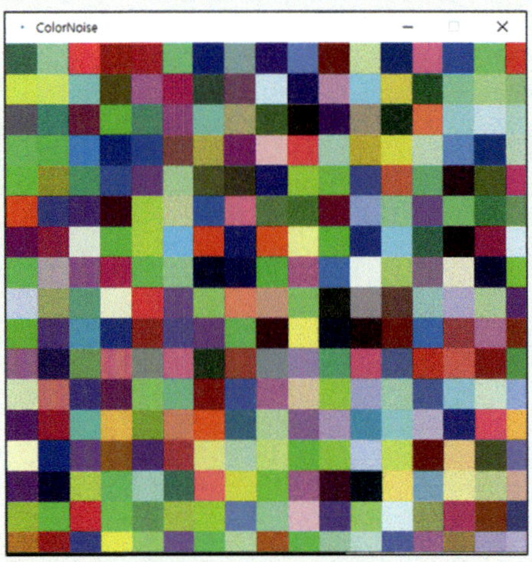

11-4 반복문과 sin()함수를 이용해 연속나열 패턴 만들기

앞서 반복문을 활용해 만든 패턴들은 주로 선형적 패턴이거나 기하도형 패턴을 가지는 편이다. 이번에는 경직된 느낌이 아닌 부드러운 곡선의 연속나열을 만들어보자. 곡선을 만들기 위해 수학의 sin()함수를 사용해볼 것이다. 사인함수는 삼각형의 측면과 각도 사이의 관계를 연구한 삼각법에서 나온 연산방법이다. 삼각법의 개념을 정확히 아는 것 보다 두 지점 간의 거리를 파악하거나 원, 호, 선 등을 처리할 때 자주 사용되는 것 정도로 생각하면 된다. 삼각함수 sin()은 프로세싱에서 한 개 매개변수(float타입)를 가질 수 있다. sin()의 결과로 -1과 1사이를 오가는 부드러운 곡선이 아래 그림처럼 그려진다.

수학과 관련된 sin( )함수

- sin(각도 매개변수)
- 예시 : sin(a);

  a = a + 0.01;

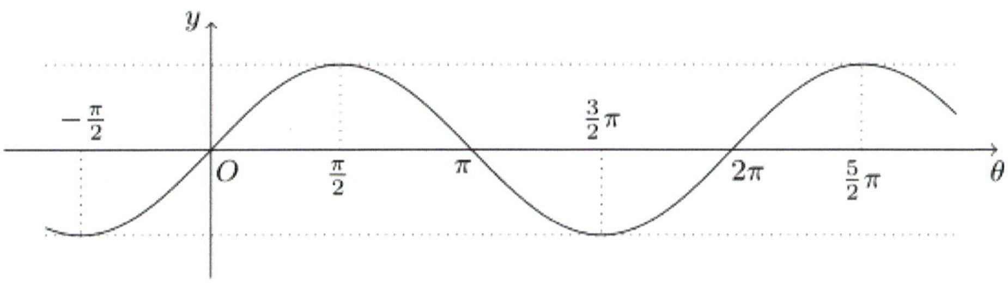

그런데 sin() 함수를 사용하는데 문제가 하나 있다. sin() 함수를 통해 나오는 결과 값은 -1, 1 사이의 부동소수 값만 반환되는데, 프로세싱에서 이미지결과물로 만들어지기 위해 -1, 1 사이의 값은 너무 작아서 픽셀이미지로 표현될 수 없다. 따라서 소수점 사이의 미세한 값을 내가 원하는 만큼 확대해서 픽셀이미지로 확대시킬 필요가 있다. 이것을 해결해주는 명령이 map()이라는 함수이다. 예를 들어 0 ~ 1 사이 값을 0 ~ 255 범주의 값으로 전환하는 것이라고 할 수 있다. 아래 예제 11-7에서 sin() 함수, map( ) 함수를 이용해 타원으로 이루어진 곡선을 만들어 보자. 프로세싱을 열고 wave라는 이름으로 스케치를 저장한다.

수학과 관련된 map( )함수

- map(값, 현재 최소값, 현재 최대값, 새로운 최소값, 새로운 최대값);
- 예시 : map(a, -1, 1, 0, 255)

예제 11-7. 웨이브 패턴 만들기

❶ float타입의 x변수를 선언한다. x변수는 타원이 그려질 가로축 방향의 위치값을 갖게 된다.

❷ float타입의 a변수를 선언한다. a변수는 나중에 sin()함수의 매개변수로 활용되면서 두 개의 지점 사이에서 주기적인 왕복움직임을 만들어 낼 것이다.

❸ background(0) 함수는 이번에 setup() 함수 안에 존재하면서 검정색 배경색을 그리는 것을 한번만 실행할 것이다.

❹ while()문을 사용하며 x변수가 이미지의 오른쪽 끝(width) 다다를 때까지 참이 조건이 반복되도록 (x 〈 width)불린 조건식을 넣는다.

❺ y라는 float 타입 지역변수를 만들어라. y변수에 map(sin(a), −1, 1, 100, 500)수식을 할당한다. map함수의 기본 값을 sin(a)로 한다. 사인함수는 −1, 1사이의 값을 제공하기 때문에 이 값을 100, 500 사이의 값으로 전환시킨다.

❻ 타원을 sin() 함수가 그리는 곡선을 따라 배치하기 위해 ellipse(x, y, sin(a)*50, sin(a)*50) 함수를 넣는다. 크기는 사인함수의 값에 50을 곱함으로써 진폭의 위치에 크기가 커졌다 작아졌다 하도록 만들었다. (일정한 크기로 나열되면 재미가 없음)

❼ x축 값은 사실상 파도와 파도 사이의 간격을 조종할 수 있는 값이다. x = x + 5 수식을 넣어 적당한 파도간격을 만들어라.

❽ a = a + 0.1 에서 a값은 사인함수 내 매개변수로 활용되었지만 사실상 타원과 타원 사이의 간격을 조절하는 값이다. 0.1보다 작으면 삽입되는 타원의 개수가 훨씬 촘촘하게 들어가고 0.1보다 커지면 듬성듬성하게 들어간다.

wave

```
float x = 0;                                    ❶
float a = 0;                                    ❷
void setup(){
  size(600, 600);
  background(0);                                ❸
}
void draw(){
  while(x < width) {                            ❹
     float y = map(sin(a), -1, 1, 100, 500); ❺
     ellipse(x, y, sin(a)*50, sin(a)*50);    ❻
     x = x + 5;                                 ❼
     a = a + 0.1;                               ❽
   }
}
```

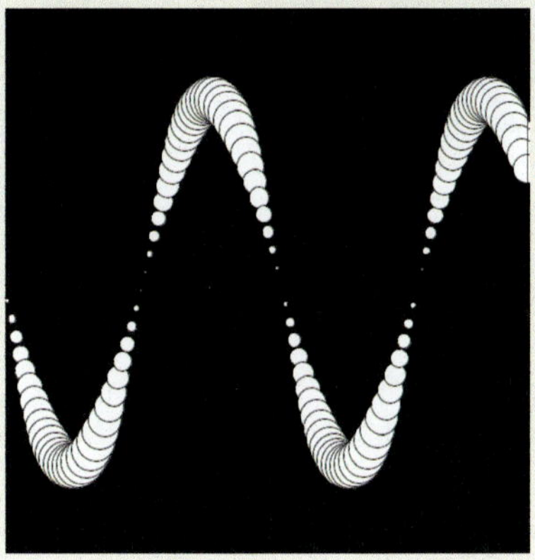

Media Art Learning by Coding

CHAPTER 12

추상형태 그래픽아트 제작

개요

- 작품 컨셉 잡기
- 컨셉 스케치 그리기
- 프로세싱에서 기하도형 만들기 1
- 프로세싱에서 기하도형 만들기 2
- 앞으로 작품제작에서 고려할 점

지금까지 배웠던 조형원리와 코딩문법을 활용해서 자신만의 도형을 배치해서 추상형태 그래픽아트 작품을 만들어보자.

12-1 작품 컨셉 잡기

▲ 그림 12-1

그림 12-1은 바실리 칸딘스키(Vassily Kandinsky 1866~1944)의 작품 중 <컴포지션 8>이다. 다양한 면과 색감, 굽이치는 곡선과 반듯한 직선으로 조합된 도형들이 마치 천재 작곡가가 갑자기 떠오른 악상을 자유분방하게 음표와 피아노 건반으로 채워놓은 악보처럼 보이기도 한다. 칸딘스키는 현실에 있을 법한 사물을 재현하지 않고 오직 색채와 점, 선, 면만으로 영혼에 호소하는 감동적인 작품을 만들 수 있다고 보았다. 음악이 눈으로 볼 수 있는 형태가 없

지만 공기를 진동시키는 파동의 높낮이, 일정한 리듬으로 감동을 주는 것처럼 미술도 자연 그대로를 흉내 내지 않고 점, 선, 면, 색 등으로 감동을 줄 수 있다고 믿었다. 오늘날 칸딘스키와 현대미술 작가들의 노력에 의해 추상작품은 현대 미술/ 디자인 발전에 영향을 미치고 우리들에게 익숙한 장르가 되었다.

이번 장에서는 칸딘스키의 작품처럼 기하도형들을 자유롭게 배치해서 기하학적 추상작품을 제작해 보자. 현대추상작품처럼 만든다고 해서 거창한 철학과 주제의식을 담을 필요는 없다. 다만 여러분의 아이디어가 즉흥적/무의식적으로 떠오른다면 솔직하게 표현하면 된다. 일단 여러분의 상상력에 도움을 주기 위해 간단한 컨셉을 제시하겠다. 무한한 공간속에서 부유하고 있는 다양한 기하도형들이 있다고 상상해 보길 바란다. 또는 칸딘스키처럼 어떤 음악을 들으며 이미지를 떠올려도 된다. 미지의 공간에서 떠다니는 기하도형을 상상하는 게 너무 막연하다면 여러분의 경험과 추억에서 아이디어를 가져와도 된다. 음악을 듣고 떠올린 여름밤 청명한 시골 밤하늘이 있을 수 있고, 친구들과 함께 해외 여행지의 아름다운 환경과 건축물이 떠오를 수 있다.

12-2 컨셉스케치 그리기

앞서 머릿속에서 연상된 이미지를 연필로 흰 종이 위에 간단히 그려보라. 구체적인 건축물과 사물은 매우 단순한 기하도형으로 바꿔서 그려라. 그려진 도형들이 반듯하지 않아도 되고 장면 안에 잘 정돈되지 않아도 된다. 여러분이 생각한 어떤 사물에 해당되는 하나의 도형만 그리면 된다. 현재 프로젝트를 나와 함께 순차적으로 진행하기 위해 내가 생각한 컨셉을 예시로 들겠다. 나는 이집트의 피라미드가 먼저 떠올랐고 이후에 이집트의 상형문자와 그림들이 떠올랐다. 하늘에서 본 피라미드 무덤들과 이집트 벽화 그리고 <미이라 1999> 영화에 등장했던 장식품과 석상들 모습들이다.

그림 12-2는 자연적 형태에서 기하도형으로 추상화되는 과정을 보여 준다. 가장 왼쪽사진은 하늘에서 사진으로 촬영된 피라미드의 모습이다. 이것을 그래픽 스타일로 단순화시킨 스케치가 중앙그림이다. 이 같은 그래픽 스타일은 윤곽선을 바탕으로 단일색상을 넣은 모습이어서 카툰 장르에서 많이 보았던 그림 스타일이다. 좀 더 기존의 카툰 스타일에서 변칙과 변화를 주기 위해 윤곽선과 면을 분리한 것이 오른쪽 그림이다. 앞으로 윤곽선과 채색된 면을 분리한 그림 스타일로

머릿속에 떠오른 환경, 건축물, 소품 등을 아래와 같은 그래픽 스타일로 그려볼 것이다. 여러분들도 동일한 방식으로 제작해 보길 바란다.

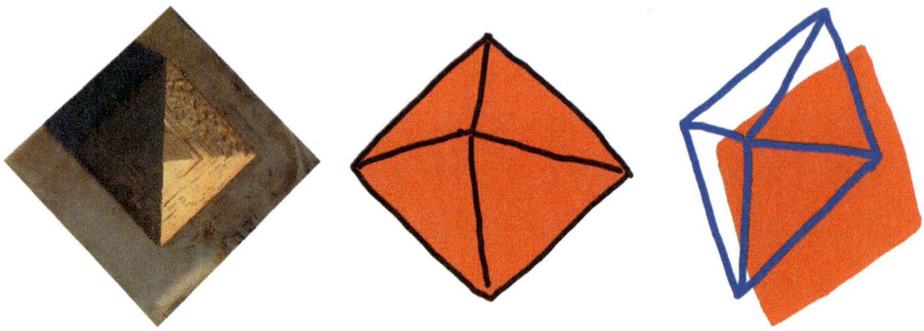

현실 피라미드 피라미드 시각화 피라미드 윤곽선 분리

▲ 그림 12-2

도형의 개수는 5~8개 정도 만들어 보자. 필자는 피라미드, 원뿔, 타원, 십자형, 호, 빗살 문양, 사각형 선, 격자무늬까지 8개를 만들고 간단히 채색도 해보았다. 여러분들도 색연필로 채색까지 그려보라. 그림 12-3은 간단한 배치와 느낌을 확인하기 위해 시각화한 스케치이다. 문명화된 고대도시를 간결한 느낌으로 표현하고자 규격화된 직선과 곡선 그리고 도형을 그려 넣었다. 무작위로 배치한 듯 보이지만 상하좌우 간에 균형감을 고려해 배치했다. 그리고 이미지 중앙근처에 빨간 피라미드도형을 배치함으로써 주제임을 강조했다. 과거의 고대도시 분위기를 위해 바탕색은 흰색으로 했고 주요한 도형들의 면에는 노랑, 빨강 두 가지 유채색만 사용했다.

▲ 그림 12-3

12-3 프로세싱에서 기하도형 만들기 1

앞서 아이디어를 시각화시킨 스케치 그림을 바탕으로 프로세싱에서 작품으로 구현해보자. 이번 작품제작과정에서 여러분이 신경 써야하는 가장 중요한 부분은 5장 <함수유형②를 이용한 캐릭터 함수를 만들기> 예제처럼 여러분이 디자인한 각 도형을 함수유형②로 만드는 것이다. 그렇게 해야 도형함수를 원하는 만큼 추가하고 위치를 다양한 곳에 배치할 수 있기 때문이다. 아래 함수유형②로 Char() 함수를 만든 구문이다. 여러분의 도형도 함수유형②로 만들 것이다.

함수유형② 캐릭터 함수

```
void Char( int x, int y) {
  //캐릭터 몸통
  triangle(x-50, y+100, x, y-50, x+50, y+100);
  //캐릭터 머리
  ellipse(x, y, 100, 100);
  //캐릭터 눈
  ellipse(x-20, y, 20, 20);
  ellipse(x+20, y, 20, 20);
  //캐릭터 다리
  rect(x, y+100, 25, 50);
  rect(x-25, y+100, 25, 50);
}
```

작품 제작에 돌입하면서 해야 할 일은 프로세싱 프로젝트파일을 만드는 것이다. 우리 작품의 첫 영감을 준 작품은 칸딘스키의 <composition 8>이었기 때문에 우리의 작품이름도 composition으로 짓도록 하자. 프로세싱에서 새 파일을 만들고 이름을 composition으로 지정한다.

예제 12-1. composition 스케치 만들기

❶ setup() 함수와 draw()함수도 기본적으로 넣도록 하자. 그리고 최종 렌더링이미지 크기는 1200(가로) x 800(세로)으로 할 것이다.

❷ 배경색은 흰색으로 넣을 것이다. background(255)

composition

```
void setup( ){
  size(1200, 800);          ❶
}
void draw( ){
  background(255);          ❷
}
```

스케치를 그릴 때는 그리드 선이 없었다. 문명화된 도시라는 컨셉 때문에 인공적이고 정형화된 느낌을 줄 수도 있을 것 같아 넣어보기로 했다. 다만 검정색보다는 밝은 회색으로 넣어 격자문양을 약하게 보이도록 할 것이다.

예제 12-2. 그리드 (grid) 스케치 만들기

❶ 프로세싱 composition탭 바로 옆에 ▼ 화살표 모양의 탭이 있다. 클릭하면 풀다운 메뉴가 나오는데, 상단의 '새탭'을 선택한다.

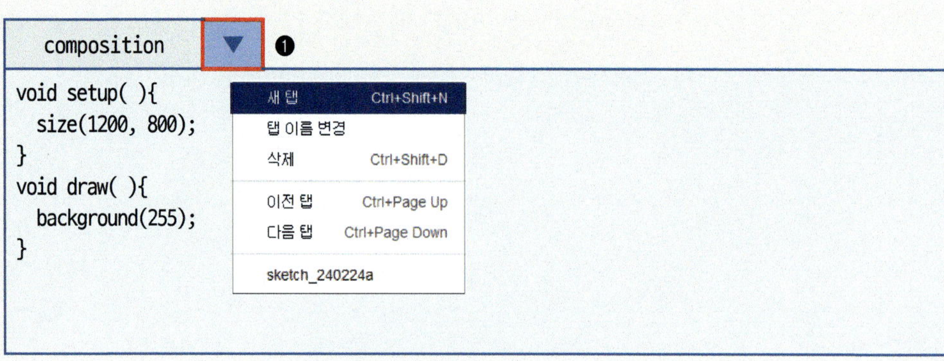

❷ 새로 만들 탭 이름을 지정하는 작은 창이 뜬다. grid 라는 이름을 넣고 ok 버튼을 클릭한다.

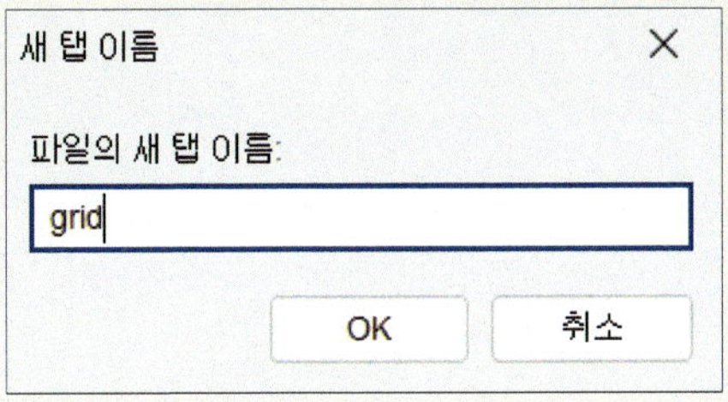

❸ grid() 함수를 만든다. { }코드 블록 안에 그리드 선 색상, 굵기를 지정한다. 정수형 distance 변수를 선언한다. distance는 선 사이의 간격을 말한다.

❹ for문 2개를 만들고 iine() 함수로 격자 문양을 만든다.(이중 for문이 아님)

composition | grid ▼

```
void grid(){                                   ❸
  stroke(120);              //선 색상
  strokeWeight(0.2);        //선 굵기
  int distance = 50;        //선 간격

  for(int x = 0; x < width; x += distance)
    line(x, 0, x, height);
  for(int y = 0; y < height; y += distance)    ❹
    line(0, y, width, y);
}
```

❺ 다시 composition탭으로 돌아와서 draw() 함수 안에 grid() 함수를 넣어라. 렌더링을 실행하면 이미지에 회색 격자 문양이 그려진 것을 볼 수 있을 것이다.

composition | grid ▼

```
void setup( ){
  size(1200, 800);
}
void draw( ){
  background(255);
  grid();                  ❺
}
```

예제 12-3. 피라미드 도형(pyramid)탭 만들기

❶ 프로세싱 grid 탭 바로 옆에 ▼ 화살표 모양의 탭을 클릭하고 새 탭을 만든다. 이름은 'pyramid'로 지정한다.

❷ pyramid() 함수를 만들 때 위치와 크기를 변경할 수 있게 함수의 매개변수로 (int x, int y, float s) 3개 변수를 만든다.

❸ 나중에 그려질 다른 도형들에게 영향을 주지 않도록 pushMatrix() ~ popMatrix()로 피라미드 도형들을 모두 감싸고 피라미드 도형의 위치는 translate(x, y)로 움직일 수 있게 지정한다. scale(s)코드도 추가한다.

❹ 피라미드 면(마름모)을 그리기 위해 quad() 함수를 사용한다. noStroke() 함수로 윤곽선은 없앤다.

❺ 피라미드 윤곽선은 quad() 함수에서 면의 색 fill(0, 0)을 투명하게 하고 윤곽선만 드러나게 해서 만든다. 피라미드 중간을 가로지르는 선은 line() 함수들로 그린다.

composition	grid	pyramid ❶	▼

```
void pyramid(int x, int y, float s){        ❷
  pushMatrix();                              ┐
  translate(x, y);  //x:200, y:200           ├ ❸
  scale(s);                                  ┘

  //피라미드 면만 그리기
```

```
  noStroke();
  fill(247, 85, 85);                                    ❹
  quad(-48, -76, +144, -120, +76, +52, -80, +104);

  //피라미드 윤곽선만  그리기
  strokeWeight(3);
  stroke(0, 59, 116);
  fill(0, 0);
  quad(-100, -100, +100, -150, +50, +10, -120, +80);
  line(-100, -100, -40, -40);                           ❺
  line(+100, -150, -40, -40);
  line(+50, +10, -40, -40);
  line(-120, +80, -40, -40);
  popMatrix();
}
```

❻ 다시 composition탭으로 돌아와서 draw() 함수 안에 pyramid(700, 500, 1.7) 함수를 넣어라. 렌더링을 실행하면 이미지의 중앙에 빨간색 피라미드와 파란색 윤곽선이 그려진 것을 볼 수 있을 것이다.

composition	grid	pyramid	▼

```
void setup( ){
  size(1200, 800);
}
void draw( ){
  background(255);
  grid();
  pyramid(700, 500, 1.7);             ❻
}
```

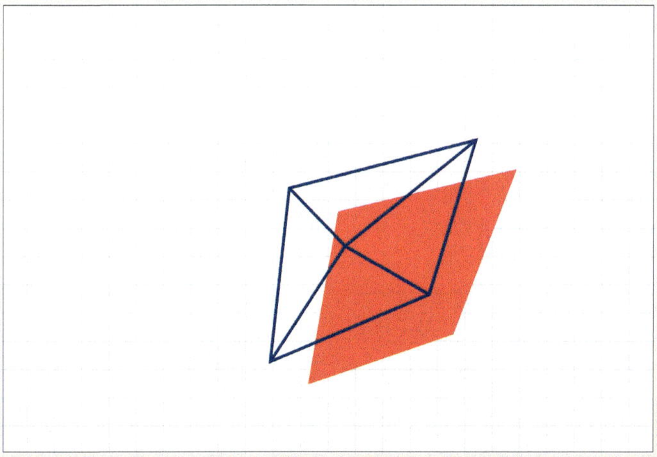

예제 12-4. 원뿔 도형(cone) 만들기

❶ 프로세싱 pyramid 탭 바로 옆에 ▼ 화살표 모양의 탭을 클릭하고, 새로 나타난 풀다운 메뉴에서 '새탭'을 다시 선택한다. 새 탭의 이름은 'cone'로 지정하고 ok 버튼을 클릭한다.

❷ cone() 함수를 만들 때 위치, 크기, 회전을 변경할 수 있게 매개변수 (int x, int y, float s, float r) 4개를 만든다. 나중에 그려질 다른 도형들에게 영향을 주지 않도록 pushMatrix() ~ popMatrix()로 도형관련 함수들을 모두 감싼다. 원뿔도형의 위치는 translate(x, y)로 움직일 수 있게 지정한다. scale(s), rotate(radians(r)) 코드도 추가한다.

❸ 원뿔면을 그리기 위해 triangle(), arc()함수 두 개를 합쳐서 만든다. noStroke() 함수로 윤곽선은 없앤다.

❹ arc() 함수 위에 noFill() 함수로 면을 없애고 윤곽선만 드러나게 해서 만든다. 나머지 윤곽선은 line() 함수들로 그린다.

composition	grid	pyramid	cone ❶	▼

```
void cone(int x, int y, float s, float r) {
  pushMatrix();                                  ❷
  translate(x, y);
  scale(s);
  rotate(radians(r));

  //원뿔 면 그리기
  noStroke();                                    ❸
  fill(235, 175, 5);
  triangle(0, -100, +100, +100, -100, +100);
  arc(0, 100, 200, 200, 0, PI);

  //원뿔 윤곽선 그리기
  strokeWeight(5);                               ❹
  stroke(0, 59, 116);
  noFill();
  arc(50, 150, 200, 200, 0, PI);
  line(50, -50,-50, +150);
  line(+150, +150, 50, -50);
  popMatrix();
}
```

❺ 다시 composition탭으로 돌아와서 draw() 함수 내에 cone() 함수 2개를 넣어라. 렌더링을 실행하면 이미지의 왼쪽상단에 두 개의 노란색 원뿔이 그려진 것을 볼 수 있을 것이다.

composition | grid | pyramid | cone

```
void setup( ){
  size(1200, 800);
}
void draw( ){
  background(255);
  grid();
  cone(200, 100, 1, 30);
  cone(400, 300, 0.5, 180);    ❺
}
```

12-4 프로세싱에서 기하도형 만들기 2

지금까지 새 탭에 도형함수를 하나씩 만들고 draw() 함수가 있는 composition 탭에서 도형함수를 넣어 그려지도록 만들었다. 여러분이 지금까지의 과정을 잘 따라왔다면 탭의 역할이 함수를 만들기 위한 것임을 짐작할 수 있을 것이다. 사실 탭으로 도형함수를 구분해 놨기 때문에 서로 영향을 주지 않는 다른 코드로 오해할 수 있다. 그러나 원칙적으로 composition탭 안, draw() 함수 아래 줄에 grid, pyramid, cone 함수를 나열해도 동일한 결과를 가져온다. 따라서 탭의 역할은 composition 탭만으로 모든 도형함수 코드를 나열했을 때 코드 줄이 너무 길어지고 특정 도형을 수정함에 있어 복잡함과 시인성이 좋지 못한 것을 방지하기 위함이다.

앞서 grid, pyramid, cone 도형함수 코드를 작성하는 것, composition 탭에서 최종적으로 도형함수를 적용하는 것을 해보면서 제작패턴이 비슷하다는 것을 알 것이다. 이후 과정도 코드의 패턴이 동일하기 때문에 새 탭을 만드는 과정과 각 도형 코드에 대한 설명은 생략하고 최종 코드와 렌더링이미지만 보여주도록 하겠다. 여러분들은 필자의 작품과 동일하게 제작해도 되고, 자신만의 색다른 도형을 제작해도 된다. 다만 도형을 제작할 때 조건문과 반복문을 어떻게 활용할지 고민해 본다면 자신만의 도형 함수를 만들 때 도움이 될 것이다.

앞으로 검은 원(blackSphere), 십자도형(cros), 육면체(cube), 멀티반호(multiArc), 멀티직선(multiLine), 멀티 네모선(multiRect) 6개 도형을 더 만들 것이다. 코드에 대한 설명은 생략한다.

예제 12-5. 검은 타원(sphere) 만들기

composition | grid | pyramid | cone | sphere | ▼

```
void blackSphere(int x, int y, float s){
  pushMatrix();
  translate(x, y);
  scale(s);
  //검은 타원
  noStroke();
  fill(0);
  ellipse(0, 0, 200, 200);
  //타원 라인
  strokeWeight(5);
  stroke(0, 59, 116);
  fill(0, 0);
  ellipse(-50, -80, 200, 200);
  ellipse(-50, -80, 100, 100);
  popMatrix();
}
```

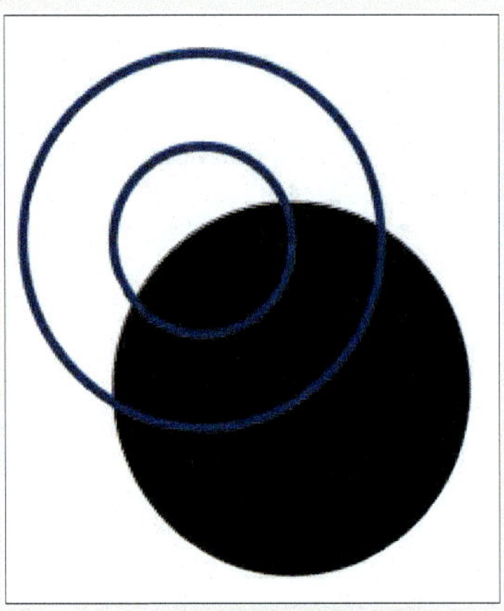

예제 12-6. 십자도형(cross) 만들기

composition | grid | pyramid | cone | sphere | cross | ▼

```
void cros(int x, int y, float s, float r) {
  pushMatrix();
  translate(x, y);
  scale(s);
  rotate(radians(r));
  // 십자면 그리기
  noStroke();
  fill(235, 175, 5);
  rect(0, -100, 100, 300, 30);
  rect(-100, 0, 300, 100, 30);
  // 십자윤곽선 그리기
  strokeWeight(5);
  stroke(0, 59, 116);
  noFill();
  rect(50, -150, 100, 300, 30);
  rect(-50, -50, 300, 100, 30);
  popMatrix();
}
```

예제 12-7. 육면체 도형(cube) 만들기

composition	grid	pyramid	cone	sphere	cube	▼

```
void cube(int x, int y, float s){
  pushMatrix();
  translate(x, y);
  scale(s);
  //빨간 사각형
  noStroke();
  fill(247, 85, 85);
  rect(0, 0, 250, 250);
  //큐브 라인
  strokeWeight(5);
  stroke(0, 59, 116);
  fill(0, 0);
  rect(+150, +150, 200, 200);
  line(+150, +150, +100, +100);
  line(+100, +100, +300, 100);
  line(+300, 100, +350, 150);
  line(+100, +100, +100, +300);
  line(+100, +300, +150, +350);
  popMatrix();
}
```

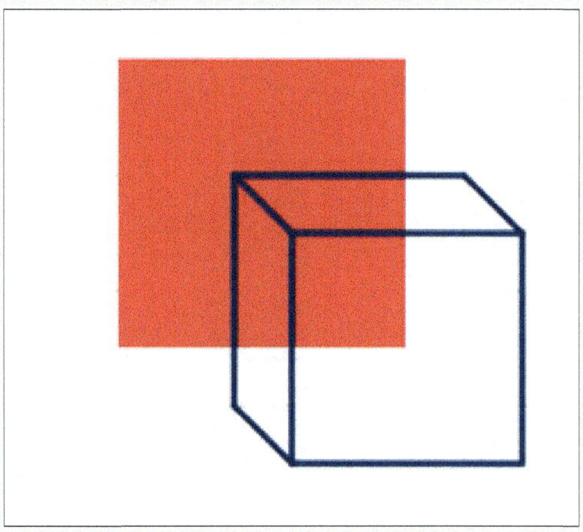

예제 12-8. 멀티 반호(multiArc) 만들기

composition | grid | pyramid | cone | sphere | multiArc

```
void multiArc(int x, int y, float s, float r) {
  pushMatrix();
  translate(x, y);
  scale(s);
  rotate(radians(r));

  // 멀티 반호 그리기
  for (int i=0; i < 250; i += 50) {
    stroke(255, 0, 0);
    noFill();
    arc(0, 0, i, i, 0, PI);
  }
  popMatrix();
}
```

예제 12-9. 멀티 직선(multiLine) 만들기

composition	grid	pyramid	cone	sphere	multiLine	▼

```
void multiLine(int x, int y, float s, float r) {
  pushMatrix();
  translate(x, y);
  scale(s);
  rotate(radians(r));
  //멀티 직선 그리기
  for (int i=0; i < 150; i += 30) {
    stroke(235, 175, 5);
    strokeWeight(10);
    noFill();
    line(i, 0+i, i, -300+i);
  }
  popMatrix();
}
```

예제 12-10. 멀티 네모선(multiRect) 만들기

composition | grid | pyramid | cone | sphere | multiLine | ▼

```
void multiRect(int x, int y, float s, float r) {
  pushMatrix();
  translate(x, y);
  scale(s);
  rotate(radians(r));
  // 멀티 네모선 그리기
  for (int i=0; i < 250; i += 50) {
    rectMode(CENTER);
    stroke(0, 59, 116);
    strokeWeight(7);
    noFill();
    rect(0, 0, i, i);
  }
  rectMode(CORNER);
  popMatrix();
}
```

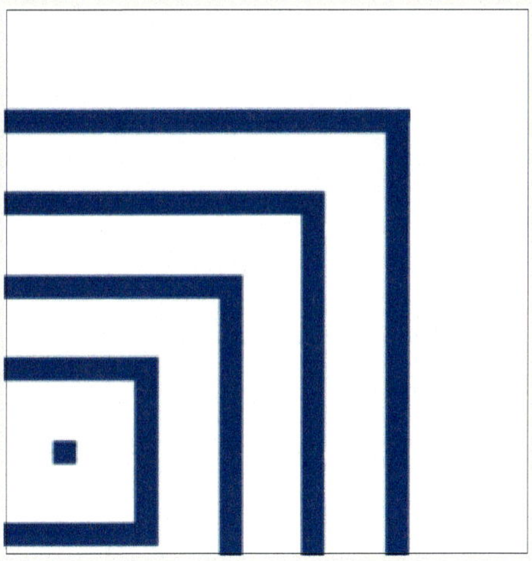

모든 도형함수가 완성되었다면 composition 탭/ draw() 함수 안에 도형함수를 넣자. 도형들을 원하는 위치에 배치할 때 화면 공간 안에서 강조, 변화, 통일성 같은 조형원리를 고민하면서 배치해 보기 바란다. 나 같은 경우 주제가 되는 피라미드를 중심으로 균형감을 기준으로 도형들을 배치했다. 특히 검정색 원은 빨간 피라미드의 대칭요소로 다른 컬러에 비해 무거워 보이는 무채색을 갖고 있어 균형감의 요소로 사용했다.

예제 12-11. composition 도형들 최종 배치 완성하기

composition	grid	pyramid	cone	sphere	multiLine	▼

```
void setup() {
  size(1200, 800);
}
void draw() {
  background(255);
  Grid();
  pyramid(700, 500, 1.7);
  blackSphere(300, 600, 1.0);
  blackSphere(800, 950, 1.5);
  multiLine(1000, 300, 1.0, 45);
  multiLine(900, 800, 0.8, 0);
  multiLine(0, 30, 0.6, 90);
  cube(1000, 500, 0.5);
  cube(600, -50, 0.5);
  cone(200, 100, 1, 30);
  cone(400, 300, 0.5, 180);
  cros(900, 120, 0.7, 0);
  cros(450, 400, 0.3, 90);
  multiArc(500, 50, 1.5, 30);
  multiRect(30, 750, 1.5, 0);
}
```

실행버튼을 클릭하면 아래 이미지처럼 렌더링이미지가 완성된다. 완성된 이후에도 여러분 마음에 들 때까지 도형의 위치, 크기, 색을 조정해 보길 바란다. 그러면 완성도가 더욱 높아질 것이다.

12-5 앞으로 작품제작에서 고려할 점

여러분들이 앞으로 작품을 제작하면서 고민하고 살펴야 하는 세 가지 주안점이 있다. 첫 번째 반드시 스스로 힘으로 제작하는 작품을 만들어야 한다는 점이다. 배움의 과정에서 고통과 극복 같은 감정을 느끼지 못하면 기억에 잘 남지 않는다. 유튜브에서 쉽게 찾아볼 수 있는 '예제 따라하기' 방법은 여러분의 진짜 실력이 될 수 없다. 스스로 힘으로 작품을 만들어 봄으로써 반드시 시행착오를 겪고 어렵게 해결방법을 찾을 때 오는 희열감을 느껴야 한다.

두 번째 작품의 수준이나 퀄러티는 중요하지 않기 때문에 좋은 작품을 모작해보기 바란다. 모작은 창작에 대한 부담을 덜어주고 빠르게 제작에 돌입하게 해준다. 사실 떠오르지 않은 아이디어 때문에 창작의 고통과 시간 소모가 많은 편이다. 이 시간을 절약해주는 것만 해도 작품 제작의 속도가 빠르다. 그리고 우리는 모작을 통해서 좋은 작품의 스타일과 표현력을 배울 수 있고 제작 과정 중의 어려움을 이해하고 작품의 진가를 제대로 배우는 계기가 된다.

세 번째 작품을 만들어 가는 과정에서 똑같이 만들어도 되지만 약간 형태나 색을 변형시키는 시도를 해보길 바란다. 여러분들이 프로세싱을 배우는 이유는 연필이나 포토샵이 하지 못하는 일(인터렉션, 애니메이션, 이미지 프로그래밍)을 프로세싱이 가능하게 만들어 주기 때문이다. 그래서 모작을 제작 중이라면 프로세싱이기 때문에 가능한 기능과 효과를 꼭 넣어보라. 그러면 여러분들의 생각과 관점, 개성이 포함되기 때문에 단순 모작이라고 자기비하를 하지 않아도 된다.

Lesson

03

조형요소의 구조화

CHAPTER 13

배열과 불규칙성

개요

- 배열과 불규칙성의 관련성
- 배열선언과 초기화 방법
- for 반복문과 배열을 이용한 불규칙군집

다수의 데이터를 처리할 수 있는 배열과 조형원리의 불규칙성이 유사함을 이해하고 실제 배열의 기초적인 사용법을 익혀보도록 하자.

13-1 배열과 불규칙성의 관련성

▲ 그림 13-1

- 형제들은 비슷한 외모를 가졌지만 완벽히 똑같지 않다.
- 유사한 데이터를 가지지만 세부 데이터는 다른 다수의 자료형을 배열이라고 한다.
- 불규칙 속성을 가지고 있다.

자연의 생명체들은 불규칙성을 가지고 있다. 인간은 다른 사람과 99.9%가 동일하고 0.1%만이 유전자 염기서열이 다르다고 한다. 이것 때문에 그림 13-1처럼 같은 형제 사이에도 얼굴형과 키, 성격 등이 조금씩 다르다. 진화론적 관점으로 보면 인간의 진화 과정에서 다양한 인종으로 분화되고 유전자의 돌연변이가 발생해야 새로운 환경에 적응하고 꾸준하게 진화를 이어갈 수 있다고 한다. 예술작품에서도 구성요소들의 일관성을 갖고 있으면서 작은 변화로 불규칙성을 부여하는 사례는 수없이 많다. 오히려 조형원리관점에서 적극 추천하는 법칙이다. 수많은 예술작품에는 통일성과 변화, 율동과 균형처럼 서로 반대되는 원칙이 함께 사용되는 경향이 있다. 그 이유는 한 가지 원칙만 고수하면 지루하거나 경직된 느낌을 줄 수 있기 때문에 수많은 예술가들은 본능적으로 불규칙성이 있어야 함을 인식하고 있다.

- 피사의 사탑은 살짝 기울어져 있다. 완벽한 대칭으로 반듯하게 서 있었다면 유명하지 않았을지도 모른다.

- 불안하지만 균형을 유지하고 있어 재미와 관심을 유도한다.

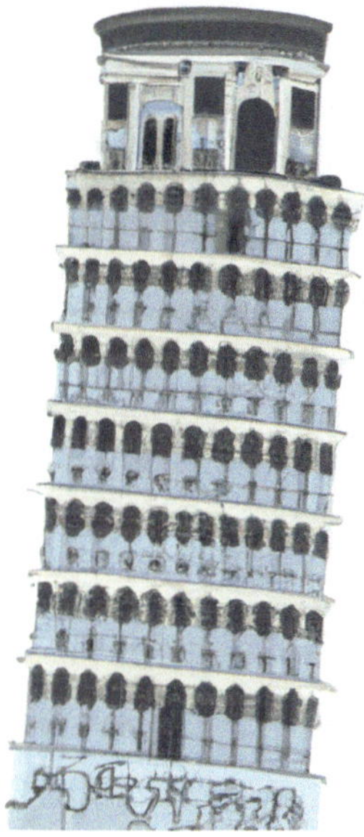

▲ 그림 13-2

불규칙성과 함께 고려해야 할 조형원리는 균형이다. 균형은 인간의 신체활동에서 항상성을 유지하기 위해 진화과정에서 적응된 감정이다. 선천적으로 사람은 신체의 균형감각을 개발하게 되며 주위의 균형을 살펴보게 된다. 단순히 걷는 과정에서 한 발을 내딛게 될 때 어깨, 허리, 골반, 발바닥 같은 골격들과 근육들은 균형을 유지하기 위해 세밀하게 움직이게 된다. 만약 균형의 결여, 즉 불균형은 우리를 불안하게 만든다. 순간적인 불균형감은 자칫 넘어질 것 같은 불안감을 느끼게 하고, 위험하게 기울어져 있는 나무나 바위, 그리고 가구나 사다리 같은 것들을 조심스레 피하게 된다. 우리는 물리적인 위험성이 없는 디자인이나 그림에서 조차 균형 잡힌 것을 더욱 편안하게 느낀다. 이 같은 감정은 위험회피, 생존성을 높이는 방향으로 감정이 적응된 결과이다. 다만 그림 13-2 피사의 사탑처럼 너무 안정된 균형보다 살짝 불안한 균형이 좀 더 생동감을 주기도 한다.

조형적으로 균형을 이루는 방법으로 시각적인 무게감의 동등한 분배를 위해 수평적, 수직적 배치 같은 대칭적 균형을 통해 만들 수 있다. 다른 방법으로 명도와 색채, 형과 텍스쳐에 의해 균형을 이루게 할 수 있다. 또는 위치와 시선의 방향에 의해 균형을 이룰 수 있다. 균형감은 화면 안에서 구성요소들을 대칭 균형, 비대칭 균형, 방사형 균형 같은 배치를 하면서 구현할 수 있다.

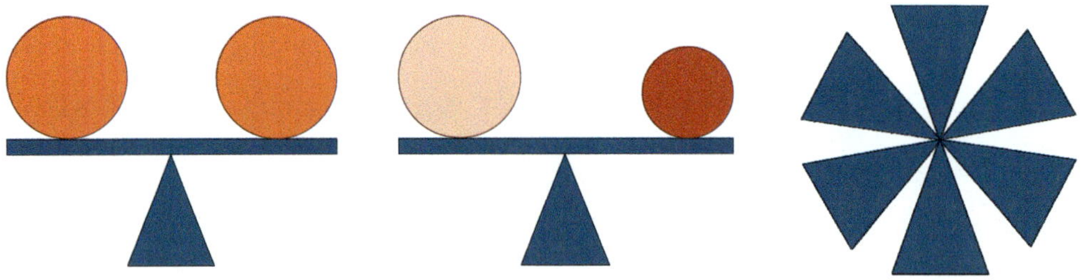

대칭 균형 비대칭 균형 방사형 균형

불규칙성이 극대화된 혼돈은 일시적일 수 있지만 지속적이지 않다. 일정한 시간이 지나면 자연법칙이 적용된 평형의 안정된 상태에 도달하게 된다. 인간은 자연법칙이 적용된 평형상태를 주로 관찰하고 그 상태 내에 공존하면서 살고 있어 안정감을 얻는 것을 더 선호한다. 그래서 병립하기 어려워 보이는 불규칙성과 균형 같은 조형 요소들을 함께 설명하는 이유는 배열이 성질이 두 가지 유사한 속성을 함께 가지고 있기 때문이다.

프로세싱 코딩 문법 중 자연의 '불규칙성'과 '긴장감'에 대응될 수 있는 것이 배열이라고 볼 수 있다. 배열은 변수처럼 데이터가 저장되는 메모리와 위치를 가리키는 포인터인데, 한 조각의 정보를 나타내는 것이 아니라 여러 개의 정보조각을 가리킨다. 이때 변수들의 목록에서 순서와 색인이 있어 배열에 정확하게 접근할 수 있다. 프로세싱에서 배열개념을 시각화한다면 바닷가에 널려있는 조약돌 패턴을 예로 들 수 있다. 그림 13-3처럼 조약돌의 생김새는 비슷하지만 크기와 위치, 방향, 색깔은 다양하고 불규칙적이다. 그래서 시각적 일관성을 유지하기 위해 동일한 형태를 사용하고 구성요소의 크기와 위치, 색의 속성을 배열로 만들고 random()/noise() 함수를 사용해 불규칙성을 부여할 수 있다. 균형감은 앞서 불규칙성으로 혼돈된 구성요소들을 조건문, 반복문을 조합하여 적절한 안정감을 부여하면서 만들 수 있다.

- 조약돌의 생김새는 비슷하다.
- 위치, 크기, 색깔은 매우 다르다.
- 불규칙성과 균형이 조화되어 있다.

▲ 그림 13-3

13-2 배열선언과 초기화 방법

배열은 초급자에게 코딩 문법 중 상당히 어려운 개념에 속하는 편이다. 배열선언과 초기화, 배열 실행까지 복잡한 단계를 거쳐야 하고 형식도 복잡하다. 그래서 개념은 간단히 설명하고 직접 코드를 반복 작성해 보면서 기억하는 것이 가장 효과적인 교육 방법이다. 더불어 조형원리인 불규칙/균형 개념을 이해하고 프로세싱에서 배열을 활용해서 변화/균형이 적용된 작품을 만들어 보는 것이 이번 실습 과정의 최종 목표라고 할 수 있다.

그림 13-4처럼 막대그래프를 제작한다고 생각해 보자. 지금까지 우리가 배워온 rect() 함수를 5개 만들어 높이 매개 변수를 다르게 적용해서 그릴 수 있지만 배열을 이용해 만들 수 있다. 그래프를 살펴보면 네모난 모양과 색은 동일하고 막대 높이만 다른 그래프 그림이다. 다시 말해 사각형 도형 모양은 동일하고 높이라는 속성에서 불규칙성을 갖는다. 이 불규칙성이 어떻게 문법으로 표현되는지 알아보자.

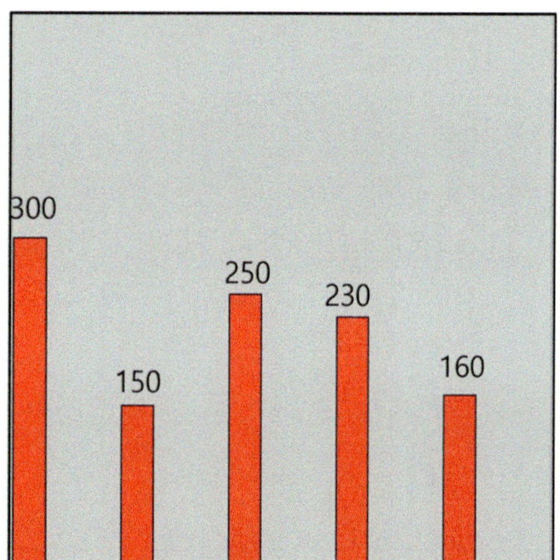

▲ 그림 13-4

위 막대그래프에서 불규칙성(배열요소)은 막대그래프의 높이이다. 그리고 불규칙한 높이 값은 5개가 필요하다. 따라서 컴퓨터 메모리에 배열이라는 빈방을 5개 만들어야 한다.(배열선언) 그리고 만들어진 빈방에 배열 데이터들을 넣어야 한다.(배열초기화), 마지막으로 그림으로 표현할 때 배열들을 실행 함수들에 넣어 사용한다.(배열처리) 항상 이와 같은 3가지 순서대로 만들면 된다.

예제 13-1. 배열 선언과 초기화 이해하기

❶ int[ ] step = new int[5] 구문은 step이라는 이름의 정수형 배열을 새로 5개 만들겠다는 의미이다. 배열 이름은 원하는 대로 지을 수 있고 new라는 키워드는 '만들다'라는 의미이다. 따라서 new int[5]는 5개의 배열을 만들라는 의미이다. 이 과정을 배열선언이라고 한다.

❷ 컴퓨터 메모리에 데이터를 담을 5개의 빈방이 만들어졌으니 그 안에다 원하는 값을 넣으면 된다. 그 값을 넣을 때는 setup() 함수에서 넣어주는 게 좋다. 5개의 배열 변수는 만들어질 때 빈방의 주소 역할을 하는 번호가 자동으로 매겨진다. 첫 번째 배열은 번호는 0으로 시작되기 때문에 마지막 5번째 배열은 4번이 된다. step[0] = 300; 구문은 0번 step 배열 방에 300값을 할당하라는 의미가 있다. 배열을 표시할 때 [ ] 대괄호를 사용하고 [ ]안의 숫자는 배열 번호를 의미한다. 이 과정을 배열 초기화라고 한다.

❸ 최종 렌더링 이미지로 그리기 위해 배열 처리과정을 적용하자. 이때 for문을 주로 사용하는 이유는 원하는 개수만큼 정확히 반복 실행할 수 있고 구문을 단순화해서 효율성을 높일 수 있다. for문 안 실행 코드인 rect(x, y, 30, step[i])은 사각형 함수의 세로크기 매개변수값을 배열로 적용하겠다는 의미이다. 아래 구문은 실제 실행되지 않는다. 배열 선언 방법과 처리 방법을 간단한 과정으로 보여주는 예시일 뿐이다.

```
int[ ] step = new int[5];          ❶ 배열 선언.
void setup( ){
  step[0] = 300;
  step[1] = 150;
  step[2] = 250;                   ❷ 배열 초기화.
  step[3] = 230;
  step[4] = 160;
}
void draw( ){
  for (  int i = 0;  i < 5;  i++) {
       rect( x, y, 30, step[i] )   ❸ 배열 처리
  }
}
```

예제 13-2. 배열로 막대그래프 만들기 1

❶ step이라는 이름의 정수형 배열을 새로 5개 만들어라.

❷ setup() 함수에서 5개의 배열 안에 원하는 정수값을 넣는다. (배열 초기화 과정인데 일일이 배열 값을 할당하고 있어 코드의 효율성이 떨어져 보인다. 추후 이점을 해결하는 방법에 대해 배우게 될 것이다.)

❸ rect(i * 100, 500, 30, –step[i]) 구문은 계수기로 사용되는 i변수를 이용해 일정간격을 유지하는 위치값으로 사용하고, rect() 함수의 네 번째 매개변수인 세로 높이를 -step[i] 배열로 적용한 것이다. (step 배열에 –를 적용한 이유는 막대그래프가 생성되는 y축 위치가 화면 맨바닥에 있다. 그래서 막대그래프를 역방향으로 솟아오르게 만들려면 –값을 곱해줘야 한다.)

array

```
int[ ] step = new int[5];            ❶
void setup( ) {
  size(500, 500);
  step[0] = 300;
  step[1] = 150;
  step[2] = 250;                     ❷
  step[3] = 230;
  step[4] = 160;
}
void draw( ) {
  for ( int i = 0; i < 5; i++) {
    fill(255, 0, 0);
    rect( i*100, 500, 30, -step[i] );    ❸
  }
}
```

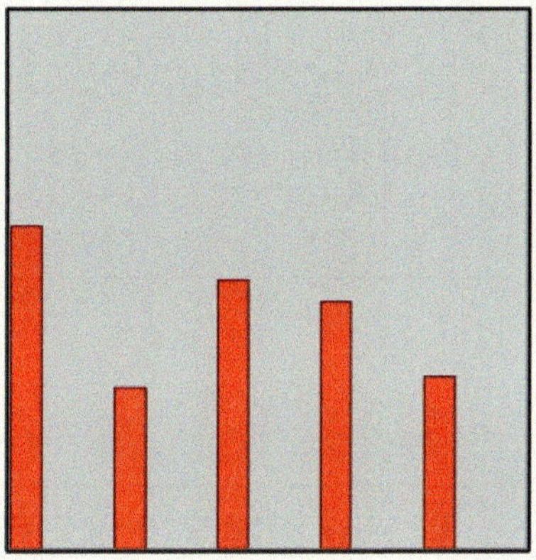

앞 예제 13-2 막대그래프 그리기에서 ②설명처럼 배열 초기화 과정의 비효율성을 지적했다. 이 문제를 해결하는 방법을 반복문을 사용하는 것이다. 특정한 값을 넣어야 하는 게 아니라면 자동으로 랜덤값을 발생시켜 반복문을 적용하면 수십/수백 개의 배열 값을 빠르게 넣을 수 있다. 위 예제 13-2를 그대로 사용하되 배열 초기화 부분만 수정하여 다시 만들어 보자.

예제 13-3. 배열로 막대그래프 만들기 2

❶ 5개의 배열 안에 임의의 난수 값을 사용해도 된다는 조건이라면 for문과 random() 명령어를 사용해 코드를 간략화 시킬 수 있다. setup() 함수에서 for문을 만들고 계수기로 사용하는 i 변수가 5보다 적을 때까지 반복하는 불린조건식과 step[i] = int (random(150, 300)) 실행 구문을 넣는다. random() 함수의 결과값은 무조건 실수로 나오기 때문에 다시 정수값으로 변환시켜야 한다. 그래서 random(150, 300) 함수를 감싸는 int( ) 소괄호를 넣는다. 그러면 실수 –> 정수로 변환시켜 준다. 아래 오른쪽 그림처럼 결과는 동일하지만 코드는 훨씬 간결하게 만들어졌다.

array

```
int[ ] step = new int[5];
void setup( ) {
  size(500, 500);
  for (int i = 0; i < 5; i++) {
    step[i] = int(random(150, 300));   ❶
  }
}
void draw( ) {
  for ( int i = 0; i < 5; i++) {
    fill(255, 0, 0);
    rect( i*100, 500, 30, -step[i] );
  }
}
```

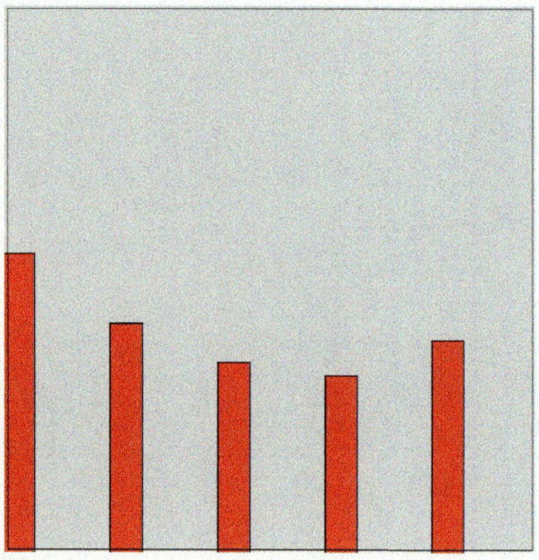

13-3 for 반복문과 배열을 이용한 불규칙군집

이제 배열의 개념과 기초적인 배열사용법을 간단히 배웠다. 본격적으로 배열을 활용해 복잡한 도형 함수를 화면에 뿌려서 군집을 이루는 장면을 만들어 보도록 하자. 미디어아트 작품에서 배열은 눈, 비, 꽃잎이 떨어지는 효과를 만들 때 사용하거나 동일한 형태의 다수 사물을 불규칙한 위치에 배치하고자 할 때 사용한다. 아래 dog 머리형태를 함수로 만들고 화면의 무작위 위치에 배치하고 크기도 다양하게 만들어서 불규칙적 느낌의 군집을 만들어 보자.

예제 13-4. 배열로 다수의 dog도형함수 그리기

❶ MakeDog() 함수를 만든다. 해당 함수는 함수 유형②로 만들어야 한다. MakeDog() 함수의 매개변수는 x축 위치, y축 위치, 크기를 조종할 수 있도록 세 개의 매개변수를 넣는다.

❷ x, y, s 이름의 배열을 넣을 메모리 공간을 각각 20개씩 만들어라. 배열 변수의 이름에서 짐작하겠지만 생성될 도형의 위치와 크기 값이 불규칙적 요소가 될 것이다.

❸ setup() 함수 안 for문을 이용해 배열 데이터값을 효율적으로 할당하도록 만들었다. x[i] 배열에는 random(width) 구문을 사용해 0 ~ 500 사이의 난수가 할당되도록 했고, y[i] 배열에는 random(height) 구문을 사용해 0 ~ 500 사이의 난수가 할당되도록 했고, s[i] 배열에는 random(0.1, 1.0) 구문을 사용해 0.1 ~ 1 사이의 값이 할당되도록 했다.

❹ draw() 함수 안 for문을 이용해 20개의 MakeDog(x[i], y[i], s[i]) 함수가 반복 실행되도록 만들었다. 각 매개변수에 숫자 대신 배열 변수가 들어가 있어 반복문이 실행될 때마다 임의의 random 숫자가 들어갈 것이다. 렌더링을 실행하면 화면의 다양한 위치에 다양한 크기로 dog 그래픽 이미지가 그려진 것을 확인할 수 있다.

arrayDog

```
float[] x = new float[20];      ┐
float[] y = new float[20];      ├ ❷
float[] s = new float[20];      ┘
void setup() {
  size(500, 500);
  for (int i=0; i<20; i++) {    ┐
    x[i] = random(width);       │
    y[i] = random(height);      ├ ❸
    s[i] = random(0.1, 1.0);    │
  }                             ┘
}
void draw() {
  background(255);
  for (int i=0; i<20; i++) {    ┐
    MakeDog(x[i], y[i], s[i]);  ├ ❹
  }                             ┘
}
```

```
void MakeDog(float posX, float posY, float scl) {
  pushMatrix();
  translate(posX, posY);
  scale(scl);
  rect(0, 0, 90, 50);
  ellipse(0, 0, 100, 100);
  ellipse(20, -20, 20, 20);
  ellipse(-20, 40, 50, 150);
  popMatrix();
}
```
❶ (pushMatrix()부터 popMatrix()까지)

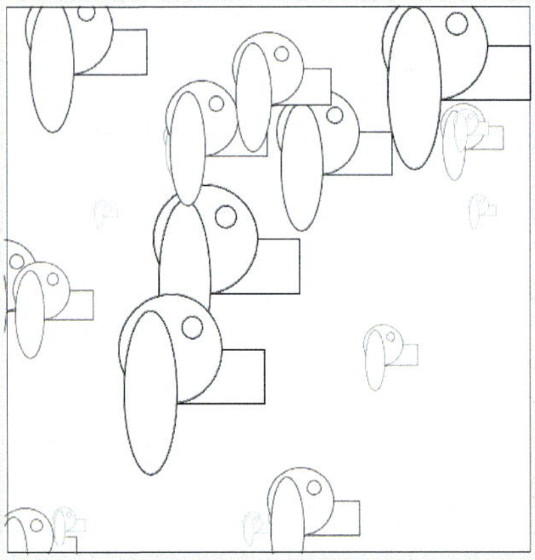

연습문제

- 6장에서 제작했던 캐릭터() 함수를 가져와 30개 다양한 크기로 배치하자.

- 불규칙 배열속성은 x위치, y위치, 크기 속성을 배열로 만들면 된다.

- 배열변수는 x, y, s 이름으로 만들고 각각 30개씩 만든다.

CHAPTER 14

배열과 불규칙 애니메이션

개요

- 불규칙적 위치 속성배열 만들기
- 불규칙적 크기 속성배열 만들기
- 불규칙적 색 속성배열 만들기
- 불규칙적 움직임 속성배열 만들기

어떤 생명체든 움직임이 없다면 살아있는 개체로 볼 수 없다. 불규칙 속성의 배열을 활용해서 각각의 개체가 다른 속도로 움직이는 방법을 배워보자.

14-1 불규칙적 위치 속성배열 만들기

앞장에서 조형의 불규칙성을 이해하고 배열의 사용방법을 배웠다. 이제 한 발 더 나가서 배열개체를 정적으로만 배치하기보다 동적으로 애니메이션 할 수 있게 만들어보자. 각 개체마다 불규칙적 속도를 갖도록 만들어보는 것이다. 작품의 제목은 우주여행이다. 컨셉은 무한한 우주공간에서 빠른 속도로 우주선을 타고 여행하는 느낌을 주려 한다. 우주공간 속에 흐르는 행성을 표현하기 위해 다양한 크기의 타원 도형을 사용하고 다채로운 색을 입힐 것이다. 우주선과 각 행성 간의 거리가 달라 흘러가는 행성 움직임 속도도 다르게 표현될 것이다.

- 원 도형이 위에서 생성해서 아래로 움직인다.
- 원 도형의 크기, 색, 움직임 속도가 불규칙하다.
- 화살표는 실제 보이지 않고 움직임의 속도가 다름을 표시 한다

▲ 그림 14-1

위 우주여행에서 배열 속성으로 만들 수 있는 것은 무엇인가? 배열의 불규칙 속성으로 만들 수 있는 것은 타원의 크기, 타원의 x 위치, 타원의 y 위치, 타원의 색, 타원의 속도 총 5개 정도이다. 한 화면에 등장시킬 타원의 개수를 50개로 잡는다면 각 불규칙 배열 속성 또한 50개가 되어야 한다. 실제 작품을 제작하는 순차적 단계를 거치면서 코드를 구체화해 볼 것이다. 그래야 여러분들이 배열을 만드는 표기법, 배열의 순서, 배열의 효과를 몸에 체득할 수 있기 때문이다. 프로세싱에서 theSpace 이름으로 스케치를 저장한다.

예제 14-1. 불규칙적 위치 배열로 타원군집 배치하기

❶ 먼저 위치배열을 선언한다. 타원이 2차원 불규칙적 위치에 배치하기 위해 x축 배열 변수를 최상단에 float[] posX 선언한다. new 키워드를 넣어 = new float[50] 작성하고 50개를 할당한다. y축도 같은 방법으로 만든다.

❷ setup() 함수 안에서 for 문을 사용해 배열에 랜덤값을 넣어 배열을 초기화한다. 배열 posX[]가 50개, 배열 posY[]가 50개가 있으므로 for문에서 배열을 50번 반복하도록 불린조건식을 i < 50으로 지정한다.

❸ draw() 함수에서 반복적으로 타원을 생성하기 위해 ②번과 같은 for문을 사용한다. for문 내 반복 실행문에서 타원 도형들의 불규칙 배치를 위해 첫 번째, 두 번째 매개변수에 배열을 넣는다. ellipse(posX[i], posY[i], 50, 50) 생성된 타원에 흰색 fill(255)을 넣고 윤곽선을 그리지 않겠다는 noStoke() 함수 코드를 넣는다.

theSpace

```
float[] posX = new float[50];
float[] posY = new float[50];          ❶

void setup() {
  size(800, 800);
  for (int i=0; i<50; i++) {
    posX[i] = random(width);           ❷
    posY[i] = random(height);
  }
}
void draw() {
  background(0);
  for (int i=0; i<50; i++) {
    fill(255);
    noStroke();                               ❸
    ellipse(posX[i], posY[i], 50, 50);
  }
}
```

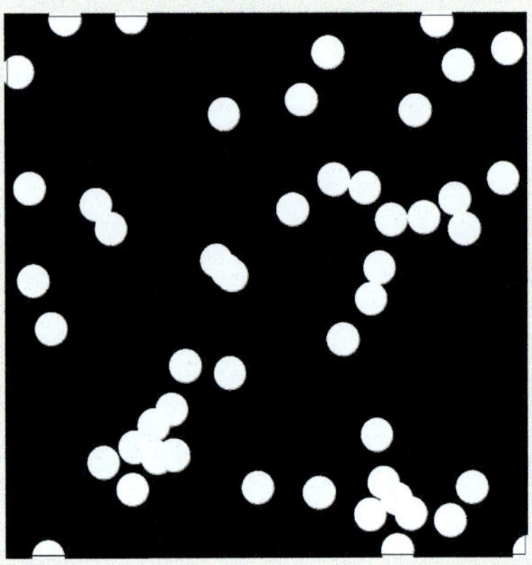

14-2 불규칙적 크기 속성배열 만들기

앞 예제에서 우주여행을 위한 행성들의 위치를 불규칙하게 배치했다. 이번에는 행성들의 크기를 불규칙하게 생성해보자. 불규칙 크기배열을 선언, 초기화, 배열 처리하는 방법은 앞 13장 dog 예제에서 해보았다. 기억나지 않는다면 참고하길 바란다.

예제 14-2. 타원군집 불규칙적 크기 배열로 크기 다양화하기

❶ 타원의 불규칙적 크기에 대한 배열을 float[] scale = new float[50]로 선언한다.

❷ scale 배열 변수에 랜덤값을 할당해서 scale[i] = random(30, 100) 초기화한다. 타원의 크기는 30~100픽셀 내외의 랜덤값을 넣을 것이다.

❸ 기존 for문 안 ellipse() 함수를 ellipse(posX[i], posY[i], scale[i], scale[i])로 수정한다. 세 번째, 네 번째 매개변수가 타원의 가로, 세로 크기를 지정하는 곳이다.

theSpace

```
float[] posX = new float[50];
float[] posY = new float[50];
float[] scale = new float[50];            ❶
void setup() {
  size(800, 800);
  for (int i=0; i<50; i++) {
    posX[i] = random(width);
    posY[i] = random(height);
    scale[i] = random(30, 100);           ❷
  }
}
void draw() {
  background(0);
  for (int i=0; i<50; i++) {
    fill(255);
    noStroke();
    ellipse(posX[i], posY[i], scale[i], scale[i]);    ❸
  }
}
```

14-3 불규칙적 색 속성배열 만들기

앞서 우주여행을 위한 행성들의 위치, 크기를 불규칙하게 배치했다. 이번에는 행성들의 색을 다채롭게 생성되도록 해보자. 예제 14-2 코드에 불규칙 색 배열을 선언, 초기화, 배열 처리하는 과정을 추가하자.

예제 14-3. 타원군집 불규칙적 배열 색 다양화하기

❶ 타원의 불규칙적 색에 대한 배열을 상단에 float[] col = new color[50]로 선언한다.

❷ col 배열변수에 랜덤값을 할당해서 초기화한다. 색 변수에 값을 할당할 때는 col[i] = color(R, G, B)형식으로 넣는다. 각 R, G, B 채널에 random() 함수를 넣어 다채로운 색이 배열 변수에 할당되도록 한다.

❸ 기존 for문 내 타원 색 명령어인 fill(255)을 fill(col[i])로 수정한다. 렌더링 실행 버튼을 클릭하면 다채로운 색이 들어간 타원들을 볼 수 있다.

theSpace

```
float[] posX = new float[50];
float[] posY = new float[50];
float[] scale = new float[50];
color[] col = new color[50];      ❶
void setup() {
  size(800, 800);
  for (int i=0; i<50; i++) {
    posX[i] = random(width);
    posY[i] = random(height);
    scale[i] = random(30, 100);
    col[i] = color( random(255), random(255), random(255));  ❷
  }
}
void draw() {
  background(0);
  for (int i=0; i<50; i++) {
    fill(col[i]);                 ❸
    noStroke();
    ellipse(posX[i], posY[i], scale[i], scale[i]);
  }
}
```

14-4 불규칙적 속도 속성배열 만들기

이번에는 행성들이 위에서 아래로 움직이면서 다양한 속도를 갖도록 만들어 보자. 예제 14-3에 불규칙 속도배열을 선언, 초기화, 배열 처리하는 과정을 추가하자.

예제 14-4. 다채로운 타원형에 불규칙적 속도 적용하기

❶ 타원의 불규칙적 속도에 대한 배열 변수를 최상단에 float[] speed = new float[50] 라고 선언한다.

❷ speed 배열변수에 랜덤값을 할당해서 speed[i] = random(2, 5) 초기화한다. speed 변수에 값을 할당할 때 최소값 2에서 최대값 5 사이의 난수값을 넣는다.

❸ 타원이 아래 방향으로 흐르기 위해 posY[i] 배열변수가 speed[i] 값만큼 증가하도록 posY[i] = posY[i] + speed[i] 코드를 추가한다. 이 구문은 반드시 for문 안에 작성되어야 한다. (그런데 위 구문을 추가하고 실행해 보면 50개의 타원이 화면 밖으로 사라지면 더 이상 새로운 타원이 상단에 나타나지 않는다.)

❹ 이런 현상을 해결하기 위해 posY[i]값이 height 값보다 더 크면 다시 posY[i]값에 0을 할당하라는 코드를 추가한다. if(posY[i] > height){ posY[i] = 0; } 그러면 상단에서 다시 타원이 나타나 안정된 반복움직임이 된다. (새로 타원이 생성되는 것이 아니라 타원의 위치가 0의 위치로 이동

한 것이다.)

theSpace

```
float[] posX = new float[50];
float[] posY = new float[50];
float[] scale = new float[50];
color[] col = new color[50];
float[] speed = new float[50];        ❶
void setup() {
  size(800, 800);
  for (int i=0; i<50; i++) {
    posX[i] = random(width);
    posY[i] = random(height);
    scale[i] = random(30, 100);
    col[i] = color( random(255), random(255), random(255));
    speed[i] = random(2, 5);          ❷
  }
}
void draw() {
  background(0);
  for (int i=0; i<50; i++) {
    fill(col[i]);
    noStroke();
    ellipse(posX[i], posY[i], scale[i], scale[i]);
    posY[i] = posY[i] + speed[i];     ❸
    if(posY[i] > height){
        posY[i] = 0;                  ❹
    }
  }
}
```

※ 위 렌더링 결과물에서 화살표는 실제 보이지 않는다.
아래 방향으로 움직이는 타원의 불규칙한 속도를 보여주기 위함이다.

CHAPTER 15

객체지향(class)과 캐릭터 창조

개요

- 객체지향이란 무엇인가
- 클래스 만들기
- 객체 생성하기
- 객체배열 만들기

속성과 기능이 포함된 캐릭터를 창조하는 개념과 고도화된 객체지향 프로그래밍이 유사하다는 것을 이해하고 객체지향 사용법을 배우자.

15-1 객체지향이란 무엇인가

인간의 역사 속에서 기존에 없던 새로운 캐릭터를 창조한다는 개념을 기반으로 형상화된 창작물이 있다면 무엇이 있을까. 대표적으로 늑대인간을 들 수 있다. 늑대인간은 인간을 공격하고 잡아먹는 존재로서 늑대와 인간이 결합 된 혼혈종이다. 인간보다 큰 덩치, 머리는 늑대의 형태를 가지고 있고, 우월한 신체적 능력, 보름달 기간에만 인간에서 늑대로 변희, 무자비한 살인 행위 등 포식자가 갖고 있는 속성과 기능을 갖추고 있다. 조형적 측면에서 늑대인간 같은 상징물은 새로운 형태 창조이다. 그리고 늑대인간이라는 캐릭터는 현대의 영화, 게임 같은 콘텐츠에서 끊임없이 재생산되고 있다.

- 늑대인간은 실존하지 않은 가상의 캐릭터이다.
- 늑대의 속성과 인간의 속성이 결합된 외형을 갖추었다.
- 흉악한 범죄를 저지른 인간에 대한 경각심을 갖도록 하기 위한 존재

▲ 그림 15-1

다시 게임으로 구체화해서 생각해 보자. 여러분들이 <반지의 제왕> 같은 고대 판타지 세계관의 RPG 게임을 한다고 생각하자. 그 게임에서 나를 대신하고 있는 캐릭터로 마법사를 선택했다면 신체적 능력은 약하지만, 사람들의 상처를 치유하고 정령에게 힘을 빌려 쓸 수 있는 능력이 강하다. 게임을 오랜 시간 진행하면 그림 15-2처럼 마법사의 레벨을 높이면서 부릴 수 있는 마법의 종류도 많아지고 공격력의 효과도 더 높아질 것이다. 그렇다고 레벨 높은 마법사가 모든 면에서 최선의 캐릭터는 아니다. 육체적 한계 때문에 일대일 대결에서는 같은 레벨의 전사에 질 수 있다.

▲ 그림 15-2

늑대인간과 마법사를 예로 든 이유는 객체지향 프로그래밍의 중요한 개념을 설명하기 위해서다.

객체지향에는 클래스(class)와 객체(instance) 두 가지 중요한 세부 개념이 있다. 우리가 인간이라고 하면 공통된 속성을 가지고 있다. 그러면서도 나, 또는 친구는 서로 다른 속성과 기능을 갖추고 있다. 객체지향 프로그래밍에서 인간이라는 대표성(공통된 인간의 속성과 기능)을 갖는 원형적 존재가 클래스이고 나, 또는 친구는 서로 다른 얼굴 모양, 성격, 행위에서 실질적 차이가 있는 개별적 존재(개인마다 다른 속성과 기능)가 객체이다. 앞 13장에서 배운 배열과 비슷해 보이지만 배열은 속성만 다양화시킬 수 있다. 객체지향은 속성과 기능까지 다양화 할 수 있어 좀 더 파워풀하다.

15-2 클래스 만들기

클래스와 객체라는 개념을 쉽게 이해하기 위해 붕어빵틀에 비유하기도 한다. 클래스가 붕어빵틀이고, 객체는 붕어빵틀로 만들어진 붕어빵을 의미한다. 따라서 class에서는 붕어빵틀을 정의해야(만들어야) 하기 때문에 붕어빵을 제작하기에 필요한 구성요소와 제작방법을 정의해놓아야 한다. 예를 들어, 가장 먼저 붕어빵이라는 클래스 이름을 정하고, 붕어빵 재료에 해당되는 밀가루변수, 팥소변수 데이터를 선언한다. 다음으로 밀가루변수, 팥소변수에 실제 붕어빵재료를 넣는 과정인 생성자 함수를 만든다. 마지막으로 붕어빵 제작과정을 순차적으로 설명해놓은 함수를 만들어야 한다. 그래서 클래스 구성은 클래스이름, 데이터, 생성자, 함수 4개로 되어 있다. 각각의 요소에 대한 설명은 아래와 같다.

class 이름	class 라는 키워드 다음에 사용자 정의의 이름을 넣음으로써 명시할 수 있다. 이름을 선언한 후 중괄호 {}로 코드블록을 감싼다. 클래스의 이름은 관례적으로 대문자로 시작한다.
데이터	클래스의 데이터는 변수들로 구성된 모음이다. 해당 사물의 속성에 해당된다고 할 수 있다.
생성자	생성자는 클래스 내부의 특별한 함수이다. 앞서 클래스 내부 변수를 설정하는 방법에 대한 내용들로 채워진 곳이다. 생성자는 클래스와 같은 이름을 갖고 있으면 new 키워드를 사용하여 호출된다.
함수	함수를 작성하여 해당 사물의 기능을 더할 수 있다.

예시로 개(dog)의 class를 만든다고 했을 때 무엇을 고려해야 하는지 살펴보기로 하자. 개의 모양은 그림 15-3과 같이 도형을 조합해서 그려질 것이다. 먼저 개의 속성과 기능에 대해서 떠올려보기 바란다. 우리가 생성할 개의 속성 중에는 색상, 위치, 크기가 다양한 개들이 존재한다. 기능으로써는 내가 원하는 범위 내에 위치해야 할 것이다. 그리고 다양한 방향으로 움직이는 기능이 있어야 한다. 아래 오른쪽 항목은 여러분이 생각한 속성과 기능을 class 형식으로 모듈화해서 의사코드(일반적인 언어로 코드를 흉내 내어 알고리즘을 써놓은 코드)로 작성해 본 것이다. 의사코드를 작성해보는 것은 막연한 코드를 구체화할 때 매우 효과적인 방법이다.

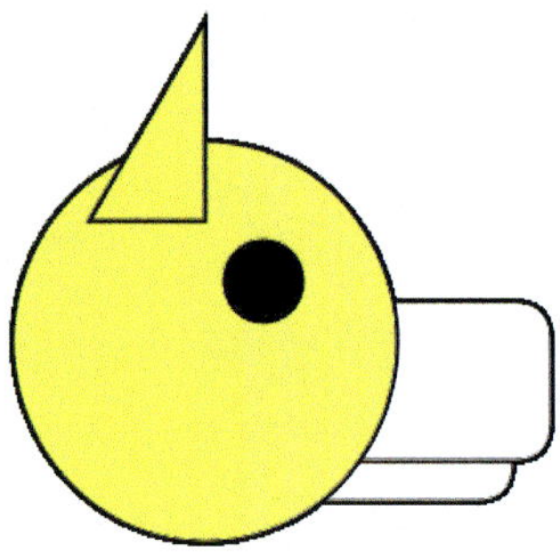

▲ 그림 15-3

개의 속성(데이터)

- 개의 색
- 개의 X 위치
- 개의 Y 위치
- 개의 크기

개의 기능(함수)

- 개의 색상과 크기를 포함한 위치 표시하기
- 개를 자유롭게 떠다니게 만들기
- 개의 아래턱을 움직이게 만들기

개의 초기화(생성자)

- 개의 색상 초기화
- 개의 위치를 초기화
- 개의 크기 초기화

위 의사코드를 실제 클래스로 만들면 아래 코드와 같다. 클래스를 정의하는 것도 지금까지 배웠던 프로세싱에서 배웠던 변수선언, setup()함수, draw()함수와 기본적인 코드작성 방식과 동일하다. 데이터에 해당하는 것이 color c ~ float scl까지 변수선언이고, 생성자 Dog() { }코드블록이 setup()함수에 해당된다. void makeDog()함수의 { } 코드블록이 draw()함수에 해당한다. 다만 약간의 형식에서 차이점만 있을 뿐이다. 따라서 복잡한 코드에 집중하지 말고 클래스를 선언하는데 기본 4개 요소가 있다 정도만 기억하길 바란다.

```
class Dog {

  color c;
  float xPos;
  float yPos;
  float scl;

  Dog( ) {
    c = color(random(255), random(255), random(255));
    xPos = random(width);
    yPos = random(height);
    scl = random(0.5, 2);
  }

  void makeDog( ) {
    pushMatrix();
    translate(xPos, yPos);
    scale(scl);
    fill(255);                      //아래턱
    rect(0, 20, 80, 20, 10);
    fill(255);                      //위 턱
    rect(0, -10, 90, 40, 10);
    fill(c);                        //머리
    ellipse(0, 0, 100, 100);
    fill(255, 250, 0);              //귀
    triangle(0, -30, 0, -80, -30, -30);
    fill(0);                        //눈
    ellipse(15, -15, 20, 20);
    popMatrix();
  }
}
```

class 이름

데이터

생성자

함수

초급자에게 class 선언하는 형식은 낯설고 어려운 편이다. 프로세싱에서 class를 사용하는 방법을 잘 배워두면 수준 높은 코드를 배우거나 다른 언어에 적응하는데 도움이 된다. 처음부터 자세히 개념을 이해하려고 하기보다 코드를 똑같이 작성해 보고 실행되는 과정을 접하면서 조금씩 익숙해지기를 바란다. class에 대한 코드는 자체적으로 { }블록을 구성하고 setup()과 draw() 외부 어디에서든 삽입되어 사용할 수 있다. Dog 클래스를 실제 선언하고 이후 객체로써 사용해 결과물로 개의 이미지를 그려보자. 먼저 프로세싱에서 스케치 이름을 composition 로 저장한다.

예제 15-1. Dog 클래스 선언하기

❶ ▼ 화살표 모양의 탭을 클릭해서 dog 탭을 만든다. (앞서 Dog 클래스 선언 방법을 설명하면서 작성되어 있던 코드를 그대로 새 탭 안에 넣을 것이다.)

❷ Dog 클래스의 주요한 속성으로 색상, 위치, 크기를 부여하기 위한 c, xPos, yPos, scl 변수를 만든다.

❸ Dog 생성자 { }안에 주요한 속성으로 지정한 색상(c), 위치(xPos, yPos), 크기(scl) 변수에 특정 설정값을 할당한다. Dog가 다채로운 색상과 다양한 위치에 배치하고 다양한 크기로 생성할 수 있도록 random() 함수를 사용하여 난수를 넣는다.

❹ Dog 클래스 안에 makeDog() 함수를 만들고 개의 머리 형상을 만들기 위한 도형함수들을 넣어라. 원하는 위치에 배치하기 위해 translate()에 xPos, yPos 위치 변수를 넣어라. 다양한 크기로 생성하기 위해 scale()에 scl 크기변수를 넣어라. 머리에 해당하는 타원 도형 색상함수에 다채로운 색상을 넣기 위해 fill()에 c 색상변수를 넣어라.

composition | dog ❶ | ▼

```
class Dog {
  color c;
  float xPos;        ❷
  float yPos;
  float scl;

  Dog( ) {
    c = color(random(255), random(255), random(255));
    xPos = random(width);                              ❸
    yPos = random(height);
    scl = random(0.5, 2);
  }
```

```
  void makeDog( ) {
    pushMatrix();
    translate(xPos, yPos);
    scale(scl);
    fill(255);                          // 아래 턱
    rect(0, 20, 80, 20, 10);
    fill(255);                          // 위 턱
    rect(0, -10, 90, 40, 10);
    fill(c);
    ellipse(0, 0, 100, 100);            // 머리
    fill(255, 250, 0);
    triangle(0, -30, 0, -80, -30, -30); // 귀
    fill(0);
    ellipse(15, -15, 20, 20);           // 눈
    popMatrix();
  }
}
```
❹

15-3 객체 만들기

Dog class를 만들었다고 바로 쓸 수 없다. Dog class는 원본에 해당한다. 실제 사용할 때는 복사본을 만들어 사용해야 한다. composition탭으로 가서 객체를 만들어 작업에 사용해 보자. 사용 방법은 변수와 매우 유사하다. 변수선언, 변수 초기화, 변수 사용의 비슷한 단계를 가지고 있다. 아래 예제를 통해 객체 활용 방법을 알아보자.

예제 15-2. Dog 객체 만들기

❶ dog 탭에서 선언한 Dog 클래스를 실제 사용하기 위해 composition 탭에서 Dog 클래스의 myDog 변수를 선언한다. 객체의 이름은 마음대로 지정해도 된다. 객체 선언을 통해 메모리에 빈방을 만드는 것이다.

❷ setup() 함수에서 객체를 초기화하는 과정이다. 앞서 메모리에 빈방을 만들어 놨으니 방 안에 구체적인 데이터를 채워 넣어야 한다. myDog = new Dog( ) 코드는 Dog 객체를 만들어 빈방에 넣겠다는 의미이다.

❸ draw() 함수에서 makeDog 함수를 호출하는 과정이다. Dog 클래스에 만들어 두었던 함수로 써 myDog.makeDog() 라고 코드를 작성해야 호출해서 실행할 수 있다. 렌더링을 실행하면 자동으로 색상, 위치, 크기가 랜덤하게 적용되어 그려질 것이다.

composition | dog

```
Dog myDog ;                       ❶ 객체선언

void setup() {
  size(600, 600);
  myDog = new Dog();              ❷ 객체초기화
}

void draw() {
  background(255);
  myDog.makeDog();                ❸ 객체에서 함수호출
}
```

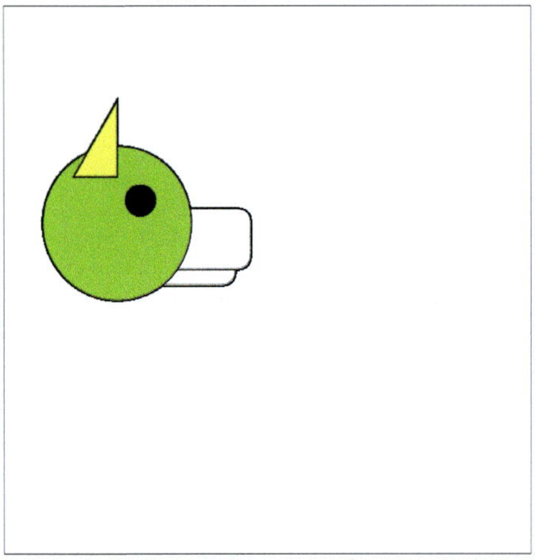

15-4 객체 배열 만들기

이번에는 Dog class를 배열의 형태로 만들어 보자. 13장에서 변수를 배열로 만들었듯이 클래스를 배열로 만들면 다수의 객체를 만들어 낼 수 있다. 13장에서 불규칙성을 보이는 속성이 배열로 만들었지만, 이번 객체 배열에서는 불규칙성이 Dog 클래스 내부에 존재하기 때문에 따로 불규칙

속성을 만들 필요가 없다. 다만 원하는 개수를 만들려면 그 수만큼 불규칙한 위치와 크기, 색등이 객체를 생성할 때마다 자동으로 랜덤값이 부여된다. 이번 예제에서 30개의 Dog 객체를 만들어 보자.

예제 15-3. Dog 객체 배열 만들기

❶ composition 탭에서 객체 배열 선언을 해야 사용할 수 있다. 변수 배열 선언 방식과 거의 같다. 배열변수의 이름은 마음대로 지정해도 된다. 객체 배열선언을 통해 메모리에 빈방을 만드는 것이다. new Dog[] 안에 30을 넣어 30개의 배열을 만들자.

❷ setup() 함수에서 객체 배열을 초기화하는 과정이다. 30개의 객체 배열을 만들기 때문에 for문을 사용해 한 번에 30개의 객체를 생성하자. myDog[i] = new Dog( ) 코드는 i번째 Dog 개체를 만들어 빈방에 넣겠다는 의미이다.

❸ draw() 함수에서 makeDog() 함수를 호출하는 과정이다. 30개의 객체 배열을 생성했기 때문에 for문을 사용해 한꺼번에 30개의 객체를 그려보자. myDog[i].makeDog( ) 라고 코드를 작성해야 Dog 클래스에서 makeDog() 함수를 호출해서 실행할 수 있다.

composition | dog

```
Dog[] myDog = new Dog[30];                ❶ 객체배열선언

void setup() {
  size(600, 600);
  background(255);
  for(int i = 0; i<30; i++){
    myDog[i] = new Dog();                 ❷ 객체배열초기화
  }
}

void draw() {
  for(int i = 0; i<30; i++){
    myDog[i].makeDog();                   ❸ 객체배열에서 함수호출
  }
}
```

CHAPTER 16

객체배열과 애니메이션

개요

- Dog 클래스에서 개가 짖는 동작의 bark( ) 함수 만들기
- Dog 클래스에서 move( ) 함수 만들기
- 움직임 잔상효과 만들기

캐릭터가 움직임이 없다면 살아있는 생명체로 느끼지 못한다. 자유롭게 떠다니는 애니메이션과 입을 움직이는 애니메이션을 추가해 살아있는 객체로 느끼게 만들자.

16-1 Dog 클래스에서 개가 짖는 동작의 bark( )함수 만들기

15장에서 마법사와 늑대인간 캐릭터를 예시로 들면서 클래스의 개념 중 속성과 기능을 가지고 있다고 설명했다. 미디어아트 작품에서 기능은 이미지가 움직이거나 사용자와 상호 작용하는 것을 말한다. 15장까지 색과 크기, 위치에 대한 속성과 기능을 갖추게 했다면 이번에는 움직이는 기능을 추가해 보자. 앞서 객체 배열로 불규칙하게 배치된 개의 머리들을 만들어 보았다. 이번에는 객체에 아래턱을 움직이는 애니메이션 기능을 넣어 개의 기능을 더 다양하게 만들 것이다. 개는 낯선 사람을 보면 경계의 표시로 짖는 행동을 보인다. 클래스에서 이 같은 기능을 함수 형태로 구현할 수 있다. 개의 짖는 동작처럼 보이기 위해 아래턱 도형이 대략 0~30도 정도 왔다 갔다 움직이면 짖는 동작처럼 보일 것이다. 앞 장에서 작성한 예제 15-3을 가져온다.

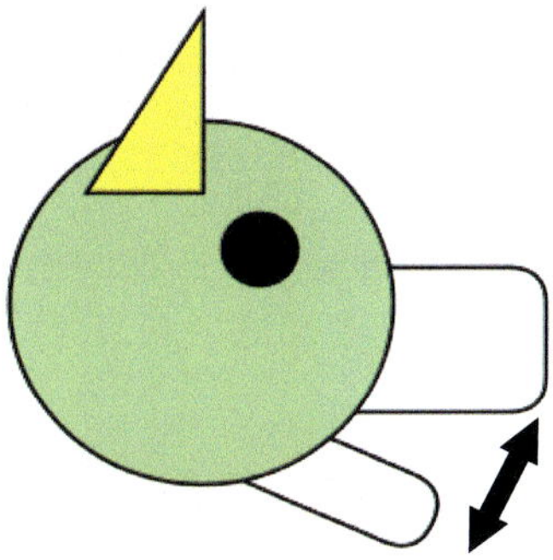

▲ 그림 16-1

예제 16-1. Dog 클래스에서 bark( ) 함수 만들기

❶ dog 클래스 탭에서 회전값으로 사용할 rot 실수형 변수를 만든다. 그리고 생성된 개마다 아래턱 움직임의 속도를 다르게 적용하기 위해 rotSpeed 실수형 변수를 또 만든다.

❷ Dog 생성자 내에서 rot , rotSpeed 변수에 0과 random(0.5, 3) 초기값을 할당한다.

❸ 아래턱 움직임이 다른 도형에 영향을 주지 않기 위해 pushMatrix( )와 popMatrix( )로 아래턱 rect() 함수와 색 함수를 모두 감싼다. 그리고 회전 함수인 rotate(radians(rot))를 도형함수 바로 위에 넣어준다.

❹ class 안에 bark() 함수를 만들고 rot 변수가 매 프레임마다 rotSpeed 값만큼 증가하는 수식을 넣는다. 그리고 0~30도 사이 회전 각도를 규정하는 if(rot 〉 30 || rot 〈 0)조건식을 넣고 0~30도를 벗어나면 운동을 반전하도록 rotSpeed = rotSpeed * −1 수식을 넣는다.

composition | dog ▼

```
class Dog {
  color c;
  float xPos;
  float yPos;
  float scl;
  float rot;                    } ❶
  float rotSpeed;

  Dog( ) {
    c = color(random(255), random(255), random(255));
    xPos = random(width);
    yPos = random(height);
    scl = random(0.5, 2);
    rot = 0;                    } ❷
    rotSpeed = random(0.5, 3);
  }

 void makeDog( ) {
    pushMatrix();
    translate(xPos, yPos);
    scale(scl);

    pushMatrix();
    rotate(radians(rot));
    fill(255);                  // 아래 턱      } ❸
    rect(0, 20, 80, 20, 10);
    popMatrix();
```

```
    fill(255);                          // 위 턱
    rect(0, -10, 90, 40, 10);
    fill(c);
    ellipse(0, 0, 100, 100);            // 머리
    fill(255, 250, 0);
    triangle(0, -30, 0, -80, -30, -30); // 귀
    fill(0);
    ellipse(15, -15, 20, 20);           // 눈
    popMatrix();
  }
void bark(){
    rot = rot + rotSpeed;
    if(rot > 30 || rot < 0){
      rotSpeed = rotSpeed * -1;
    }                                           ❹
  }
}
```

❺ composition탭/draw()함수/for문에서 Dog 클래스에서 만들어 두었던 bark() 함수를 호출하기 위해 myDog[i].bark() 코드를 삽입한다. 실행버튼을 클릭하면 각 강아지의 아래턱을 움직이는 속도가 제 각각의 속도로 애니메이션 되는 것을 확인할 것이다.

composition | dog | ▼

```
Dog[] myDog = new Dog[30];

void setup() {
  size(600, 600);
  background(255);
  for(int i = 0; i<30; i++){
    myDog[i] = new Dog();
  }
}

void draw() {
  for(int i = 0; i<30; i++){
    myDog[i].makeDog();
    myDog[i].bark();                ❺    객체배열에서 bark함수호출
  }
}
```

16-2 Dog 클래스에서 move( )함수 만들기

이제 개가 사방으로 자유롭게 움직이다가 벽에 부딪히면 반대 방향으로 바운싱되는 애니메이션을 만들어 보자. 이를 구현하기 위해 움직임의 방향과 속도라는 속성이 필요함을 느낄 것이다. 이전 8장 8-3 예제처럼 xPos, yPos 위치 변수에 스피드값을 더해서 움직임을 만들어 보자. 움직이는 방향과 속도에 해당되는 speedx, speedy 변수를 선언하고 생성자에서 랜덤값을 할당할 것이다.

예제 16-2. Dog 클래스에서 move( ) 함수 만들기

❶ dog 클래스 탭에서 방향과 속도값으로 사용할 speedx, speedy 실수형 변수를 만든다.

❷ Dog() 생성자 함수 안에서 speedx, speedy 값에 랜덤값 random(-3, 3)을 할당한다.

❸ dog 클래스 안에 move() 함수를 만들고 xPos, yPos 증가식을 추가한다. 강아지의 좌우 움직임의 범위를 규정하는 if(xPos 〉 width || xPos 〈 0) 조건식 과 speedx에 -1 값을 곱해 진행 방향을 반대로 전환시킨다. yPos 변수도 같은 조건식을 만든다.

composition | dog

```
class Dog {
  color c;
  float xPos;
  float yPos;
  float scl;
  float rot;
  float rotSpeed;
  float speedx;                                      ❶
  float speedy;
  Dog( ) {
    c = color(random(255), random(255), random(255));
    xPos = random(width);
    yPos = random(height);
    scl = random(0.5, 2);
    rot = 0;
    rotSpeed = random(0.5, 3);
    speedx = random(-3, 3);                          ❷
    speedy = random(-3, 3);
  }

 void makeDog( ) {
    pushMatrix();
    translate(xPos, yPos);
    scale(scl);
    pushMatrix();
    rotate(radians(rot));
    fill(255);                       // 아래 턱
    rect(0, 20, 80, 20, 10);
    popMatrix();
    fill(255);                       // 위 턱
    rect(0, -10, 90, 40, 10);
    fill(c);
    ellipse(0, 0, 100, 100);         // 머리
```

```
    fill(255, 250, 0);
    triangle(0, -30, 0, -80, -30, -30);  // 귀
    fill(0);
    ellipse(15, -15, 20, 20);            // 눈
    popMatrix();
  }
  void bark(){
    rot = rot + rotSpeed;
    if(rot > 30 || rot < 0){
      rotSpeed = rotSpeed * -1;
    }
  }
  void move(){
    xPos = xPos + speedx;
    yPos = yPos + speedy;
    if(xPos > width || xPos < 0){
      speedx = speedx *-1;
    }                                              ❸
    if(yPos > height || yPos < 0){
      speedy = speedy *-1;
    }
  }
}
```

❹ composition 탭/draw() 함수/for문에서 Dog 클래스에서 만들어 두었던 move() 함수를 호출하기 위해 myDog[i].move() 코드를 삽입한다.

composition	dog	▼

```
Dog[] myDog = new Dog[30];

void setup() {
  size(600, 600);
  background(255);
  for(int i = 0; i<30; i++){
    myDog[i] = new Dog();
  }
}

void draw() {
  for(int i = 0; i<30; i++){
    myDog[i].makeDog();
    myDog[i].bark();
    myDog[i].move();        ❹    객체배열에서 move함수호출
  }
}
```

16-3 움직임 잔상효과 만들기

이번에는 배경색은 어둡게 표현하고 공간 속에서 캐릭터들의 움직임을 좀 더 강조하기 위해 그림 16-2 같이 잔상효과를 만들어 볼 것이다. 현실에서는 우리 눈으로 잔상효과를 볼 수 없지만 영상이나 스틸사진에서 피사체가 카메라 촬영속도보다 더 빨리 움직일 때 모션블러 현상이 생긴다. 이 같은 영상효과는 영화에서 초인적인 인간의 움직임을 표현하거나 또 다른 차원의 공간임을 보여주려 할 때 사용된다.

▲ 그림 16-2

프로세싱에서 잔상효과를 만드는 것은 다양한 방법이 존재하지만 가장 쉬운 방법으로 잔상효과를 만들어 보자. 프로세싱에서 반 투명도가 있는 검정색 셀로판지 역할을 하는 사각 도형을 바탕색으로 놓아두면 자동으로 잔상효과가 발생한다.

예제 16-3. 움직임 잔상효과 만들기

❶ draw() 함수 상단에 색상명령어인 fill(0, 20) 함수에서 첫 번째 색상 매개변수에 0과 두 번째 투명도 매개변수에서 20을 넣는다. 그리고 화면을 모두 채우는 검정색 사각형 rect(0, 0, width, height) 함수를 만든다. 그러면 검정색 바탕이지만 실상 반투명 효과를 만들어 낸다. 실행 버튼을 클릭해 렌더링해 보면 개가 움직일 때 잔상효과가 발생하는 것을 확인할 수 있다.

composition | dog

```
Dog[] myDog = new Dog[30];

void setup() {
  size(600, 600);
  background(255);
  for(int i = 0; i<30; i++){
    myDog[i] = new Dog();
  }
}

void draw() {
  fill(0, 20);                    ❶ 투명도를 넣은 사각도형
  rect(0, 0, width, height);
  for(int i = 0; i<30; i++){
    myDog[i].makeDog();
    myDog[i].bark();
    myDog[i].move();
  }
}
```

Lesson

04

이미지 미디어 아트

Media Art Learning by Coding

CHAPTER 17

PImage와 사진이미지

개요

- 조형요소로써 사진이미지
- PImage클래스로 이미지 불러오기
- 이미지 색상변경
- 이미지 필터효과

조형요소로써 사진이미지를 이해하고 프로세싱에서 사진이미지를 가져올 수 있는 Pimage 클래스의 개념과 사용법을 배운다.

17-1 조형요소로써 사진이미지

우리는 사진이미지가 과거의 추억을 기록하는 이미지 정도로만 생각한다. 그러나 사진이 역사 속에서 걸어온 발자취는 현대미술과 영상분야에서 무시할 수 없는 큰 영향을 미쳤다. 과거의 예술작품은 종이와 연필, 캔버스와 물감이었지만 카메라가 발명되고 난 이후 사진, 신문지, 광고전단지 등 인쇄물을 캔버스에 부착하려는 시도가 이루어지면서 예술작품의 재료로 사용되기 시작했다. 인쇄물부착은 꼴라쥬로 발전하여 미래주의(futurism)을 일으키고, 다다이즘의 레디메이드(Reday-made), 포토몽타쥬(photomontage)등 새로운 기법을 낳게 했고, 20세기 중반 들어 팝아트, 정크아트 등과 같은 3차원 꼴라쥬로 발전하였다.

이처럼 사진이미지가 작가의 심리적 주관에 의해 일상 기록물의 의미를 넘어서 예술작품으로 전환된 것이다. 작가의 의도가 들어간 함축적 의미로 상징화된 형태라고 볼 수 있다. 이것을 '오브제'라고 하는데, 조형적 관점에서 사진이미지는 손으로 그린 유화, 수채화와는 다른 사실성, 현존감 같은 시각적 차별성을 주기 때문에 역설과 대비의 효과를 불러온다. 그림 17-1은 독일의 포토몽타쥬의 창시자로 불리우는 한나 회흐의 <Cut with the_kitchen_knife Through the last Weimar Beer-Belly Cultural Epoch in Germany, 1919> 포토몽타쥬 작품이다. 사진들을 작가의 주관적 의미가 더해져 급진적이고 비전통적인 방법으로 아방가르드적 세계관을 표출한 작품이다.

- 사진이미지는 작가의 주관적 의도가 가미된 상징물
- 사진이미지는 유화, 수채화와는 다른 사실성, 현존감을 느끼게 만들다.
- 시각적으로 공간왜곡과 대비의 효과를 준다.

▲ 그림 17-1

꼴라쥬(사진부착)이라는 기법은 카메라가 생산하고 물성을 갖는 예술작품으로써 새로운 시도이지만 컴퓨터로 제작되는 현시대에서는 일반화된 표현기법이 되었다. 최근 들어 디지털사진이미지를 이용해 변형과 필터효과로 새로운 이미지로 탈바꿈시키는 기술이 발달했고 영상과 사진이미지를 합성한 미디어아트 작품을 자주 접할 수 있어 사진이미지를 이용한다고 해서 과거처럼 아이러니컬한 반응은 기대하기 힘들다. 그러나 사진이미지를 이용할 경우 다양한 매체의 차이점을 통해 미적 감각을 키울 수 있고 사실적 묘사가 부족한 이들에게 실물매체를 이용하여 아트웍에 대한 흥미와 자신감을 가지게 만들 수 있다.

프로세싱에서도 제공되는 기본도형 외에 외부에서 만든 디지털 사진이미지, 디지털 페인팅이미지도 불러들여서 사용할 수 있다. 디지털 사진이미지, 디지털 페인팅이미지는 숫자로 이루어진 디지털데이터이다. 이미지를 확대해서 보면 사각형 픽셀이 보이고 각 픽셀은 0~255단계의 R, G, B 3개 채널의 숫자가 조합하여 픽셀의 색을 정한다. 프로세싱의 기본도형도 생성 방법이 다를 뿐 최종 렌더링 결과물은 픽셀로 구현되기 때문에 디지털 데이터이다. 따라서 도형처럼 생성, 위치,

크기, 색 지정, 배열, 효과 등을 적용할 수 있다. 프로세싱으로 불러올 수 있는 이미지 파일유형은 아래와 같다.

gif	그래픽 이미지를 압축하여 빠르게 전송하기 위해 개발된 포맷. 256색상밖에 지원하지 않음. 여러 장의 이미지를 하나의 파일에 담을 수 있음.
jpg	웹상에서 사진을 보관하고 전송하는데 가장 널리 사용되는 파일 형식임. 압축 과정에서 이미지의 손실이 발생함. 사실적 사진은 괜찮은 편이지만 단색이나 윤곽선이 뚜렷한 그래픽은 깨지는 현상이 발생.
tga	최대 32비트 트루컬러까지 저장할 수 있으면 무손실 압축을 지원한다. 이미지 퀄러티가 좋아 게임이나 영상분야에서 그래픽소스나 원본으로 저장할 때 사용함.
png	32비트 트루컬러와 무손실 압축을 지원함. 알파채널을 포함하고 있어 배경이 제거된 이미지를 불러올 때 많이 사용함. gif나 jpg보다는 용량이 큰 편임.

17-2 PImage 클래스로 이미지 불러오기

여러분들은 15장에서 직접 클래스를 만들어 보았다. 사실 사용자가 정의하는 클래스가 있고 미리 정의된 클래스가 프로세싱 내에 다수 존재한다. 그중 하나가 PImage라는 클래스인데 PImage가 외부 사진이미지를 불러오고 구현하는 클래스다. 이번 장에서 PImage 객체를 만들고 이미지를 불러와서 렌더링하는 방법을 배울 것이다. 그런데 이미지를 불러올 때는 임시로 이미지를 저장할 data라는 폴더를 만들어 놓아야 한다. 그리고 외부이미지를 data폴더에 넣고 프로세싱에서 불러와야 렌더링 할 수 있다. 아래 예제에서 이미지 불러오는 방법을 알아보자.

예제 17-1. PImage 객체로 이미지 불러오기

❶ 프로세싱 메뉴/파일/저장 선택해서 스케치 이름을 photo로 저장한다.

❷ 프로세싱 메뉴/스케치/스케치 폴더 열기 선택한다. 그러면 photo 폴더가 열린다.

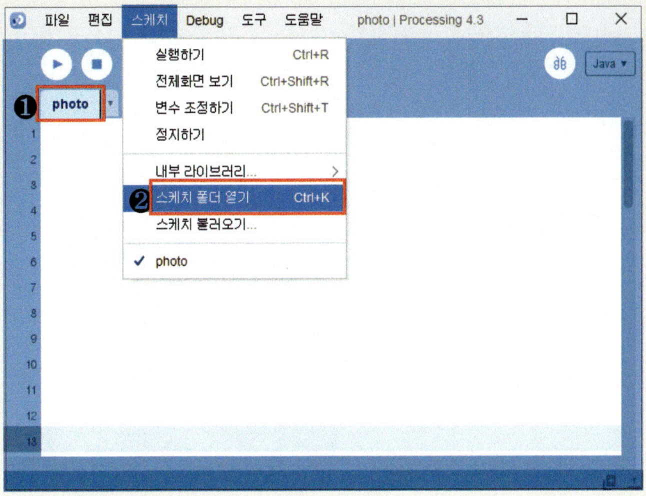

❸ photo 폴더 안에서 data라는 폴더를 만들기 위해 마우스 오른 버튼을 클릭하고 새 폴더를 선택한다. 그리고 폴더 이름은 data로 지정한다.

❹ 저자가 제공한 교재 데이터폴더/17장/ Earth.png 파일을 data 폴더에 복사/붙여넣기 한다. 사진이미지는 여러분이 원하는 다른 이미지를 사용해도 된다.

❺ 다시 프로세싱으로 돌아온다. 코드 입력창 최상단 PImage 클래스의 변수를 만들기 위해 PImage img 선언함으로써 메모리 공간을 마련한다.

❻ setup() 함수에서 img 객체에 loadImage("Earth.png") 함수를 통해 사진이미지를 할당한다. 매개변수 형식은 loadImage(파일이름 . 이미지유형)이다.

❼ draw() 함수 안에서 image() 함수를 사용하여 사진이미지를 그려준다. (사진이미지의 중심점은 왼쪽상단 꼭지점이기 때문에 프로세싱 좌표축과 일치시키기 위해 x축 위치: 0, y축 위치: 0을 넣은 것이다.)

image( ) 함수	image(이미지 변수이름, x축 위치, y축 위치, 가로 크기, 세로 크기)

point

```
PImage img;                              ❺

void setup() {
  size(600, 600);
  img = loadImage("Earth.png");          ❻
}

void draw() {
  background(255);
  image(img, 0, 0, 600, 600);            ❼
}
```

17-3 이미지 색상변경

도형함수를 이용한 예제에서 도형색을 지정하는 것은 fill() 명령어였고 소괄호 ( )안에 매개변수를 통해 색과 투명도를 지정할 수 있었다. PImage 클래스에서는 이 같은 역할을 하는 것이 tint() 함수다. 다만 fill() 함수와의 차이점은 사진이미지는 원본에 다양한 색이 들어가 있기 때문에 새로운 색을 넣는다는 개념이 아니라 기존 사진이미지 색조를 변경하는 개념이 크다. tint() 함수의 매개변수 구성은 다음과 같다.

tint(gray)	0~255, 0에 가까울수록 검정색, 255에 가까울수록 원본색
tint(gray, alpha)	첫 번째 매개변수 명도조절, 두 번째 매개변수는 투명도
tint(R, G, B)	RGB 채널의 숫자를 이용해 색상선택
tint(R, G, B, alpha)	RGB 채널, 네 번째 매개변수는 투명도
tint(color)	RGB값을 16진수로 변환해 컬러를 표현하는 형식

위 표를 참고해 tint() 명령을 이용해 예제 17-1을 가져와 사진이미지 색조를 바꿔보자.

예제 17-2. 이미지 색상변경하기

❶ draw() 함수 안 사진이미지를 그리는 image() 함수 바로 위에 tint(100) 코드를 추가한다. (매개변수를 100으로 지정하면 원본을 어두운 검정색조로 바꾸게 된다. tint() 함수의 매개변수를 (R, G, B) 형식으로 넣어서 색조를 다양하게 만들어 보라.)

point

```
PImage img;

void setup() {
  size(600, 600);
  img = loadImage("Earth.png");
}

void draw() {
  background(255);
  tint(100);                      ❶
  image(img, 0, 0, 600, 600);
}
```

tint(255, 100)

tint(255, 255, 0)

tint(255, 0, 255, 100)

17-4 이미지 필터효과

PImage 클래스에서는 포토샵처럼 이미지 필터효과를 넣을 수 있다. 필터라는 것은 카메라 렌즈 필터로써 빛이 들어오는 경로에 삽입되어 필름에 들어오는 빛의 성질을 변화시켜 칼라사진을 흑백사진으로, 사물의 윤곽선을 부드럽고 흐릿하게, 색상을 반전시켜 독특한 인상을 일으키는 효과들을 만들어 낼 수 있다. 이 같은 카메라렌즈의 아날로그적 효과를 디지털에서 비슷하게 구현한 것이 filter() 함수이다. ( )소괄호 안에 THRESHOLD, GRAY, OPAQUE, INVERT, POSTERIZE, BLUR, ERODE, DILATE 중 하나를 키워드로 넣으면 해당 이미지 필터효과가 나타난다.

THRESHOLD	이미지를 흑백 픽셀로 변환한다. 매개변수로 정의된 임계값보다 높거나 낮은지에 따라 흑백이미지의 음영영역을 기준으로 변환된다.
GRAY	이미지의 모든 색상을 해당 회색조 색상으로 변환한다. 매개변수는 사용되지 않는다.
OPAQUE	알파 채널을 완전히 불투명하게 설정한다. 매개변수가 사용되지 않는다.
INVERT	각 픽셀을 반대 값으로 설정한다. 매개변수는 사용되지 않는다.
POSTERIZE	이미지의 각 채널을 매개변수로 지정된 색상 수로 제한한다. 매개변수는 2~255사이의 값으로 설정할 수 있다.
BLUR	흐림효과(블러링)정도를 매개변수로 사용하여 가우시안 블러를 실행한다. 값이 클수록 흐림효과가 증가한다.
ERODE	밝은 영역을 줄인다. 매개변수가 사용되지 않는다.
DILATE	밝은 영역을 증가시킨다. 매개변수가 사용되지 않는다.

예제 17-3. 이미지 필터효과

❶ draw() 함수 안에 사진이미지를 그리는 image()함수 바로 아래에 filter(THRESHOLD, 0.8); 코드를 추가한다. 매개변수를 0.8로 지정하면 원본을 black&white 이미지로 바꾸게 된다. (filter() 함수의 매개변수를 다른 키워드로 교체해 넣어서 필터효과를 다양하게 만들어 보라.)

point

```
PImage img;

void setup() {
  size(600, 600);
  img = loadImage("Earth.png");
}

void draw() {
  background(255);
  tint(100);
  image(img, 0, 0, 600, 600);
  filter(THRESHOLD, 0.8);          ❶
}
```

filter(GRAY)

filter(BLUR, 5)

filter(POSTERIZE, 3)

Media Art Learning by Coding

CHAPTER 18

PImage와 애니메이션

개요

- 사진이미지를 애니메이션 시키기
- get()로 점묘화 만들기
- 타일링 배치로 팝아트 만들기
- PImage배열과 애니메이션 만들기

사진이미지를 이용한 다양한 미디어아트 스타일과 애니메이션을 구현하기 위한 PImage 클래스의 내장함수 활용법을 알아보자.

18-1 사진이미지를 애니메이션 시키기

사진이미지를 움직이게 만드는 것은 도형을 움직이는 방법과 같다. 사진이미지 렌더링함수인 image(이미지 변수이름, x축 위치, y축 위치, 가로 크기, 세로 크기)의 매개변수에 숫자대신 변수를 넣어 애니메이션을 만들 수 있다. 바로 애니메이션 작업을 시작하기 전에 이미지편집을 먼저 배워보자. 사진이미지를 불러오기 전 주제가 되는 사물을 제외한 배경은 삭제하는 게 좋다. 일반적으로 미디어아트 작품은 도형을 사용하는 것처럼 사진 속 인물/사물만 오려서 사용하는 경우가 많다. 그래서 포토샵같은 이미지 편집 툴에서 여러분이 원하지 않는 불필요한 부분을 삭제하고 저장해야 한다. 불필요한 영역을 투명하게 빼고 저장할 때는 png이미지유형으로 저장하는 것을 추천한다.

포토샵같은 전문툴이 있다면 좋겠지만 유료이기 때문에 나는 이미지 편집 툴로써 포토피아를 추천한다. 포토피아는 HTML과 JavaScript기반으로 만들어졌으며 포토샵의 UI를 벤치마킹해서 비슷하게 만든 웹 그래픽 에디터이다. 포토샵에 익숙한 사용자라면 선행학습 없이 바로 사용가능할 정도로 인터페이스가 유사하다. 유료인 포토샵을 사용할 수 없는 독자들을 위해 무료로 사용할 수 있는 포토피아는 이미지 편집도구로써 좋은 대안이다. 그럼 포토피아에서 배경을 삭제하는 방법을 알아보자.

크롬 웹브라우저에서 https://www.photopea.com 주소 창에 넣어 포토피아 사이트로 들어간다.

예제 18-1. 이미지 배경 삭제하기

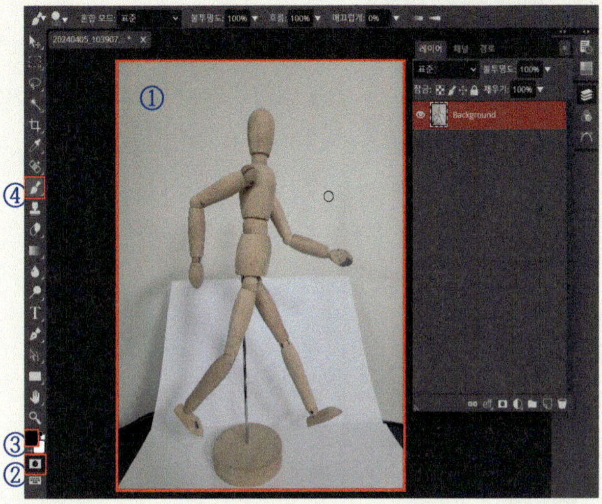

❶ 저자가 제공한 교재 데이터 /18장/puppet.jpg 파일을 포토피아로 던져 넣어라.

❷ 포토피아 화면의 왼쪽 도구모음 맨 하단에 Quick mask mode를 클릭한다.

❸ Quick mask mode 아이콘 바로 위 foreground Color를 검정색으로 지정한다.

❹ brush 툴을 선택한다.

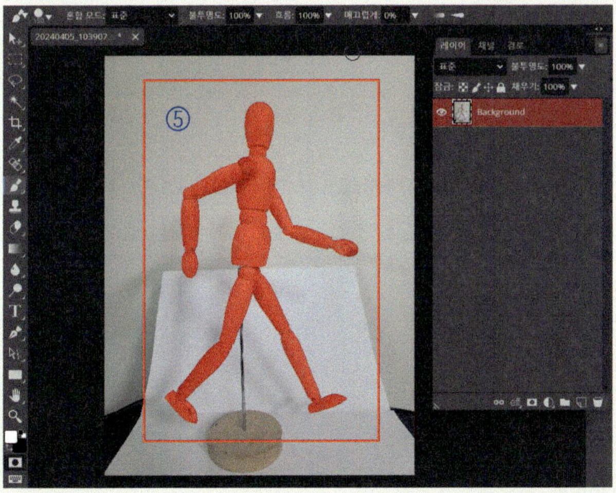

❺ brush 툴을 사용해 아래 그림처럼 나무인형만 칠하라. 그러면 칠한 부분은 빨간색으로 채워질 것이다. (추후 빨간색으로 칠해지는 영역은 선택 해제되는 영역이다.)

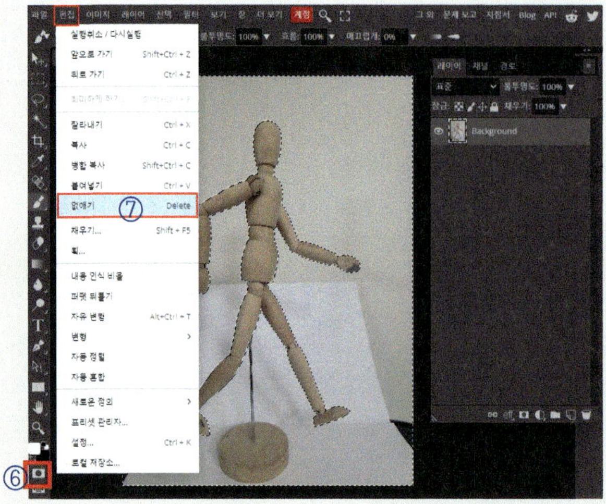

❻ Quick mask mode를 다시 클릭해서 마스크모드를 해제한다. 그럼 배경만 선택된다.

❼ 편집 / 없애기 선택한다. 그럼 배경이 삭제된다.

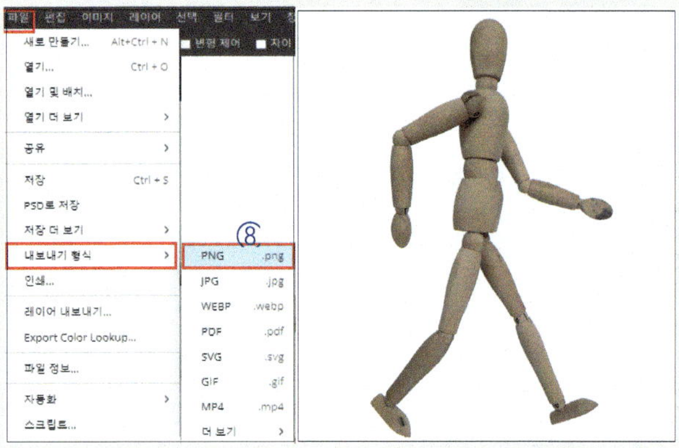

❽ 파일/내보내기형식/PNG 선택한다. 그럼 여러분 컴퓨터의 다운로드 폴더에 puppet.png 로 저장된다.

이미지를 png 유형으로 이미지를 저장하면 프로세싱 내에서 배경이 투명하게 빠져 나무인형만 남기 때문에 배경과의 합성작업에 용이하다. 이제 사진이미지가 준비되었으니 애니메이션을 만들어 보자. 애니메이션은 예제 8-2 도형 반복운동과 동일한 움직임으로 나무인형이 x축 방향으로 무한 좌우 반복하는 움직임이다. 이때 기존 예제들과 다른 점은 나무인형 이미지는 인체를 닮은 형태를 갖고 있어 정면방향을 갖고 있다. 따라서 움직이는 방향과 나무인형의 정면이 같은 방향을 향해야 한다. 이를 위해 나무인형이 화면의 끝에 도달해서 다시 되돌아 갈 때 이미지를 좌우 반전시켜 움직임 방향과 일치시킬 것이다. 이를 위해 scale(x, y) 함수를 사용할 것이다. 스케일 함수의 매개변수 중 첫 번째 x축 매개변수 값을 1 -> -1로 만들어 주면 화면이 반전된다. 따라서 움직임이 반전되는 순간 스케일 x축 값도 반전시키면 된다. 본격적으로 이미지 좌우반복 애니메이션 예제를 만들어 보자.

예제 18-2. 이미지 좌우 반복 애니메이션 만들기

❶ 예제 18-1에서 만든 puppet.png 파일을 프로세싱 안으로 불러오기 위해 PImage 자료형 puppet 변수를 만든다. 그리고 움직임에 사용할 posX, speed 변수와 이미지를 좌우반전으로 뒤집을 때 사용할 scl 변수를 만든다.

❷ loadImage("puppet.png") 함수로 이미지를 불러오고 puppet 변수에 할당한다.

❸ posX 변수가 speed 값만큼 증가할 수 있도록 posX = posX + speed 증가수식을 작성한다.

❹ 이미지가 화면의 좌우 끝부분 도달하면 되돌아오기 위해 조건식을 넣는다. 그리고 실행명령어로써 speed, scl 변수가 1과 –1로 전환되도록 두 변수에 –1씩 곱해준다.

❺ scale(scl, 1) 함수의 첫 번째 매개변수에 scl 변수를 넣는다. 실행버튼을 클릭하면 나무인형이 오른쪽으로 움직이다 화면의 끝에 도달하면 반대 방향으로 회전하는 움직임을 보일 것이다. (imageMode(CENTER) 코드는 이미지의 중심축을 사진이미지의 가운데 중심으로 바꾸게 해준다)

puppet

```
PImage puppet;                              ❶
float posX;
float speed = 1;
float scl = 1;
void setup( ){
  size(800, 800);
  puppet = loadImage("puppet.png");         ❷
}
void draw( ){
  background(255);
  posX = posX + speed;                      ❸
  if(posX > width || posX < 0){             ❹
    speed = speed * -1;
    scl = scl * -1;
  }
  translate(posX, 300);                     ❺
  scale(scl, 1);
  imageMode(CENTER);
  image(puppet, 0, 0, 400, 400);
}
```

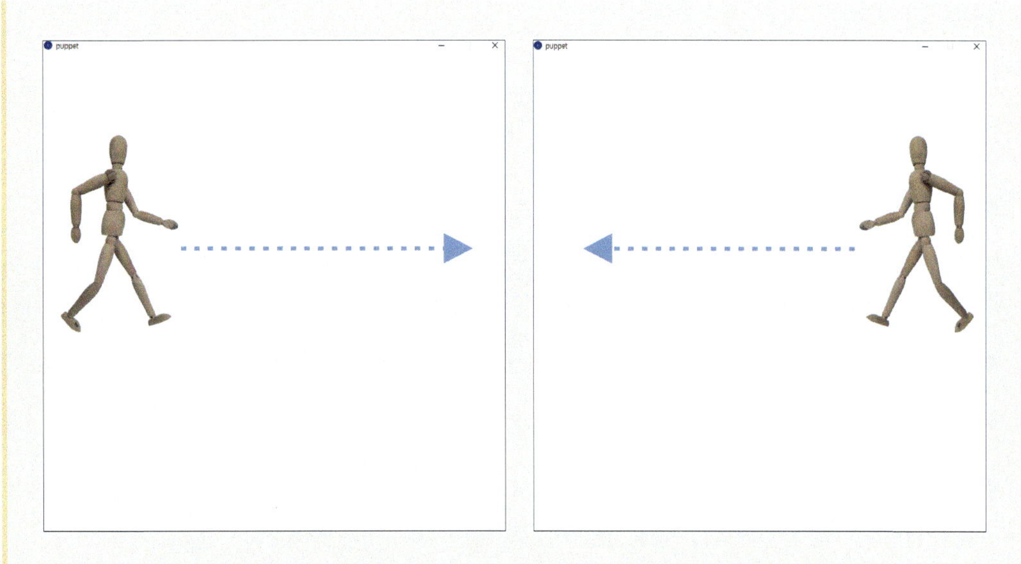

18-2 get( )함수로 점묘화 만들기

프로세싱에서 렌더링을 한 사진이미지는 기본적으로 픽셀(pixel)로 구현된다. 그리고 프로세싱은 픽셀을 활용한 이미지편집에 최적화되어있다. 프로세싱 내장함수 중에는 모든 색상을 가져오거나 이미지의 일부를 가져오는 함수가 있는데 그것을 get(x, y) 함수라고 한다. ( )안의 매개변수를 사용하여 지정된 x, y 위치의 픽셀 색상값을 가져올 수 있다. 아래 예제에서 사진이미지 한 장을 가져온 후 get()함수로 특정 좌표를 지정하고 해당 픽셀 색상을 타원도형으로 만들어 보자. 먼저 프로세싱에서 spot이름으로 스케치를 저장한다. 그리고 spot스케치폴더 안에 data폴더를 만들고 교재 데이터/18장/flower.jpg 파일을 그 안에 넣어라.

get( ) 함수	get(x축 위치, y축 위치) x, y 위치에 있는 픽셀의 색상값을 반환함.

예제 18-3. get( ) 함수를 이용해 타원형 색상지정하기

❶ PImage 클래스의 img 변수를 선언한다.

❷ size(700, 500)로 지정한다. (이유는 사진이미지와 렌더링 화면비율을 동일하게 만들려는 것이다.)

❸ setup() 함수에서 교재 데이터/18장/flower.jpg 파일을 img 변수에 loadImage() 함수를 이용해서 할당한다.

❹ flower 사진을 먼저 그릴 수 있는 image() 함수를 작성한다.

❺ color 타입의 c 변수를 만든다. x축: 350, y축: 250 위치의 픽셀의 색상을 가져오기 위해 img.get(350, 250) 코드를 작성하고 c 변수에 할당한다.

❻ 타원의 색을 지정하기 위한 fill() 함수에 매개변수 값으로 c변수를 넣는다. 렌더링해보면 꽃 사진의 중심부에 x축: 350, y축: 250 픽셀칼라가 채워진 타원이 그려질 것이다.

spot

```
PImage img;                                ❶

void setup(){
  size(700, 500);                          ❷
  background(255);
  img = loadImage("flower.jpg");           ❸
}
void draw(){
  image(img, 0, 0, 700, 500);              ❹

  color c = img.get(350, 250);             ❺

  fill(c);                                 ❻
  ellipse(350, 250, 100, 100);
}
```

본격적으로 get() 함수를 사진과 함께 활용해 점묘화 작품을 만들어 보자. 점묘화는 신인상파 조르즈 쇠라(Georges Seurat)가 개발한 독특한 화법이다. 점을 찍어서 점의 군집으로 형태를, 색의 군집으로 명암을 표현하는 기법으로써 색과 광학효과, 지각에 대한 예술가들의 과학적 이해가 만들어 낸 기법이다. 그림 18-1은 쇠라의 <그랑드자트섬의 센강>로써 점묘화의 대표적 작품이다. 점묘화기법의 특징은 조형요소 점의 군집이라는 점이다. 바로 인간이 자연스럽게 인식하는 시각인식체계를 그대로 흉내 내어 형태와 빛 그리고 색을 표현했다. 쇠라의 점묘화가 사진이미지처럼 사실적이지 않지만 접근방식은 매우 과학적이었다.

▲ 그림 18-1

프로세싱에는 앞서 사용해 본 get() 함수에서 원본 사진의 픽셀 색상을 가져오고, 색상정보를 자동으로 화면에 찍을 것이다. 여러분이 일일이 색 점을 찍지 않고 프로세싱이 자동으로 찍어주기 때문에 편하고 우연적인 효과도 발생한다. 예제 18-3을 가져와 랜덤(random) 함수를 추가해보자.

예제 18-4. get( )함수와 random( )함수로 점묘화 만들기

❶ 무작위한 위치를 지정하기 위해 int 정수형 변수 x, y를 선언한다.

❷ 랜덤(random) 함수를 통해 생성된 난수를 x, y 변수에 할당한다. 랜덤(random) 함수는 기본적으로 float 실수형 숫자를 반환하기 때문에 int(random(width))로 감싸 실수를 정수로 바꾸어야 한다. (random() 함수 매개변수로 숫자 대신 width, height 같은 내장변수를 넣을 수 있다.)

❸ 예제 18-3에서 원본사진을 보여주기 위한 image() 함수를 주석처리(//)해서 최종 렌더링에서 보이지 않게 한다.

❹ noStroke() 함수로 점의 윤곽선을 사라지게 만든다. (윤곽선이 있으면 점과 점사이의 색상 혼합을 방해한다.)

❺ 점을 찍기 위해 ellipse(x, y, 10, 10) 타원함수의 첫 번째와 두 번째 매개변수에 랜덤값이 들어있는 x, y 변수를 넣는다. 타원의 크기는 10픽셀로 작게 만든다. 마지막으로 실행버튼을 클릭한다. 무작위로 점이 찍히면서 몇 분의 시간이 흐른 뒤 점묘화가 완성될 것이다.

spot

```
PImage img;
int x;          } ❶
int y;

void setup(){
  size(700, 500);
  background(255);
  img = loadImage("flower.jpg");
}
void draw(){

  x = int(random(width));      } ❷
  y = int(random(height));
  //image(img, 0, 0, 700, 500);    ❸
  color c = img.get(x, y);

  fill(c);
  noStroke( );                   ❹
  ellipse(x, y, 10, 10);         ❺
}
```

18-3 타일링 배치로 팝아트 만들기

사진이미지를 활용해서 그림 18-2처럼 인물을 통일성 있게 배치한 작품을 만들어보자. 마릴린 먼로의 얼굴을 실크스크린으로 제작한 작품으로 팝아트의 거장 앤디워홀의 작품이다. 앤디워홀의 작품처럼 동일한 이미지를 그리드에 맞추어 배치하게 되면 질서 정연한 통일성을 강하게 느낄 수 있다. 현대사회의 기계적 생산으로 인간성이 상실되는 현상과 대중매체를 통해 알려진 유명 연예인조차 하나의 상품으로써 대중들에게 기성복처럼 소비되고 있음을 보여주려 한 작품이다.

▲ 그림 18-2

동일한 사진이미지를 3x3형식으로 반복 배치하는 타일링 패턴 이미지를 만들어 볼 것이다. 예제 11-3 반복문으로 칼라패턴 만들기를 참고하면 도움이 될 것이다. 이중 for문으로 사진이미지를 배치하고 사진이미지의 색조를 변경할 수 있는 tint() 함수에 랜덤 색상이 자동으로 들어가게 만들 것이다. 팝아트스타일 작품을 제작하기 때문에 스타일리쉬한 여성얼굴 사진을 이용해 보자. 스케치는 warhola라는 이름으로 저장하고 그 안에 data폴더를 만든다. 교재 데이터/18장/woman.jpg 이미지를 data 폴더에 넣어라.

예제 18-5. 타일링 배치로 팝아트 이미지 만들기

❶ PImage 클래스의 woman 변수를 선언한다.

❷ color 데이터 타입의 배열변수 c를 선언하고 new 키워드를 붙여 9개의 배열변수를 만든다.

❸ loadImage() 함수를 이용해 교재 데이터/18장/woman.jpg 이미지를 불러와 woman 변수에 넣는다.

❹ setup() 함수 안에서 랜덤한 색상 9개를 생성하기 위해 for문을 이용한다. 그리고 for문 안에서 color(random(255), random(255), random(255)) 함수를 활용해 다양한 색상을 생성한다.

❺ draw() 함수 안에서 이중 for문을 이용해 격자그리드 배치를 만든다. tint(c[x + y * 3]) 함수를 이용해 각 x행과 y열마다 앞서 9개의 랜덤한 색상배열을 넣을 것이다. 이때 0~8까지의 9개의 색상배열이 순차적으로 들어가야 하기 때문에 아래 그림처럼 2차원 배치를 1차원으로 배치해야 한다. 수식으로 변환하면 x + y * 3 수식으로 바꿀 수 있다.

a	b	c	d
e	f	g	h
i	j	k	l
m	n	o	p

→

a	b	c	d	e	f	g	h	i	j	k	l	m	n	o	p

❻ 최종적으로 이중 for문 안에서 image() 함수를 사용해 사진이미지를 그리고 위치 매개변수인 두 번째와 세 번째 값에 200픽셀을 곱한다. 이렇게 하면 가로, 세로 200픽셀마다 사진이미지가 그려지게 된다. 그리고 사진이미지의 크기는 가로, 세로 200픽셀로 지정한다.

warhola

```
PImage woman;                                  ❶
color[] c = new color[9];                      ❷

void setup( ){
  size(600, 600);
  woman = loadImage("woman.jpg");              ❸
  for(int i=0; i < 9; i++){
    c[i] = color(random(255), random(255), random(255)); ❹
  }
}
void draw( ){
  for(int x=0; x < 3; x++){
    for(int y=0; y < 3; y++){
      tint(c[x + y * 3]);                      ❺
      image(woman, x*200, y*200, 200, 200);    ❻
    }
  }
}
```

18-4 PImage 배열로 애니메이션 만들기

영화는 1초에 24장의 정지 이미지(still image)를 빠르게 스크린에 등장했다가 사라진다. 우리 눈은 이 같은 순간적인 변화를 감지하지 못하기 때문에 동영상으로 인식하게 된다. 프로세싱에서도 비슷하게 정지 이미지를 동영상으로 만들 수 있다. PImage를 배열로 만들고 각 배열에 연속 이미지(sequence image)를 할당하고 렌더링 화면에서 순간 빠르게 이미지 배열을 교체하는 작업을 진행하면 비슷한 효과를 만들어 낼 수 있다. 저자가 제공한 아래 이미지를 이용해 간단히 나무인형이 걷는 애니메이션을 만들어 보자.

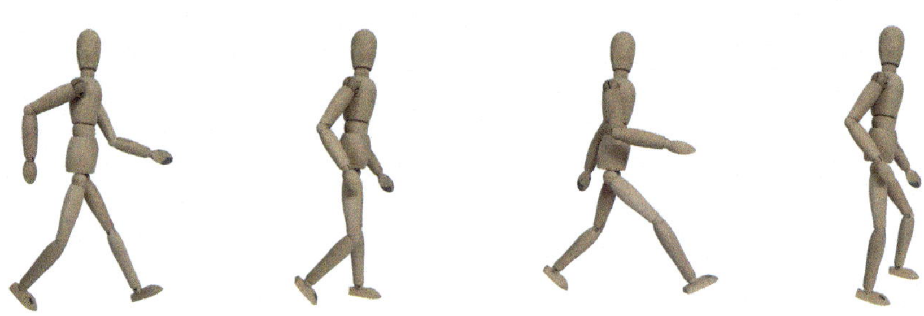

puppet0.png　puppet1.png　puppet2.png　puppet3.png

▲ 그림 18-3

위 이미지를 사용해도 좋지만 여러분들도 자신(또는 친구)을 피사체로 두고 위 사진이미지처럼 동작마다 스틸사진을 촬영 후 시퀀스 이미지를 만들어 보길 바란다. 피사체를 제외한 배경을 지우는 방법은 예제 18-1을 참고하길 바란다. 먼저 프로세싱에서 puppet 이름으로 스케치를 저장한다. 그리고 폴더 안에 data 폴더를 만든다. 교재 데이터/18장/ puppet0.png ~ puppet3.png 이미지를 복사해 puppet/data 폴더에 넣어라.

예제 18-6. 나무인형 시퀀스 이미지로 애니메이션 만들기

❶ PImage[] 클래스의 puppet 변수를 선언하고 new PImage[4]를 puppet에게 할당함으로써 4개의 배열변수를 만든다.

❷ 정수형 타입의 index변수를 만든다. draw() 함수 안에서 1씩 증가하는 계수기 용도로 사용하기 위함이다.

❸ PImage[0] ~ PImage[3] 배열까지 순차적으로 puppet0.png ~ puppet3.png 이미지를 넣기 위해 for문을 이용한다. i변수가 4를 넘지 않도록 조건식을 만든다.

❹ draw() 함수 안에서 index 함수가 1씩 증가하도록 index++ 수식을 쓴다.

❺ if , else if 조건문을 만들고 index 변수가 0~3을 무한 반복하는 조건식을 만든다.

puppet

```
PImage[] puppet = new PImage[4];              ❶
float posX;
float speed = 10;
float s = 1;
int index = 0;                                ❷

void setup() {
  size(800, 800);
  for (int i=0; i<4; i++) {
    puppet[i] = loadImage("puppet"+ i +".png");    } ❸
  }
  frameRate(10);          ❻
}

void draw() {
  background(255);
  posX = posX + speed;
  index ++;                                   ❹
```

```
  if (posX > width || posX < 0) {
    speed = speed * -1;
    s = s * -1;
  }

  if (index < 4) {
    translate(posX, 300);
    scale(s, 1);
    imageMode(CENTER);
    image(puppet[index], 0, 0, 400, 500);
  } else if (index >= 4) {
    index = 0;
  }
}
```

❺

❻ 렌더링을 실행하면 나무인형이 동작이 바뀌면서 움직이는 애니메이션이 실행된다. 아래 이미지에서 화살표와 잔상효과는 여러분들의 이해를 돕기 위해 표시한 것이다. (frameRate(10)은 렌더링 할 때 1초에 10프레임씩 렌더링을 실행하라는 함수이다.)

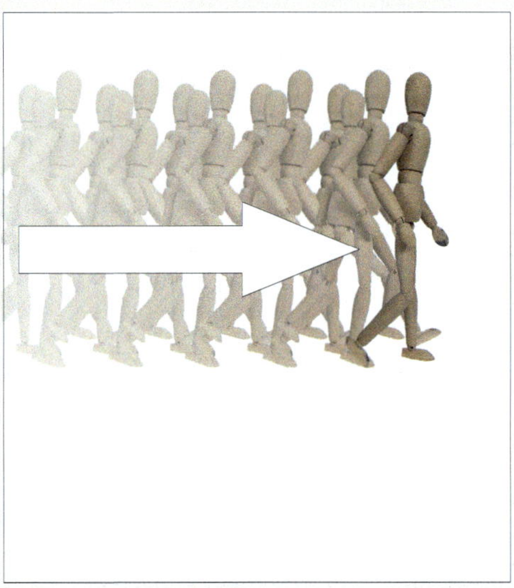

Media Art Learning by Coding

CHAPTER 19

공간감과 도시야경 미디어아트 제작

개요

- 공간감 이해하기
- 그라데이션 배경색 만들기
- 도시 원경 애니메이션 만들기
- 하우스 중경 애니메이션 만들기
- 도로 근경 애니메이션 만들기
- 주인공 캐릭터 애니메이션 만들기
- 배열을 활용한 별 불규칙 움직임 만들기

Pimage로 불러온 그림 이미지가 조합되어 도시야경을 만들고 각 요소가 움직이는 완성도 높은 미디어아트 작품을 만들자.

19-1 공간감 이해하기

이번 미디어아트 제작은 그림이미지를 불어와 붉은 노을의 도시야경 장면을 구성해보는 프로젝트이다. 그림 19-1 컨셉처럼 남녀커플이 모터싸이클을 타고 도시 배경의 도로를 질주하는 장면이라고 생각하면 된다. 커플이 탄 오토바이는 도로 위에서 상하좌우 불규칙하게 움직이고, 도시 배경들은 중첩 순서에 따라 가까이 있는 배경이 더 빠르게 움직이게 할 것이다. 하늘에서 별무리가 불규칙한 대각선 방향으로 떨어지면서 환상적인 느낌을 주는 도시야경의 모습을 보여줄 것이다.

▲ 그림 19-1

이번 프로젝트의 주요한 조형요소는 공간감이다. 공간감은 중첩과 움직임으로 거리에 따라 다르게 표현된다. 단순화된 평면이미지를 조합하여 한 장면을 구축하더라도 공간감이 느껴져야 한다. 공간감을 느끼게 만드는 시각적 속성은 크기 원근감, 색채 원근감, 중첩 원근감 3가지 정도 있다. 크기 원근감은 같은 크기의 사물이 있는 경우 멀리 있는 사물이 더 작게 느껴진다는 것이다. 색채 원근감은 같은 크기의 사물일 경우 가까이 있는 사물은 색이 더 선명하고 멀리 있는 사물은 흐릿하게 느껴진다는 것이다. 중첩 원근감은 멀리 있는 사물은 앞 사물에 가려서 보이지 않는 부분이 생김으로 해서 사물 간의 전후 위치를 인지할 수 있다는 것이다. 그림 19–1에서 캐릭터(근경), 도시(중경), 하늘(원경)의 순서대로 중첩되어 있고, 각 구성요소의 크기가 거리에 따라 작아지는 것을 확인할 수 있다. 아래 3개의 이미지는 각 공간감 속성의 사례를 보여주는 그림이다.

크기 원근감

색채 원근감

중첩 원근감

▲ 그림 19–2

19-2 그라데이션 배경색 만들기

도시야경 미디어아트 프로젝트는 그림 19–3처럼 각 구성요소인 bg, city, house, rider, road 별로 탭을 만들 것이다. 작품을 완성하기 위한 코드를 하나의 탭에 모두 작성하면 너무 길어지기 때문이다. 앞서 탭은 객체지향 클래스로 만들기 위해 만들었지만 이번 프로젝트에서는 단지 코드를 간단히 구분하기 위한 용도로 사용할 것이다.

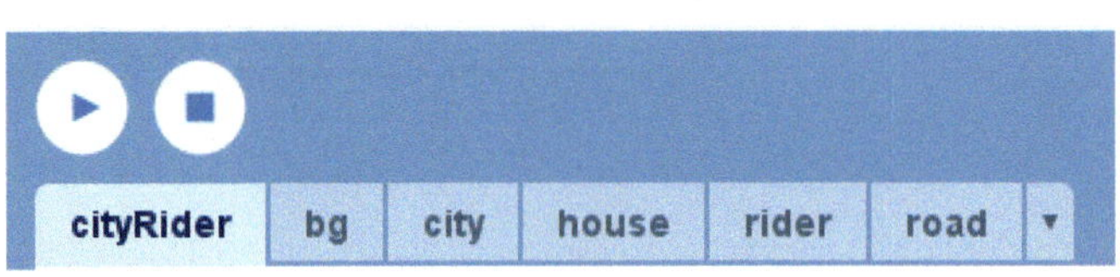

▲ 그림 19–3

배경색 예제를 시작하기 전 배경 그라데이션 색을 제작할 때 필요한 lerpColor(color1, color2, 사이값) 함수를 알아보자. lerpColor() 함수는 두 가지 색 사이의 특정한 위치에 해당되는 색을 반환하는 함수이다. 예를 들어 C1을 빨간색, C2를 파란색으로 지정하고 lerpColor(c1, c2, 0.5) 함수를 실행하면 보라색을 반환하게 될 것이다. 배경 그라데이션은 선(line)을 이용해 매우 밀도 있게 긋게 되는데 선의 색상을 lerpColor() 함수로 구하고 해당 색상을 stroke()의 색상으로 지정하면 선이 밀도 있게 채워지면서 그라데이션 배경색을 만들어 내게 된다. 그림 19-4는 lerpColor() 함수의 역할을 설명하는 그림이다.

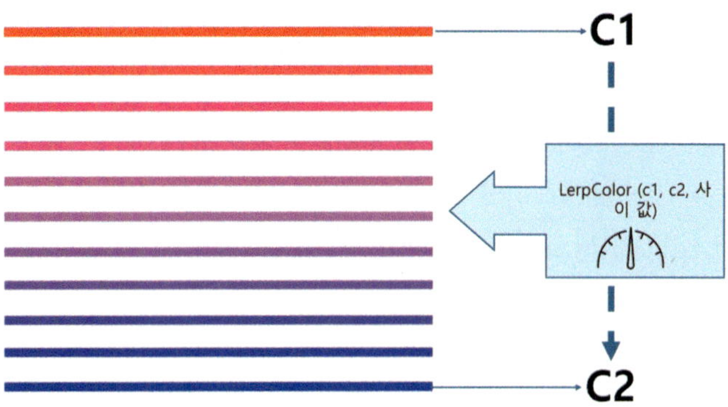

▲ 그림 19-4

이번 프로젝트의 메인스케치 이름은 cityRider로 저장한다. cityRider 폴더 안에 data 폴더를 만든다. 그리고 저자가 제공한 교재 데이터/19장, 6개 이미지(moon, bike, city, house, road, star) 이미지를 data 폴더에 넣어라.

그래픽 소스		
 rider.png	 house.png	 city.png
 moon.png	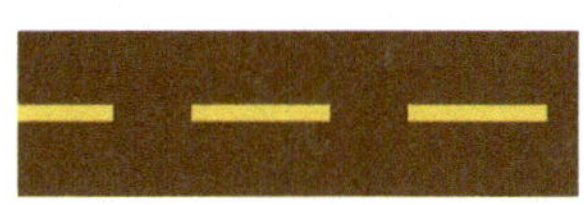 road.png	 star.png

예제 19-1. 그라데이션 배경색 만들기

❶ 새로운 탭을 하나 더 만들고 이름은 bg로 지정한다.

❷ bg 탭 안에서 color 데이터타입의 c1 변수를 만든다. 주황색에 해당하는 Color(R,G,B) 수치를 c1 변수에 할당한다.

❸ 또 다른 color 데이터타입의 c2 변수를 만든다. 진한 자주색에 해당하는 Color(R,G,B) 수치를 c2 변수에 할당한다.

❹ PImage 클래스의 moon 변수를 만든다. 노을 진 하늘 위에 달을 그리기 위함이다.

❺ BG라는 이름의 함수를 만든다. 그리고 함수 블록 안에 for문으로 색 선을 그릴 것이다. 최종 렌더링 될 이미지의 높이는 1000픽셀이고 그라데이션 배경처럼 보이려면 선은 1000개가 그려져야 한다. 그래서 반복 조건식에서 i는 1000보다 작아야 한다. 선의 색은 lerpColor() 함수를 통해 참조하게 된다. 해당 코드를 통해 그라데이션 배경이 그려진다.

❻ image() 함수를 이용해 moon을 그려 넣는다.

cityRider | bg ❶

```
color c1 = color(255, 192, 108);                  ❷
color c2 = color(196, 0, 115);                    ❸
PImage moon;                                      ❹

void BG( ) {
  // 배경그라데이션
  for (int i = 0; i < 1000; i++) {
    float inter = map(i, 0, 1000, 0, 1);
    color gradientColor = lerpColor(c1, c2, inter);   ❺
    stroke(gradientColor);
    line(0, i, 1000, i);
  }
  // 달 그리기
  image(moon, 500, 50, 300, 300);                 ❻
}
```

❼ cityRider 메인 탭을 선택한다. setup() 함수를 만들고 size(1000, 1000)으로 지정한다. 앞서 bg 탭에서 만들었던 moon 변수에 loadImage("moon.png") 함수를 이용해 이미지를 할당한다. (이 작업을 bg탭 내에 있는 BG() 함수에 포함할 수도 있으나 그렇게 되면 매 프레임마다 이미지를 불러오는 작업이 반복 실행되기 때문에 PC가 많이 느려질 수 있다. 이미지는 setup() 함수에

서 한 번만 불러오고 그것을 계속 사용하는 것이 더 효율적이다.)

❽ draw() 함수에서 BG() 함수를 넣어 매초마다 60회 이상 실행되도록 한다. 실행하면 그라데이션 스타일로 하늘 배경이 완성될 것이다.

cityRider | bg

```
void setup() {
  size(1000, 1000);
  moon = loadImage("moon.png");              ❼
}

void draw() {
  BG();                                      ❽
}
```

19-3 도시원경 애니메이션 만들기

이번 과정에서는 앞서 제작한 그라데이션 배경 앞에 도시 원경 이미지를 놓고 횡스크롤 형식으로 움직이는 애니메이션을 구현할 것이다. 같은 도시 배경 이미지 2장을 복사해서 좌우 연달아 배치하는데 한 장은 화면 안에, 다른 한 장 화면 밖에 배치한다. 두 이미지를 같은 속도로 왼쪽에서 오른쪽으로 움직이는데, 오른쪽(city1) 이미지가 완전히 화면 밖으로 사라지면 city2 위치로 점프하고, 다시 왼쪽(city2) 이미지가 화면 안으로 들어왔다가 화면 밖으로 사라지면 최초의 city2 위치로 다시 점프할 것이다. city1, city2 가 순차적으로 이동과 점프를 무한 반복해서 화면 내에서는 city 이미지가 계속 지나가는 것처럼 보이게 하는 원리다.

▲ 그림 19-5

예제 19-2. 도시원경 애니메이션 만들기

❶ 새로운 탭을 만들고 이름은 city로 만든다.

❷ PImage 클래스 타입의 city 변수를 만든다. 나중에 city.png 이미지를 할당할 것이다.

❸ float 데이터타입의 cityPosX 변수를 만들고 0 값을 할당한다. 이 변수는 city 이미지가 움직이게 될 때 필요한 image()함수의 x축 매개변수에 사용될 것이다.

❹ float 데이터타입의 citySpeed 변수를 만들고 속도 2값을 할당한다.

❺ City() 함수를 만들고 cityPosX 변수가 점차 증가하도록 citySpeed 값을 더한다. 그러면 매 프레임마다 2값 씩 증가하게 된다.

❻ if 조건문을 만들고 city 이미지가 화면의 오른쪽 끝(width)에 도달하면 화면 왼쪽 밖 −1000 픽셀 위치로 점프하도록 한다.

❼ city1 이미지를 그리기 위해 image() 함수를 넣는다. 함수의 두 번째 매개변수에 cityPosX 변수를 넣으면 왼쪽으로 움직일 것이다.

❽ city2 이미지를 그리기 위해 image() 함수를 넣는다. city2 이미지는 최초 생성을 −2000픽셀

위치에 만들기 위해 cityPosX-2000 값을 넣는다.

```
cityRider | bg | city ❶ | ▼

PImage city;                          ❷
float cityPosX = 0;                   ❸
float citySpeed = 2;                  ❹

void City() {
  //시티 애니메이션
  cityPosX = cityPosX + citySpeed;          ❺
  if (cityPosX > width) {
    cityPosX = -1000;                       ❻
  }
  image(city, cityPosX, 300, 2000, 500);    // city1     ❼
  image(city, cityPosX-2000, 300, 2000, 500);    // city2     ❽
}
```

❾ cityRider 메인 탭으로 가서 setup() 함수 안에서 loadImage() 함수를 이용해서 city.png 이미지를 city 변수에 할당한다.

❿ draw() 함수 내에서 City() 함수를 넣어 매 프레임마다 실행하도록 만든다. 렌더링을 실행하면 도시이미지가 횡스크롤로 움직일 것이다.

```
cityRider | bg | city | ▼

void setup() {
  size(1000, 1000);
  moon = loadImage("moon.png");
  city = loadImage("city.png");             ❾
}

void draw() {
  BG();
  City();                                   ❿
}
```

19-4 하우스 중경 애니메이션 만들기

이번에는 앞서 제작한 도시원경 이미지 바로 앞에 중경으로 사용할 하우스 이미지를 그릴 것이다. 하우스 이미지도 횡스크롤 애니메이션을 구현할 것이며 도시 원경 애니메이션 코드가 거의 같다. 다만 도시 원경과 같은 속도로 움직이면 중경도 같은 원경으로 인지하기 때문에 원경보다 2배 빠른 속도로 움직이게 할 것이다. 그 이유는 만약 여러분이 움직이고 있는 기차 안에서 창밖 풍경을 보고 있다면 멀리 보이는 도시는 천천히 움직이고 바로 앞에 있는 집들은 더 빠른 속도로 움직이는 것을 본 적이 있을 것이다. 가까이 있는 사물은 카메라와 거리가 좁고 화면에서 빠르게 사라지기 때문에 더 높은 속도로 움직이는 것처럼 보이는 것이다.

예제 19-3. 하우스 중경 애니메이션 만들기

❶ 새로운 탭을 만들고 이름은 house로 만든다. city 탭에 있던 코드를 그대로 복사(ctrl + c)해서 붙여넣기(ctrl + v) 한다. 기존 모든 코드에서 변수명 city -> house로 모두 바꿔준다.

❷ houseSpeed 변수에 2 -> 5로 할당해 준다. 그러면 기존 city 이미지보다 두 배 빠른 속도로 움직일 것이다.

❸ City() 함수이름을 House()로 바꾼다.

```
cityRider | bg | city | house ❶ | ▼

PImage house;
float housePosX;
float houseSpeed = 5;                        ❷

void House() {                               ❸
  housePosX = housePosX + houseSpeed;
  if (housePosX > width) {
    housePosX = -1000;
  }
  image(house, housePosX, 300, 2000, 500);
  image(house, housePosX-2000, 300, 2000, 500);
}
```

❹ cityRider 메인 탭에서 setup() 함수 안에서 house 변수에 house.png 파일을 할당한다.

❺ draw() 함수 안에서 House() 함수를 넣어 매 프레임마다 실행시킨다. 렌더링을 실행시켜 보면 중경(house)이 횡스크롤 형식으로 움직이는 것을 확인할 수 있다.

```
cityRider | bg | city | house | ▼

void setup() {
  size(1000, 1000);
  moon = loadImage("moon.png");
  city = loadImage("city.png");
  house = loadImage("house.png");   ❹
}

void draw() {
  BG();
  City();
  House();                          ❺
}
```

19-5 도로 근경 애니메이션 만들기

이번 과정에서는 앞서 제작한 하우스 중경 이미지 바로 앞에 근경으로 사용할 도로 이미지를 그릴 것이다. 도시, 하우스 애니메이션 코드와 같다. 다만 하우스 중경보다 더 빠른 속도로 움직이게 할 것이다.

예제 19-4. 도로 근경 애니메이션 만들기

❶ 새로운 탭을 만들고 이름은 road로 만든다. house 탭에 있던 코드를 그대로 복사(ctrl + c)해서 붙여넣기(ctrl + v) 한다. 기존 모든 코드에서 house -> road로 모두 바꿔준다.

❷ roadSpeed 변수에 5 -> 8로 할당해 준다. 그러면 기존 house 이미지보다 약간 더 빠른 속도로 움직일 것이다.

❸ House() 함수 이름을 Road()로 바꾼다.

❹ 도로 원본 이미지 크기(2000 x 500)가 너무 크다. road를 image() 함수를 통해 넣을 때 도로의 높이 폭을 줄이기 위해 마지막 매개변수에 500 -> 200으로 바꾼다.

cityRider	bg	city	house	road ❶	▼

```
PImage road;
float roadPosX;
float roadSpeed = 8;                          ❷
void Road() {                                 ❸
  //road 애니메이션
  roadPosX = roadPosX + roadSpeed;
  if (roadPosX > width) {
    roadPosX = -1000;
  }
  image(road, roadPosX, 800, 2000, 200);      } ❹
  image(road, roadPosX-2000, 800, 2000, 200); }
}
```

❺ cityRider 메인 탭에서 setup() 함수 내에서 road 변수에 road.png 파일을 할당한다.

❻ draw() 함수 안에서 Road() 함수를 넣어 매 프레임마다 실행시킨다. 렌더링을 실행시켜 보면 근경(road)이 횡스크롤 형식으로 움직이는 것을 확인할 수 있다.

cityRider | bg | city | house | road

```
void setup() {
  size(1000, 1000);
  moon = loadImage("moon.png");
  city = loadImage("city.png");
  house = loadImage("house.png");
  road = loadImage("road.png");        ❺
}

void draw() {
  BG();
  City();
  House();
  Road();                              ❻
}
```

19-6 캐릭터 불규칙 애니메이션 만들기

이번에는 오토바이를 탄 커플(주인공)이 불규칙하게 움직이는 애니메이션을 구현해 보자. 커플의 움직임을 불규칙하게 만들기 위해 noise() 함수를 사용하는 점이 중요하다.

예제 19-5. 캐릭터 불규칙 애니메이션 만들기

❶ 새로운 탭을 만들고 이름은 rider로 만든다. road 탭에 있던 코드를 그대로 복사(ctrl + c)해서 붙여넣기(ctrl + v) 한다. PImage 타입의 rider 변수를 만든다.

❷ 캐릭터의 불규칙한 움직임을 구현하기 위해 float 타입의 riderX, riderY 변수를 만든다.

❸ 불규칙한 움직임은 noise() 함수가 만들어 낼 것이다. 다만 noise() 함수 안에 들어가야 하는 매개변수는 시간에 따라 값이 증가해야 해서 매개변수에 넣을 t1, t2 변수를 만든다.

❹ Rider() 함수를 만들고 캐릭터의 그림자로 사용할 ellipse(riderX, riderY+150, 400, 50) 함수를 만든다. 그림자로 사용할 것이므로 검정색에 투명 값을 적용한 fill(0, 100) 함수를 사용한다.

❺ 캐릭터 이미지의 불규칙한 움직임을 만들어 낼 수식을 먼저 만든다. t1 += 0.02, t2 += 0.025 변수가 증가하도록 만든다. 실제 캐릭터 이미지가 움직이는 범위값으로 변환시키려면 map(noise(t1), 0, 1, 500, 550) 함수를 사용해야 한다.

noise( ) 함수	random()함수보다 자연스러운 noise() 함수는 매개변수 입력값으로 시간의 흐름처럼 증가되는 변수값이 필요하다. noise() 함수를 사용하면 0 ~ 1사이의 결과 값이 반환된다.

❻ image() 함수를 사용해 캐릭터를 그린다. 외부 이미지를 불러오면 이미지의 왼쪽 상단이 중심점이 된다. 이것을 이미지의 중심부로 옮기기 위해 imageMode(CENTER) 코드를 먼저 적용한다. 그리고 image() 함수로 그림을 그린 후 반드시 imageMode(CORNER) 코드를 추가해 원상복귀시켜야 한다. 그렇지 않으면 이전 city, house, road 이미지의 중심점이 imageMode(CENTER)로 바뀌게 된다.

```
cityRider | bg | city | house | road | rider ❶ | ▼

PImage rider;
float riderX = 0;      ❷
float riderY = 0;
float t1;              ❸
float t2;
void Rider() {
  //캐릭터 shadow 그리기
  noStroke();
  fill(0, 100);                          ❹
  ellipse(riderX, riderY+150, 400, 50);

  //캐릭터 그리기
  t1 += 0.02;
  t2 += 0.025;                                ❺
  riderX = map(noise(t1), 0, 1, 500, 550);
  riderY = map(noise(t2), 0, 1, 700, 800);
  imageMode(CENTER);
  image(rider, riderX, riderY, 400, 400);     ❻
  imageMode(CORNER);
}
```

❼ cityRider 메인 탭의 setup() 함수 안에서 rider 변수에 rider.png 파일을 할당한다.

❽ draw() 함수 안에서 Rider() 함수를 넣어 매 프레임마다 실행시킨다. 렌더링을 실행시켜보면 rider 이미지가 전체 화면 중 x축 (500 ~ 550)사이, y축 (700 ~ 800) 사이에서 불규칙한 움직임을 보이는 것을 확인할 수 있다.

```
cityRider | bg | city | house | road | rider | ▼

void setup() {
  size(1000, 1000);
  moon = loadImage("moon.png");
  city = loadImage("city.png");
  house = loadImage("house.png");
  road = loadImage("road.png");
  rider = loadImage("rider.png");        ❼
}

void draw() {
  BG();
  City();
  House();
  Road();
  Rider();      ❽
}
```

19-7 배열을 활용한 별 불규칙 애니메이션 만들기

이제 프로젝트의 마지막 과정이다. 최초 작품의 컨셉이 '노을이 있는 도시배경에서 오토바이를 타고 가는 커플' 이다. 좀 더 환상적인 분위기로 만들기 위해, 별이 낙엽처럼 떨어지는 애니메이션을 만들어 보자. 별 무리가 화면의 대각선 방향으로 떨어지는 애니메이션을 만들려면 배열을 사용해야 한다. 그리고 별의 배열요소는 생성위치와 속도를 불규칙하게 만들어야 하기 때문에 별의 x위치[], y위치[], speed[]가 배열로 만들어져야 한다. 14장에서 배웠던 배열 사용법을 참고하기 바란다.

예제 19-6. 별무리 떨어지는 애니메이션 만들기

❶ 새로운 star탭을 만든다. PImage 타입의 star 변수를 만든다.

❷ flaot 타입의 starPx[], starPy[] 배열변수를 선언하고 30개씩 만들어 준다. (추후 배열 값은 cityRider 탭/ start() 함수에서 할당해줄 것이다.)

❸ float 타입의 starSpeed[] 배열변수를 선언하고 30개 만들어 준다. (추후 배열 값은 cityRider 탭/ start() 함수에서 할당해줄 것이다.)

❹ Star() 함수를 만들고 for문 안에서 starPx[i], starPy[i] 배열변수가 starSpeed값만큼 증가하는 수식을 넣는다. 그리고 if 조건문 안에서 별의 위치 값이 화면 밖으로 사라지면 다시 사라진 곳의 반대편에 위치하도록 만들어준다. (예: starPx[i] = width – starPx[i])

❺ 반복문 안에서 image() 함수를 통해 star이미지를 그려주도록 한다.

cityRider | bg | city | house | road | rider | star ❶ | ▼

```
PImage star;
float[] starPx = new float[30];        ❷
float[] starPy = new float[30];
float[] starSpeed = new float[30];     ❸

void Star() {
  //star 그리기
  for (int i=0; i < 30; i++) {
    starPx[i] += starSpeed[i];
    starPy[i] += starSpeed[i];
    if (starPx[i]>width || starPy[i] > height) {      ❹
      starPx[i] = width - starPx[i];
      starPy[i] = height- starPy[i];
    }
    image(star, starPx[i], starPy[i], 20, 20);        ❺
  }
}
```

❻ cityRider 탭에서 star 변수에 loadImage() 함수 코드를 사용해 star.png 이미지를 할당한다.

❼ starPx[i], starPy[i], starSpeed[i] 배열에 불규칙한 난수값을 넣기 위해 for문 안에서 random()함수를 할당한다. starPx[i], starPy[i]는 별의 위치 값이기 때문에 width와 height 값을 넣으면 0픽셀부터 1000픽셀 사이의 임의의 숫자가 들어가게 된다. 별의 starSpeed[] 속도 값에는 random(1, 5)을 넣어 속도 1~5 사이의 난수가 들어가게 한다.

❽ 마지막으로 draw() 함수 안에서 Star()함수 코드를 추가한다. 그리고 실행버튼을 클릭하면 별무리가 왼쪽 상단에서 오른쪽 하단의 대각선 방향으로 떨어지는 애니메이션을 확인할 수 있다.

cityRider	bg	city	house	road	rider	star

```
void setup() {
  size(1000, 1000);
  moon = loadImage("moon.png");
  city = loadImage("city.png");
  house = loadImage("house.png");
  road = loadImage("road.png");
  bike = loadImage("rider.png");
  star = loadImage("star.png");                    ❻
  for (int i=0; i<30; i++) {
    starPx[i] = random(width);
    starPy[i] = random(height);                    ❼
    starSpeed[i] = random(1, 5);
  }
}

void draw() {
  BG();
  City();
  House();
  Road();
  Rider();
  Star();                                          ❽
}
```

Media Art Learning by Coding

CHAPTER 20

시네마 미디어아트 제작

개요

- 영화의 장면을 그래픽으로 변화시키기
- 프로세싱에서 scene 1 만들기
- 프로세싱에서 scene 2 만들기
- 프로세싱에서 scene 3 만들기
- 주인공 캐릭터 애니메이션 만들기

영화의 장면(scene)을 3개 만들고 시간차를 두면서 장면들이 무한반복 실행되는 미디어아트를 만들어보자. 한 장면보다 다양한 장면이 등장함으로써 이야기구조(네러티브)를 구축해 볼 수 있다.

20-1 영화의 장면을 그래픽으로 변환시키기

지금까지 제작했던 작품들은 한 장면 밖에 없었다. 한 장면 안에 구성요소를 모두 배치하고 주제를 표현할 수 있으나 본인이 표현하고 싶은 내용이 시간적 순서를 갖는 이야기구조라면 여러 장면이 필요할 것이다. 이번 작품은 여러 장면을 만들어 순차적으로 실행되게 만들기 때문에 다중 씬 구성을 못했던 아쉬움을 해소해 줄 것이다. 그림 20-1은 이번 프로젝트에서 만들어 볼 일본의 <왕립우주군-오네아미스의 날개>라는 1987년 작 애니메이션 작품이다. 내가 청소년 시절 접했던 작품이지만 멋진 장면들이 나의 뇌리에 깊이 새겨진 작품이어서 <왕립우주군>을 예시로 만들어 볼 것이다.

▲ 그림 20-1

작품에 사용할 그래픽 이미지는 그림 20-2처럼 영화의 원본을 그대로 사용하지 않았다. 포토피아에서 영화의 한 장면이미지를 가져와 단순한 그래픽스타일로 변환작업을 거쳤다. scene1 ~ scene3 까지 각 씬 당 4초 정도 플레이되다 다음 씬으로 넘어간다. scene1은 우주인의 꿈을 안고 살아온 주인공이 마침내 로켓을 타고 우주로 나가는 장면이다. scene2는 우주선 발사체에 오르기 위해 엘리베이터를 타고 가는 장면이다. scene3는 우주인이 되기 위해 열심히 체력 훈련을 받고 있는 장면이다. 시간순서는 아니지만 큰 이야기 흐름을 유추할 수 있을 것이다.

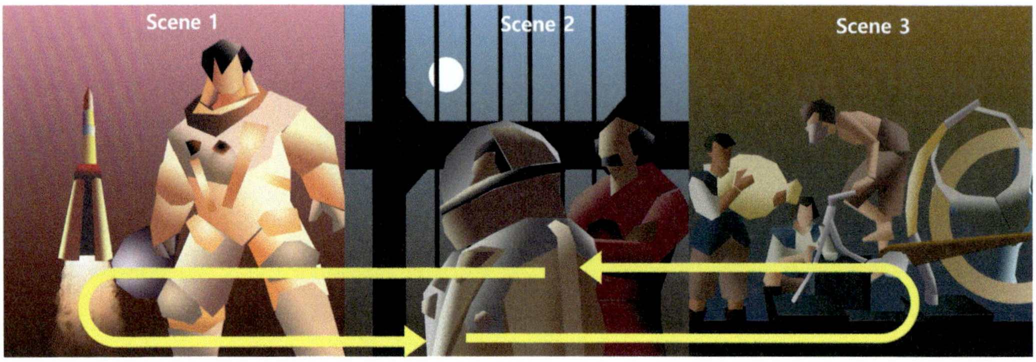

▲ 그림 20-2

나는 여러분들이 좋아하는 영화나 애니메이션 작품의 장면사진 3장을 가져와 그래픽이미지로 만들 것을 추천한다. 사실 그래픽소스까지 제작하려면 꽤 작업시간이 많이 소요된다. 그러나 직접 그래픽 소스까지 제작하면 훨씬 자신의 작품에 대한 애정과 성취감이 더 크게 다가올 것이다.

포토피아에서 영화장면을 그래픽이미지로 변환하는 방법을 배워보자. 먼저 일반적인 사진(인물이 있는 사진이면 어떤 사진도 가능함)을 준비하자. 주로 특정 영역을 선택할 수 있는 다각형 올가미 툴(폴리곤 라소툴)로 형태를 따라 그리고 해당영역에 그라데이션 색상을 넣는 과정으로 그래픽이미지를 제작한다. 사진이 준비가 되었다면 포토피아로 불러와서 아래 예제를 따라해 보자. (아래 예제 그림은 포토샵화면이다. 포토피아도 거의 비슷한 UI를 가지고 있어 쉽게 따라할 수 있다)

예제 20-1. 사진이미지 그래픽으로 변환하기

❶ 원본사진 바로 위에 빈 레이어 하나를 만들고 해당 레이어를 선택한다.

❷ 왼쪽 도구바에서 polygonal selection툴을 선택한다. (폴리곤 아이콘이 안보이면 아이콘에서 왼쪽 버튼을 계속 누루면 나타날 것이다)

❸ 남성의 등 부분을 (1~6)번 순서대로 5각형으로 선택하면 점선이 보일 것이다.

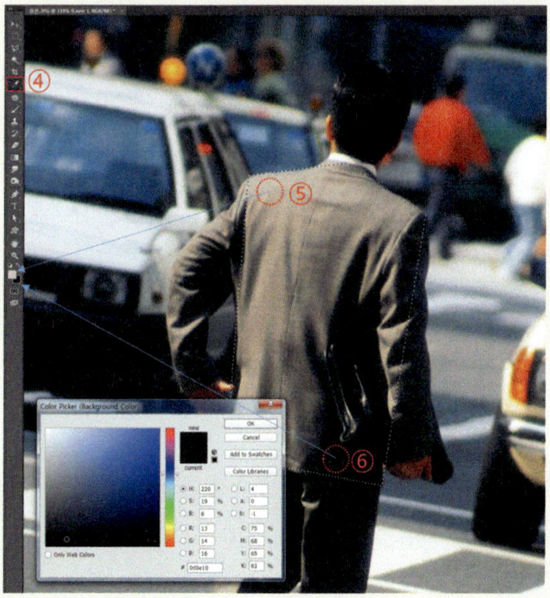

❹ 스포이드 툴을 선택한다.

❺ forground color 클릭하면 color picker창이 뜬다. 남성 등 부분에서 가장 밝은 색을 선택한다.

❻ background color 클릭하면 color picker창이 뜬다. 남성 등 부분에서 가장 어두운 색을 선택한다.

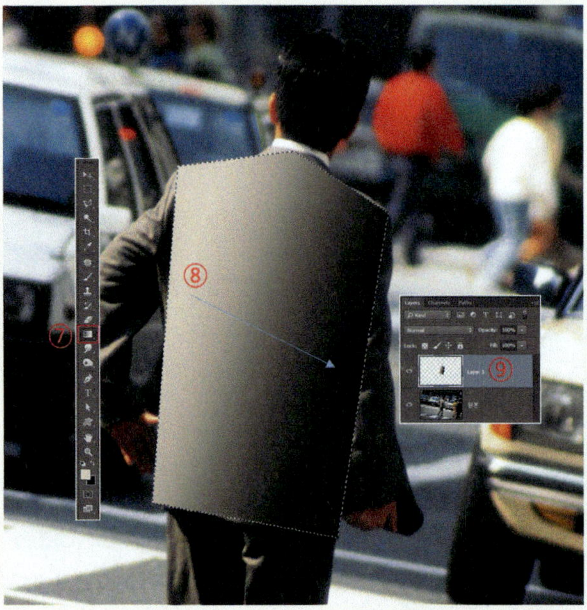

❼ 도구바에서 그라데이션 툴을 선택한다.

❽ 하늘색 화살표처럼 클릭한 후 놓으면 그라데이션 효과 (forground color -> background color)가 나타난다.

❾ layer 1에 방금전 만든 그라데이션 효과가 표시된다.

자신이 선택한 영화로 그래픽소스를 만들려는 분들은 단순화작업에서 인물이나 사물의 형태를 너무 디테일하게 표현하지 말고 최대 3~6각형으로 만들기 바란다. 만약 반드시 표현해야 할 것이 많다면 부위별로 분리시켜 제작하라. 예를 들어 사람일 경우 몸통, 머리, 팔, 다리 정도로 분리시켜 단순화시키면 어떤 사물이든 만들어 낼 수 있다. 형태가 단순화되어도 그라데이션색상 때문에 완성해놓고 보면 의외로 원본과 유사해 보인다는 것을 알게 될 것이다.

일단 저자가 제공한 그래픽 이미지를 이용해 프로젝트를 제작하는 방법을 알아보자. 이번 프로젝트에 사용할 그래픽이미지 소스는 각 씬 별로 아래와 같다. 프로세싱에서 이미지를 불어올 때 참고하기 바란다.

그래픽 소스			
scene 1	 spaceMan.png	 rocket.png	 afterburn0~2.png
scene 2	 twoMan.png	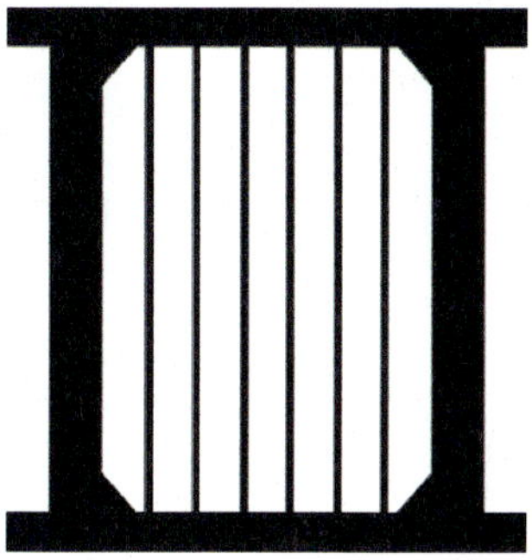 elevator.png	
scene 3	 Royal_0~59.png	 friends.png	 wheel.png

20-2 프로세싱에서 scene 1 만들기

그림 20-3처럼 여러 개의 탭을 만들기 위해 프로세싱을 열고 movieGraphic으로 저장한다. 그리고 탭 생성 버튼을 클릭해 scene1~scene3 탭까지 만든다. scene1에는 그라데이션 배경(원경), 로켓(중경), 우주인(근경) 세 요소가 등장하는데 로켓만 하늘 위로 올라가는 애니메이션이 적용될 것이다. movieGraphic스케치 폴더 안에 data 폴더를 만든다. 저자가 제공한 교재데이터/20장 폴더에 있는 모든 그래픽소스를 data 폴더 안에 넣어라. 먼저 scene 1 부터 코드를 작성하자.

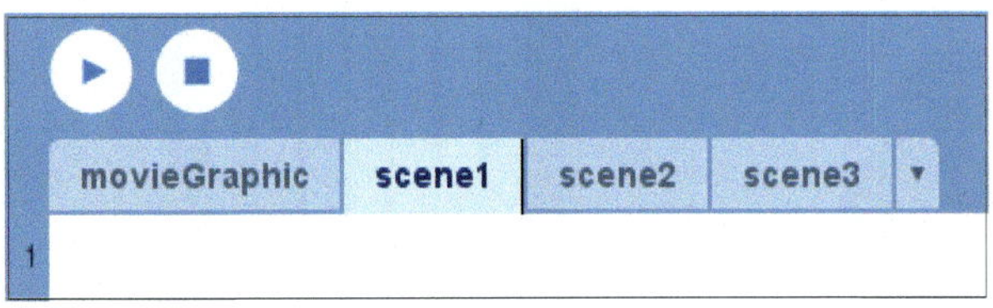

▲ 그림 20-3

예제 20-2. scene 1 씬 만들기

❶ PImage 타입의 man, rocket 변수를 만들고, afterburn 변수는 3개 담을 수 있는 배열을 만든다.

❷ float 타입의 rocketPos 변수를 만든다. 이 변수는 로켓을 위로 올라갈 수 있도록 증가시킬 것이다.

❸ int 타입의 index 변수를 만든다. 이 변수는 afterburn0 ~ afterburn2 연속(시퀀스)이미지를 불러올 때 사용하는 계수기 역할을 할 것이다.

❹ scene1Setup() 함수 안에서 man, rocket, afterburn 객체에 loadImage() 함수로 이미지를 불러온다. (19장에서 이미지를 불러올 때 loadImage() 함수를 메인 탭에 있는 setup() 함수에서 실행했다. 이번에는 scene1Setup() 함수를 따로 만들어서 loadImage()함수를 바로 넣었다. 이렇게 하면 한 탭에서 코드의 구성이 일관성 있게 보이기 때문이다.)

❺ 앞서 19장에서 만들어 보았던 19-1 그라데이션 배경색 예제 코드를 거의 그대로 사용했다. 배경 색상만 바꾼 것이다.

❻ rocketPos에 3을 빼면서 로켓위치를 매 프레임 3픽셀씩 이동시키는 코드다. if (rocketPos <

-1000) 조건식을 넣어 화면 밖으로 사라지면 다시 로켓이 0위치에 나타나도록 만든다.

❼ index를 증가연산자와 조건식으로 시퀀스이미지가 반복하도록 만든다. if (index ==2)조건식은 afterburn 번호가 0 ~ 2 까지여서 2가 되면 index가 0이 되어야 한다.

❽ man, rocket, afterburn의 image() 함수들을 순서대로 작성하여 렌더링 시 그려지도록 만든다. 각 이미지들의 위치와 크기는 여러분 마음대로 지정해도 된다.

movieGraphic	scene1	scene2	scene3	▼

```
PImage man;                                  ❶
PImage rocket;
PImage[] afterburn = new PImage[3];
float rocketPos;                             ❷
int index = 0;                               ❸
void scene1Setup() {                         ❹
  man= loadImage("spaceMan.png");
  rocket= loadImage("rocket.png");
  for (int i=0; i<3; i++) {
    afterburn[i] = loadImage("afterburn"+i+".png");
  }
}
void scene1() {                              ❺
  color c1 = color(219, 137, 171);
  color c2 = color(59, 32, 2);
  for (int i = 0; i < 1000; i++) {
    float inter = map(i, 0, 1000, 0, 1);
    color gradientColor = lerpColor(c1, c2, inter);
    stroke(gradientColor);
    line(0, i, 1000, i);
  }
  rocketPos -= 3;                            ❻
  if (rocketPos < -1000) {
    rocketPos = 0;
  }
  index += 1;                                ❼
  if (index ==2) {
    index = 0;
  }
  image(afterburn[index], 85, rocketPos+950, 300, 600);   ❽
  image(rocket, 100, rocketPos+500, 300, 600);
  image(man, 200, 0, 1000, 1000);
}
```

❾ movieGraphic 탭으로 와서 setup() 함수를 작성한다. 렌더링이미지는 1000픽셀로 지정하고 scene1 탭에서 작성했던 scene1Setup() 함수를 넣는다.

❿ draw() 함수 안에 scene1() 함수를 넣어라. ▶ 버튼을 클릭하면 로켓이 하늘로 움직이고 애프터번 효과가 애니메이션 될 것이다.

movieGraphic	scene1	scene2	scene3	▼

```
void setup() {
  size(1000, 1000);
  scene1Setup();        ❾
}

void draw() {
  background(0);
  Scene1();             ❿
}
```

20-3 프로세싱에서 scene 2 만들기

두 번째 scene2을 만들어 보자. scene2에는 주인공과 동료(근경), 엘리베이터(중경), 그라데이션 배경과 태양(원경) 네 가지 요소가 등장하는데 엘리베이터만 위에서 아래로 움직이는 애니메이션이 적용될 것이다.

예제 20-3. scene 2 씬 만들기

❶ PImage타입의 twoMan, elevator 변수를 만들고, float 타입의 elevatorPos 변수까지 만든다.

❷ scene2Setup() 함수 안에서 twoMan, elevator 변수에 loadImage() 함수로 이미지를 할당한다.

❸ Scene3() 함수를 만들고 앞서 그라데이션 배경색 코드를 그대로 붙여넣기 한다. 배경 색상만 바꾸었다.

❹ 태양을 만들기 위해 윤곽선이 없는 ellipse() 함수로 타원도형을 만든다.

❺ 19장 도시배경 횡스크롤 애니메이션을 만들었던 코드를 재사용했다. elevator는 위아래 두 개를 만들어 함께 아래로 이동하도록 만들고 첫 번째 엘리베이터가 화면 밖으로 사라지면 반대편 최상단에 다시 나타나도록 if (elevatorPos 〉 height)조건식을 만든다.

❻ twoMan, elevator를 image() 함수들을 순서대로 작성하여 렌더링 되도록 만든다.

movieGraphic	scene1	scene1	scene3	▼

```
PImage twoMan;
PImage elevator;                                  ❶
float elevatorPos;

void scene2Setup() {
  twoMan = loadImage("twoMan.png");               ❷
  elevator = loadImage("elevator.png");
}

void Scene2() {
  color c1 = color(118, 164, 198);
  color c2 = color(62, 56, 38);
  for (int i = 0; i < 1000; i++) {
    float inter = map(i, 0, 1000, 0, 1);            ❸
    color gradientColor = lerpColor(c1, c2, inter);
    stroke(gradientColor);
    line(0, i, 1000, i);
  }
  noStroke();
  ellipse(300, 200, 100, 100);                    ❹
  elevatorPos += 10;
  if (elevatorPos > height) {
    elevatorPos = 0;                              ❺
  }
```

```
  image(elevator, 0, elevatorPos, 1000, 1000);
  image(elevator, 0, elevatorPos-1000, 1000, 1000);    ❻
  image(twoMan, 200, 200, 800, 800);
}
```

❼ float 타입의 currentTime 변수를 만든다. 이 변수는 계수기로 사용되면서 200프레임마다 씬1에서 씬2로 전환될 때 시간의 흐름을 계산해 줄 것이다.

❽ movieGraphic 탭으로 와서 setup() 함수 안에 scene2Setup() 함수를 넣는다.

❾ currentTime에 1씩 더해서 계속 증가되도록 만든다.

❿ if ~ else if 와 currentTime으로 조건문을 만든다. currentTime이 0 ~ 200프레임 사이에 있을 때 scene1이 실행되고, 200 ~ 400 사이에 있을 때 scene2가 실행되도록 만든다. 그러다 currentTime이 400프레임 넘어서게 되면 다시 scene1로 되돌아가도록 만든다. 렌더링 실행버튼을 클릭하면 scene2 장면과 엘리베이터 애니메이션이 잘 작동될 것이다.(조건식 내부 if(A && B) 중 &&는 논리연산자로써 A와 B 모두 참이어야 중괄호 안 명령어가 실행되고, A와 B 둘 중 하나라도 거짓이 있다면 중괄호 명령어가 실행되지 못한다.)

movieGraphic	scene1	scene1	scene3	▼

```
float currentTime = 0;        ❼

void setup() {
  size(1000, 1000);
  scene1Setup();
  scene2Setup();              ❽
}

void draw() {
  background(0);
  currentTime += 1;           ❾

  if (currentTime > 0 && currentTime < 200) {
    Scene1();
  } else if (currentTime > 200 && currentTime < 400) {
    Scene2();                                              ❿
  } else if (currentTime == 400) {
    Scene1();
    currentTime = 0;
  }
}
```

20-4 프로세싱에서 scene 3 만들기

세 번째 scene3을 만들어보자. scene3에는 주인공(근경), 동료2명과 자전거바퀴(중경), 그라데이션 배경(원경) 네 가지 요소가 등장하는데, 이 중에서 주인공이미지는 60장의 시퀀스이미지를 이용해 바퀴를 굴리는 발동작 애니메이션을 구현할 것이다. 이를 위해 앞서 예제 20-2 애프터번 애니메이션 만들기와 같은 방식을 사용할 것이다. 그리고 자전거 바퀴를 rotate( )함수를 이용해 회전되도록 만들 것이다.

예제 20-4. scene 3 씬 만들기

❶ PImage 타입의 testMan, friends, wheel 변수를 만들고 testMan 변수는 60개를 담을 수 있는 배열로 만든다.

❷ float 타입의 r 변수를 만든다. r 변수는 wheel을 회전시킬 때 회전값을 증가시키는 계수기로 사용할 것이다.

❸ int 타입의 index2 변수를 만든다. index2 변수는 testMan[]배열에 저장한 시퀀스 이미지들을 순차적으로 불러올 때 계수기로 사용할 것이다.

❹ scene3 탭에서 setup() 함수역할을 하는 scene3Setup() 함수를 만들고, for문과 loadImage() 함수를 이용해 testMan[i] 배열에 시퀀스 이미지들을 할당한다.

❺ Scene3() 함수를 만들고 앞서 다른 씬 제작에 사용했던 그라데이션 배경색 코드를 그대로 붙여넣기 한다. 배경 색상만 바꾸었다.

❻ index2 변수가 매 프레임 1씩 증가하도록 만든다. 그리고 Royal 시퀀스 이미지(0~59)가 전환되면서 애니메이션 효과가 나타나도록 if (index2 == 59) 조건식을 넣는다.

❼ r 변수에 20씩 계속 더하도록 만든다. rotate(radians(-r)) 함수로 회전하도록 만든다. 이때 pushMatrix(), translate(x, y), popMatrix()로 그룹핑을 해야 우리가 원하는 위치에서 바퀴가 회전하게 된다.

❽ image() 함수로 testMan, friends, wheel 이미지를 순서대로 그린다. friends 이미지를 좀 더 높여주고 다리 아래 부분에 잘린 부분을 가려주기 위해 rect() 함수로 검정색 박스를 넣는다.

movieGraphic	scene1	scene1	scene3	▼

```
PImage[] testMan = new PImage[60];     ┐
PImage friends;                        ├ ❶
PImage wheel;                          ┘
float r = 0;                            ❷
int index2 = 0;                         ❸
void scene3Setup() {
  for (int i=0; i<60; i++) {                           ┐
    testMan[i] = loadImage("Royal_"+i+".png");         ├ ❹
  }                                                    ┘
  friends = loadImage("friends.png");
  wheel = loadImage("wheel.png");
}
void Scene3() {
  color c1 = color(130, 100, 27);                      ┐
  color c2 = color(10, 62, 95);                        │
  for (int i = 0; i < 1000; i++) {                     ├ ❺
    float inter = map(i, 0, 1000, 0, 1);               │
    color gradientColor = lerpColor(c1, c2, inter);    ┘
    stroke(gradientColor);
    line(0, i, 1000, i);
  }
  index2 += 1;                   ┐
  if (index2 == 59) {            ├ ❻
    index2 = 0;                  ┘
```

```
  r = r + 20;
  pushMatrix();
  translate(950, 600);
  rotate(radians(-r));
  image(wheel, -300, -300, 600, 600);
  popMatrix();

  image(friends, -50, 250, 1100, 650);
  noStroke();
  fill(#000F0F);
  rect(0, 900, 1000, 100);
  fill(255);
  image(testMan[index2], 240, 160, 700, 700);
}
```

❾ scene3Setup() 함수를 movieGraphic 탭/setup() 함수에 넣는다.

❿ if ~ else if 조건식을 추가해 400~ 600프레임에서 scene3가 실행되도록 만든다. 이후 600 프레임이 되면 다시 scene1으로 되돌아가도록 만들면 된다. 이때 반드시 currentTime도 함께 0으로 초기화 되어야 한다.

movieGraphic	scene1	scene1	scene3	▼

```
float currentTime = 0;

void setup() {
  size(1000, 1000);
  scene1Setup();
  scene2Setup();
  scene3Setup();          ❾
}

void draw() {
  background(0);
  currentTime += 1;

  if (currentTime > 0 && currentTime < 200) {
    Scene1();
  } else if (currentTime > 200 && currentTime < 400) {
    Scene2();
  } else if (currentTime > 400 && currentTime < 600) {
    Scene3();
  } else if (currentTime == 600) {
    Scene1();
    currentTime = 0;
```

```
    }
}
```

⑪ 모든 코드를 작성한 후 프로세싱의 ▶ 실행버튼을 클릭하라. 아래 그림처럼 순차적으로 scene1 ~ scene3까지 무한 반복하는 시네마 미디어아트가 구현될 것이다.

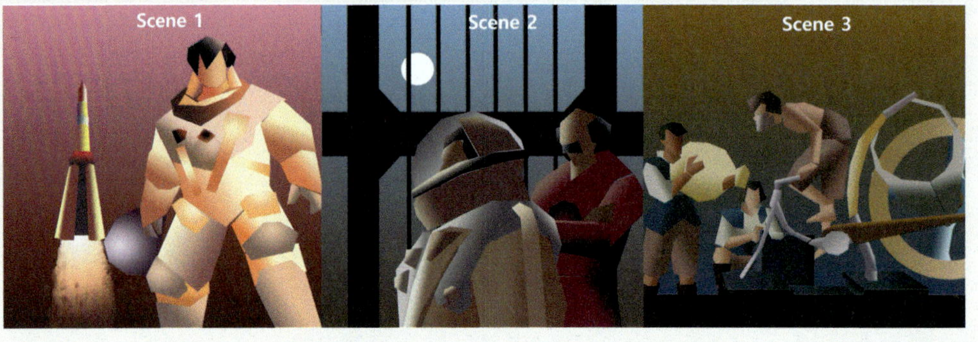

Lesson

05

시청각 미디어 아트

Media Art Learning by Coding

CHAPTER 21

Text와 미디어아트

개요

- 문자열은 무엇인가
- 텍스트 화면에 그리기
- 텍스트 애니메이션 만들기
- 텍스트 모자이크 만들기

인류가 만든 가장 창의적인 산물인 문자를 프로세싱에서 출력하는 방법과 외부 폰트를 가져오는 방법, 문자를 활용한 타이포그래픽(typography)을 만들어 볼 것이다.

21-1 문자열은 무엇인가

문자는 인류가 진화해오면서 창조한 다양한 문화유산 중 우리의 마음과 사물들을 범주화한 기호체계이다. 그리고 인간개체들 간의 커뮤니케이션을 도와주고 지식의 매개체로써 문명을 일으킨 매우 중요한 산물이라고 볼 수 있다. 문자를 조형요소로써 예술작품이나 공예품에 사용된 것은 20세기 바우하우스의 디자인 양식 이후부터 일 것이다. 바우하우스는 기능성만으로 사용하던 문자를 미적 요소로 그 위상을 높였다. 문자 자체를 미학적 조형요소로 활용한다는 것은 추상적 기하형태미와 기능성을 함께 추구하는 미니멀리즘 생각에서 나온 것이라고 할 수 있다. 대상을 질서 있게 정돈함으로써 인간은 본연의 편안한 감정과 사물의 본질적인 내용만을 드러내고 싶은 마음인 것이다. 그림 21-1은 1923년 '예술과 기술'이라는 타이틀로 개최된 바우하우스의 포스터로써 문자의 미학적 변환형태를 볼 수 있다.

▲ 그림 21-1

프로세싱에서 연속된 문자들의 집합인 문자열을 console창에 출력하는 방법부터 알아보자. 문자열을 출력하려면 String이라는 클래스를 사용해야 한다. 해당 클래스는 PImage처럼 프로세싱 환경에 내장된 클래스로써 텍스트를 저장하고 조작하는데 사용된다. 그림 21-2에 String 데이터 유형의 변수선언, 문자열을 할당하는 방법, println() 함수를 이용해 콘솔 창에서 출력하는 방법이 나와 있다. 코드작성 후 console창에 결과가 프린트된다.

```
String message = "text here";
String one = "hello world";
String two = "i love you";
println(message);
println(one);
println(two);
```

```
text here
hello world
i love you
```

Console   Errors

▲ 그림 21-2

String 객체의 또 다른 특징은 두 문자열을 병합할 수 있다는 점이다. 문자열들은 "+"연산자로 연결될 수 있다. 숫자의 경우 더하기를 의미한다고 알고 있지만 문자열에서 사용될 때는 문자의 병합을 의미한다. 그림 21-3은 코드를 작성한 것이고, console창에 결과가 프린트된 것이다.

```
String message = "hello" + "world";
println(message);
```

▲ 그림 21-3

21-2 텍스트 화면에 그리기

이제 프로세싱에서 텍스트를 조형요소로써 화면에 그려보자. 텍스트를 그리는 방법은 아래 5단계를 거쳐야 한다. PImage 객체에 비해 구현방법이 2가지 더 추가되어 복잡해 보이지만 사실 PImage와 거의 동일하다. (① ~ ③)은 폰트를 불러오는 과정이고, 이후 텍스트에 들어가는 색상을 선택하는 부분④과 텍스트 문자를 렌더링하면서 크기를 결정하는 부분⑤이 추가된 것이다. 예제를 통해서 화면에 문자를 그려보자.

PFont f;	❶ PFont 유형의 객체를 선언한다.
f = createFont("Georgia", 16);	❷ setup()함수 안에서 createFont() 함수에 폰트 이름을 언급하여 폰트를 명시한다.
textFont(f, 36);	❸ draw()함수 안에서 textFont()를 사용하여 폰트를 명시한다.
fill(0);	❹ fill()을 사용하여 텍스트 색상을 명시한다.
text("hello world", 10, 100);	❺ text()함수를 호출하여 텍스트를 표현한다.

예제 21-1. 간단한 텍스트 화면에 표시하기

❶ processingText 이름으로 스케치를 저장한다. PFont 데이터유형의 f 객체를 만든다.

❷ setup() 함수 안에서 f 객체에 createFont() 함수를 이용해 Georgia폰트를 할당한다. (16은 폰트 사이즈를 말하는 것인데, 폰트사이즈는 추후 다시 재조정할 수 있기 때문에 지금 폰트 사이즈는 큰 의미는 없다. 그림 21-4는 프로세싱 안에서 폰트를 확인하는 방법이다.)

▲ 그림 21-4

- Georgia폰트는 컴퓨터에 설치되어 있는 폰트 목록에 있는 폰트이다.
- Georgia폰트를 확인해 보려면 메인메뉴 도구/글꼴 생성을 선택한다.
- 그림 21-4처럼 폰트 list가 나타날 것이고 Georgia 폰트가 보일 것이다.

❸ draw() 함수 안에서 textFont() 함수로 폰트 스타일 (f)과 사이즈(64)를 명시한다. 실제 텍스트의 크기는 64로 화면에 그려지게 될 것이다.

❹ fill(0) 함수로 텍스트의 색상을 검정색으로 지정한다.

❺ text() 함수를 호출하여 텍스트를 그린다. 두 번째, 세 번째 매개변수는 생성할 텍스트의 위치를 지정하는 것이다.

processingText

```
PFont f;                              ❶

void setup(){
  size(500, 500);
  f = createFont("Georgia", 16);      ❷
}

void draw(){
  background(255);
  textFont(f, 64);                    ❸
  fill(0);                            ❹
  text("hello world", 100, 250);      ❺
}
```

21-3 텍스트 애니메이션 만들기

프로세싱에서 텍스트 애니메이션을 만들어보자. 애니메이션은 왼쪽에서 오른쪽으로 움직이다가 화면 밖으로 사라지면 다시 텍스트가 화면 안으로 들어오는 애니메이션이다. 뉴스 화면을 보면 하단부분에 헤드라인 자막이 흘러가는 장면을 봤을 것이다. 동일한 애니메이션 효과라고 생각하면 된다. 이전 예제들에서 도형의 좌우움직임을 만들 때 자주 사용하던 방법이다. 이번 텍스트 애니메이션이 이전 방법과 다른 하나가 있는데, 텍스트가 화면 밖으로 사라지자마자 바로 화면 안으로 들어와야 한다. 그렇게 하려면 텍스트의 전체너비를 알아야 한다. 이를 알려주는 함수가 textWidth() 함수다. 아래 예제를 통해 헤드라인 텍스트 애니메이션을 만들어보자.

예제 21-2. 텍스트 애니메이션 만들기

❶ 문자열을 넣을 수 있는 String 타입으로 변수를 만들어 보자. 변수이름은 greeting으로 지정한다.

❷ 폰트스타일을 가져오기 위해 PFont 클래스의 f 변수를 만든다.

❸ 문자를 수평으로 움직이게 할 것이므로 float 타입의 x 변수를 만든다.

❹ setup() 함수에서 createFont() 함수로 폰트스타일을 가져오고, f 변수에 할당한다.

❺ draw() 함수에서 x = x + 3; 수식을 넣어 x 변수 값이 증가하도록 만든다.

❻ if(x 〉 width)조건식으로 텍스트가 오른쪽 화면 밖(width)으로 사라지면 왼쪽 화면 밖 위치에 텍스트 너비만큼 되돌아가도록 만든다. 그래서 { }안에 x = −textWidth(greeting) 코드를 넣어준다.

❼ textFont() 함수를 이용해 폰트 사이즈를 64픽셀로 만든다.

❽ 텍스트를 화면에 그리기 위해 text(greeting, x, 250) 함수를 넣어준다. 실행버튼을 클릭하면 문자가 오른쪽 방향으로 애니메이션이 될 것이다.

processingText

```
String greeting = "nice to meet you";   ❶
PFont f;                                ❷
float x;                                ❸

void setup(){
  size(500, 500);
  f = createFont("Georgia", 16);        ❹
}

void draw(){
  background(0);
  x = x + 3;                            ❺
  if(x > width){
    x = -textWidth(greeting);           ❻
  }
  textFont(f, 64);                      ❼
  fill(255);
  text(greeting, x, 250);               ❽
}
```

※ 화살표는 애니메이션효과를 표시하기 위해 넣은 것일 뿐, 실제 렌더링에서 보이지 않는다.

21-4 텍스트 모자이크 만들기

문자로 그림을 그리는 픽셀아트 같은 모자이크 작품을 만들어보자. 조형요소인 점을 색 점으로 군집화 해 모우면 인접한 색 점이 병합되어 형태를 만들어 내는 것이다. 그림 21-5는 텍스트 모자이크 방식의 작품으로 그래픽 아티스트 '구이 보르헤르트'(Gui Borchert)의 작품이다. 쿠바의 정치인 <체 게바라>의 모습을 담아 낸 작품이다. 우리는 일일이 텍스트 점을 찍지 않을 것이고 참고 사진을 기반으로 자동으로 흑백문자가 그려지게 만들 것이다.

▲ 그림 21-5

아래 예제를 진행하기에 앞서 스케치를 만들자. 스케치의 이름은 andyText로 만들고 스케치 폴더 안에 data폴더를 만들어라. 그리고 교재 데이터/ 21장/ man.jpg 파일을 복사해 andyText 폴더/ data 폴더에 붙여넣기 한다.

예제 21-3. 텍스트 모자이크 만들기

❶ man.jpg 파일은 서양남자의 얼굴 사진이다. 먼저 PImage 클래스의 andy 변수를 선언한다.

❷ String 타입의 t 변수를 만들고 문자열 'AN'을 할당한다. (최종 결과물에 AN 글자군집으로 남성얼굴 모자이크 그림이 그려질 것이다.)

❸ setup() 함수 안에서 andy 변수에 loadImage() 함수로 man.jpg를 할당한다.

❹ PFont 타입으로 만들어 놓은 f 변수에 createFont("Georgia", 12)를 할당한다.

❺ draw()함수 안에서 textFont(f, 12) 함수를 넣어 12폰트 크기의 "Georgia" 폰트가 실행되도록 만든다.

❻ draw() 함수 안에서 AN 문자열을 모자이크 방식으로 화면에 배치하기 위해 이중 for문을 사용할 것이다.

❼ get(x, y) 함수와 brightness() 내장변수를 이용해 특정된 픽셀의 색을 grayScale(0~255) 값으로 변환한다.

❽ if (c 〉 120) 조건식을 만들어 c가 120값을 기준으로 이상이면 흰색문자, 이하면 검정색 문자를 넣을 수 있도록 한다.

❾ 앞서 if 조건식을 통해 결정된 문자열 색 textColor를 fill() 함수에 넣는다. 그리고 text(t, x, y) 함수로 문자열을 렌더링 한다. 실행버튼을 클릭하면 AN 문자열로 구성된 남성얼굴의 실루엣 그림이 그려질 것이다.

andyText

```
PImage andy;                    ❶
String t = "AN";                ❷
PFont f;
void setup() {
  size(600, 600);
  andy = loadImage("man.jpg");        ❸
  f = createFont("Georgia", 12);      ❹
}
void draw() {
  background(0);
  textFont(f, 12);              ❺
  for (int x=0; x < width; x +=17) {                  ┐
    for (int y=0; y < height; y +=10) {               │
      float c = brightness(andy.get(x, y));   ❼       │
      color textColor;                                │
      if (c > 120) {                ┐                 │
        textColor = color(255);     │                 │
      } else {                      ├ ❽               ├ ❻
        textColor = color(0);       │                 │
      }                             ┘                 │
      fill(textColor);  ┐                             │
      text(t, x, y);    ┘ ❾                           │
    }                                                 │
  }                                                   ┘
}
```

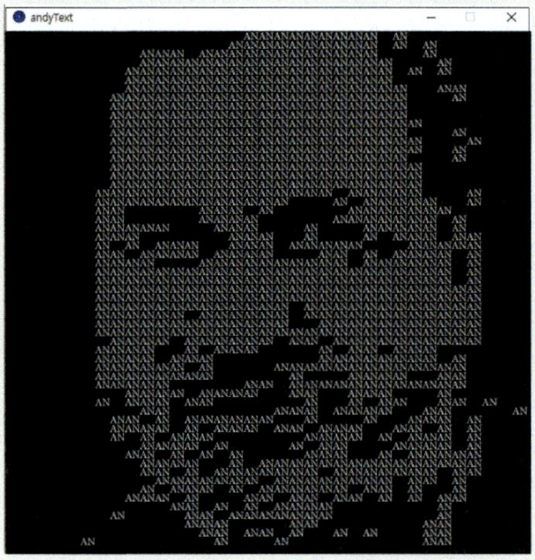

CHAPTER 22

Text와 타일링 패턴화

개요

- 문자 정렬(textAlign) 이해하기
- 텍스트 8X8 타일링으로 배치하기
- 텍스트배열로 불규칙 문자로 교체하기
- 칼라배열로 문자를 다채로운 색으로 교체하기

우리의 PC시스템 내부에는 다양하고 멋진 형태의 폰트가 존재한다. 자신이 좋아하는 디자인 폰트를 이용해 레트로 감성이 느껴지는 text 패턴화 작품을 만들어보자.

22-1 문자 정렬(textAlign) 이해하기

문자를 조형요소로 활용할 때 다양한 변조방법을 사용할 수 있다. 문자의 형태를 개성 있게 디자인하거나 위치, 배열, 색 등을 바꾸어 표현하면 아름다운 조형요소로 탈바꿈할 수 있다. 사실 기존에 전문폰트 디자이너에 의해 개발된 아름다운 형태를 가진 폰트가 매우 많다. 이번 프로젝트에서는 여러분이 디자인폰트를 선택하고 문자배열, 색에서 불규칙적 요소를 넣어 다채로운 문자의 군집을 만들어 보자. 다만 문자배열과 색에서 불규칙적 요소를 넣은 만큼 타일링 배치로 통일성을 유지시켜 적절한 균형을 이루어 볼 것이다.

▲ 그림 22-1

이번 프로젝트에 나는 그림 22-1처럼 브로드웨이(Broadway)폰트를 사용할 것이다. 브로드웨이 폰트는 1925년 모리스 풀로 벤턴(Morris Fulluer Benton)이 디자인한 폰트이다. 미국의 극장이나 뷰티 광고에서 주로 사용되고 있고 1920년대 성행했던 아르데코(Art Deco)의 스타일을 따르고 있다. 알파벳에서 두꺼운 왼쪽 절반에 무게가 실리고, 반대편 절반은 얇은 장식적인 곡선으로 만들어 시각적 대비효과와 강렬함을 주는 디자인이다. 여러분들도 본인이 좋아하는 폰트를 선택해 제작해보길 바란다.

프로세싱에서 문자열을 화면에 렌더링 할 때 일반적인 도형들과는 다르게 정렬옵션이 많고 다양하다. 그 이유는 보통 문자열은 그림 22-2처럼 하나의 문자만 있는 경우보다 'create'처럼 6개의 문자가 결합되어 하나의 단어를 만드는 경우가 많아서 문자열의 중심점을 결정하는 것이 정렬과 회전에서 중요한 영향을 미치기 때문이다. 그림 22-2는 'create'라는 문자열에서 선택할 수 있는 중심들을 빨간 점으로 표시한 것이다. 그리고 각 빨간 점을 지정할 때 textAlign() 안 매개변수 키워드를 아래와 같이 지정하면 된다. 예를 들어 'create' 문자열의 상단 왼쪽을 중심점으로 잡고 싶다면 textAlign(LEFT, TOP) 라고 지정하면 된다. 예제를 통해 정확히 알아보자. 프로세싱을 열고 TextAlign 라는 이름으로 스케치를 저장한다.

▲ 그림 22-2

예제 22-1. 문자정렬 textAlign() 함수 알아보기

❶ String 타입의 t 변수를 만들고 "A"를 할당한다.(간단하게 문자정렬 옵션을 알아보기 위해 문자열은 알파벳 하나만 사용해 볼 것이다.)

❷ 폰트스타일을 가져오기 위해 PFont 클래스의 f 변수를 만든다.

❸ setup() 함수 안에서 createFont("Broadway", 12) 함수를 사용해 글꼴을 브로드웨이 폰트로 작성해 f변수에 할당한다.

❹ draw() 함수 안에서 textFont() 함수의 매개변수로 f 폰트의 크기를 140으로 지정한다.

❺ textAlign() 함수로 문자열을 다양한 방식으로 정렬해보자. 먼저 textAlign(CENTER, CENTER) 지정해 본다.

❻ text(t, 100, 100) 문자열의 위치를 화면의 중심에 그려질 수 있도록 x:100, y:100으로 지정한다. textAlign() 안의 키워드를 변경해 문자가 어떻게 정렬하는지 연습해보길 바란다. 아래 6개 이미지는 중심점을 변경했을 때 문자가 다양하게 배치되는 모습을 보여준다.

TextAlign

```
String t = "A";                          ❶
PFont f;                                 ❷
void setup() {
  size(200, 200);
  f = createFont("Broadway", 12);        ❸
}

void draw() {
  background(255);

  textFont(f, 140);                      ❹
  textAlign(CENTER, CENTER);             ❺
  fill(0); // 검은색 텍스트
  text(t, 100, 100);                     ❻
}
```

22-2 텍스트 8x8 타일링으로 배치하기

문자를 가로세로 8x8 타일링 격자구조로 배치하자. 격자로 배치하려는 의도는 다양한 형태와 색의 문자들 간에 통일성을 유지하기 위함이다. 격자로 배치하는 방법은 10장에서 이중 for문으로 구현하는 방법을 배웠다. 앞서 예제 22-1을 가져와 작업을 이어나가자.

예제 22-2. 문자열 타일링 패턴으로 배치하기

❶ size()함수에서 (800, 800)으로 렌더링이미지를 키우자. (가로세로 100픽셀 안에 "A" 문자를 넣을 것이다.)

❷ 이중 for문 코드를 넣는다. 바깥 for문은 x축(가로) 반복이고, 안쪽 for문은 y축(세로) 반복을 진행할 것이다. (가로, 세로 크기가 800픽셀이기 때문에 8번 반복하도록 만들면 된다.)

❸ 문자를 그려주는 코드들의 시작과 끝부분에 pushMatrix(), popMatrix() 명령으로 감싸준다. (translate()함수가 들어가면 문자/도형의 기준점이 이동하기 때문에 문자들 사이에 변위차가 발생된 상태에서 계속 그려지게 된다. 따라서 다시 원점으로부터 거리를 계산하여 그려주게 하려

면 pushMatrix(), popMatrix()로 짝을 이루어 사용해야 한다.)

❹ 가로세로 크기가 800픽셀이기 때문에 8번 반복해서 문자가 생성되게 하려면 translate(x*100, y*100)로 지정해야 한다.

❺ 문자가 그려질 위치는 각 격자의 중심에서 그려질 것이기 때문에 text(t, 50, 50)으로 지정해야 한다.

TextAlign

```
String t = "A";
PFont f;
void setup() {
  size(800, 800);              ❶
  f = createFont("Broadway", 12);
}

void draw() {
  background(255);
  textFont(f, 140);
  for (int x=0; x < 8; x ++) {                  ┐
    for (int y=0; y < 8; y ++) {                │
      pushMatrix();                   ┐         │
      translate( x*100, y*100);  ❹    │         │
      textAlign(CENTER, CENTER);      │         ├ ❷
      fill(0);                        ├ ❸       │
      text(t, 50, 50);           ❺    │         │
      popMatrix();                    ┘         ┘
    }
  }
}
```

22-3 문자배열로 불규칙 문자로 교체하기

이제 "A“ 알파벳문자를 26개의 다양한 알파벳으로 불규칙하게 넣어보자. 동일한 문자가 반복되거나 알파벳 순서대로 배열되는 것은 진부해 보일 수 있다. 더불어 매번 렌더링을 실행할 때마다 생성되는 문자열도 불규칙하게 생성되도록 해 볼 것이다. 따라서 26개의 알파벳을 뒤섞어 불규칙하게 t 배열변수에 넣을 것이다. 그런데 8x8 타일링 격자구조이기 때문에 64개의 알파벳이 필요하다. 예제 22-2를 가져온다.

예제 22-3. 문자배열로 불규칙문자로 교체하기

❶ String[] 문자배열 타입의 t 변수를 만들고 불규칙적인 알파벳 64개를 할당한다. (알파벳 순서를 무시하고 무작위하게 넣어라.)

❷ int[] index 배열변수를 64개 만들어준다. 나중에 난수를 담기 위한 변수이다.

❸ setup() 함수 안에서 index배열변수에 최소값: 0, 최대값: 64 숫자를 넣어준다. (나중에 렌더링 할 때마다 렌덤 알파벳문자가 나타나도록 하기 위함이다. 그렇지 않으면 항상 같은 알파벳문자가 나타나게 될 것이다.)

❹ draw() 함수 안에서 int q 변수를 만든다. 그리고 이중 for문으로 만들어진 8x8 격자배치는 2차원이기 때문에 일차원 배열순서로 바꾸어야 한다. q 변수는 일차원 숫자만 입력되기 때문이다. q 변수에 x + y * 8수식을 할당한다. (아래 예시그림에서 4 x 4 격자를 일차원 배열순서로 바꾼 예시임)

a	b	c	d
e	f	g	h
i	j	k	l
m	n	o	p

⇨

a	b	c	d	e	f	g	h	i	j	k	l	m	n	o	p

❺ text(t[index[q]], 50, 50) 코드로 수정한다. (t[] 배열변수에 index[] 배열을 다시 넣음으로써 매번 다른 알파벳문자가 그려지게 된다.) 렌더링을 매번 실행할 때마다 랜덤한 알파벳이 그려진다.

TextAlign

```
String[] t = {"G", "H", "I", "J", "K", "L", "N", "A", "B", "C", "D", "E", "F",
  "U", "V", "W", "X", "Y", "Z", "A", "B", "M", "O", "P", "Q", "R", "S", "T",
  "C", "D", "E", "F", "G", "H", "I", "J", "K", "L", "N", "M", "O", "P", "Q",
  "R", "S", "C", "D", "E", "F", "T", "U", "V", "W", "X", "Y", "Z", "A", "B",
  "G", "H", "I", "J", "K", "L"};                                              ❶
int[] index = new int[64];                    ❷
PFont f;
void setup() {
  size(800, 800);
  f = createFont("Broadway", 12);

  for (int i=0; i<t.length; i++) {
    index[i] = (int) random(0, 64);           ❸
  }
}

void draw() {
  background(255);
  textFont(f, 140);
  for (int x=0; x < 8; x ++) {
    for (int y=0; y < 8; y ++) {
      int q = x + y * 8;                      ❹
      pushMatrix();
      translate( x*100, y*100);
      textAlign(CENTER, CENTER);
      fill(0);
      text(t[index[q]], 50, 50);              ❺
      popMatrix();
    }
  }
}
```

22-4 칼라배열로 문자를 다채로운 색으로 교체하기

이제 불규칙한 문자로 바꾸었으니 문자들의 색도 다채로운 색으로 만들어보자. 문자에 색을 넣는 fill(R, G, B)함수에 random() 함수를 사용해 매번 실행할 때마다 다채로운 색으로 채워지도록 할 것이다. 예제 22-3을 가져온다.

예제 22-4. 칼라배열로 문자를 다채로운 색으로 교체하기

❶ int[] r, g, b 배열을 만들고, 각 배열마다 255개의 배열공간을 만든다. 프로세싱에서 색은 0~255 단계의 색으로 정의되기 때문이다.

❷ setup() 함수 안에서 for문을 활용해 r, g, b 배열마다 0~255 단계의 숫자를 할당하도록 만든다. random() 함수는 실수만 반환하기 때문에 int()로 감싸 정수형으로 변환한다.

❸ draw() 함수 안에서 background(20)으로 지정하여 배경색을 어두운 검정색으로 만든다.

❹ fill() 함수에서 r[], g[], b[] 배열마다 이중 for문에 정의한 x, y 변수를 사용한다. fill(r[x + y], g[x * y], b[x + y])처럼 +, * 연산을 혼합해서 작성하면 다채로운 색으로 구현된다.

TextAlign

```
String[] t = {"G", "H", "I", "J", "K", "L", "N", "A", "B", "C", "D", "E", "F",
  "U", "V", "W", "X", "Y", "Z", "A", "B", "M", "O", "P", "Q", "R", "S", "T",
  "C", "D", "E", "F", "G", "H", "I", "J", "K", "L", "N", "M", "O", "P", "Q",
  "R", "S", "C", "D", "E", "F", "T", "U", "V", "W", "X", "Y", "Z", "A", "B",
  "G", "H", "I", "J", "K", "L"};
int[] index = new int[64];
PFont f;
int[] r = new int[255];
int[] g = new int[255];     ❶
int[] b = new int[255];
void setup() {
  size(800, 800);
  f = createFont("Broadway", 12);

  for (int i=0; i<t.length; i++) {
    index[i] = (int) random(0, 64);
  }
  for (int i=0; i<r.length; i++) {
```

```
    r[i] = int(random(0, 255));
    g[i] = int(random(0, 255));     ❷
    b[i] = int(random(0, 255));
  }
}

void draw() {
  background(20);                    ❸
  textFont(f, 140);
  for (int x=0; x < 8; x ++) {
    for (int y=0; y < 8; y ++) {
      int q = x + y * 8;
      pushMatrix();
      translate( x*100, y*100);
      textAlign(CENTER, CENTER);
      fill(r[x + y], g[x * y], b[x + y]);   ❹
      text(t[index[q]], 50, 50);
      popMatrix();
    }
  }
}
```

Media Art Learning by Coding

CHAPTER 23

비디오와 미디어아트

개요

- 녹화비디오 구현하기
- 동영상을 모자이크로 변환하기
- 녹화비디오 흑백이미지로 변환하기
- capture 비디오 구현하기
- capture 비디오 pixels[]로 흑백이미지로 변환하기

움직이는 영상이미지인 실시간비디오, 녹화비디오를 프로세싱으로 불러오고 영상변환효과를 적용하는 방법에 대해 알아보자.

23-1 녹화 비디오 구현하기

▲ 그림 23-1

영화매체가 등장하고 난 후 영상은 상업적으로 활용되면서 독자적인 예술분야로 자리매김했다. 영상은 이미지와 거의 같은 조형원리를 가지고 있다. 구성, 색채, 형태, 움직임, 질감, 공간 등 시각적 요소만 구분해서 분석하면 앞서 조형원리에서 설명한 내용과 중복되는 부분이 많다. 영상만이 가지고 있는 특별한 요소를 찾아본다면 프레임, 미장센, 몽타주 같은 네러티브와 관련된 요소가 있다. 그러나 우리가 사용할 영상은 네러티브가 없는 배경녹화영상, 실시간 촬영한 캡쳐영상이어서 네러티브와 관련된 미학적 분석은 의미가 없어 보인다. 우리가 사용할 비디오이미지는 그림 23-1

처럼 TV 브라운관 이미지에 흑백영상이 상영되는 것처럼 활용될 수 있고 컴퓨터비전기술을 활용한 특수영상효과를 만들 수 있기 때문에 기술적 방법에 대해 집중해서 알아볼 것이다.

그런데 프로세싱은 동영상과 관련된 함수나 코드가 기본적으로 내장되어 있지 않다. 그래서 녹화비디오를 프로세싱으로 불러오고 화면에 렌더링 하기 위해 video 라이브러리를 새로 설치할 필요가 있다. 라이브러리에 대해 잘 모르는 여러분들을 위해 간단히 개념을 알아보자. 라이브러리를 쉽게 이해하기 위해 자동차부품과 비유해서 설명하면, 하나의 자동차 제조사가 차체, 바퀴, 운전대, 헤드라이트 등을 전부 직접 제작한다면 직원 수가 많아지고 수많은 자원을 관리하는데 비효율성이 높아진다. 이것을 부품별로 잘 만드는 회사가 만들게 하고 자동차 제조사에 납품하게 구축하면 제품성능도 좋아지고 관리효율이 높아진다. 프로세싱에서 특정 기능을 구현해주는 코드를 실력 있는 개발자가 만들어서 배포하는 명령어묶음을 라이브러리라고 한다. 이런 라이브러리를 설치하고 코드를 활용하면 높은 수준의 프로그램을 쉽게 만들 수 있다. 따라서 녹화비디오를 불러오기 위해 아래 라이브러리 설치방법을 알아보자.

예제 23-1. video 라이브러리 설치하기

❶ 프로세싱 코드입력창을 연다. 스케치 메인메뉴/내부 라이브러리/manage Libraries 선택한다.

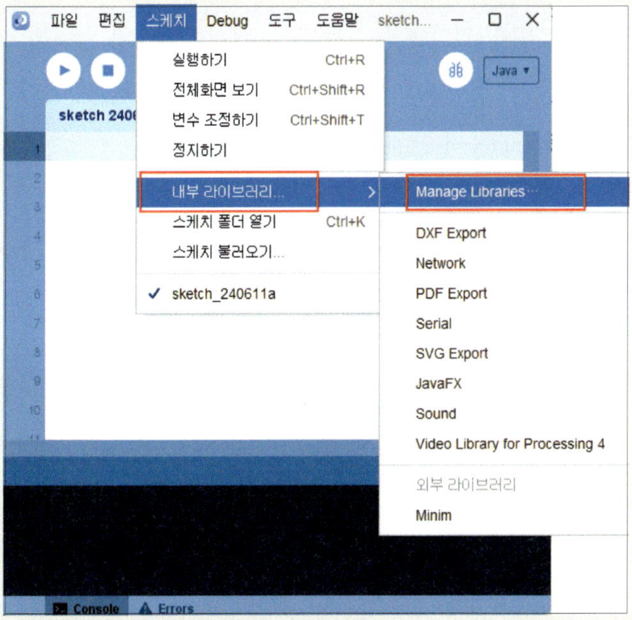

❷ Manager libraries창이 뜨면 video & vision 메뉴선택하고 video Library for Processing 4를 선택한다. 맨 아래 install 버튼을 클릭하면 라이브러리가 설치된다.

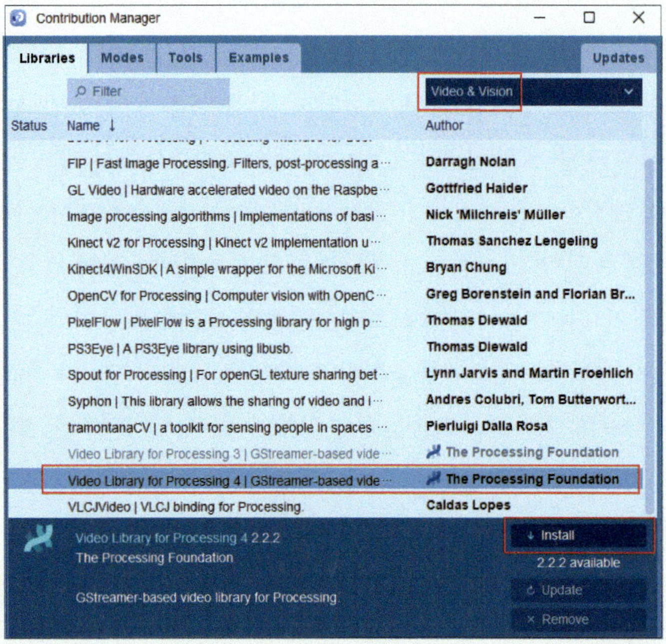

설치진행과정이 완료되고 라이브러리가 설치되었다면 녹화동영상, 캡쳐비디오와 관련된 함수들과 코드를 사용할 수 있다. 그리고 여러분이 불어오고자 하는 녹화동영상은 17장에서 이미지를 불러왔던 방식과 동일하게 스케치 폴더/data폴더 안에 넣으면 된다.

예제 23-2. 녹화 video 불러오기

❶ 프로세싱 코드에디터 창을 연다. MovieVideo 이름으로 스케치를 저장한다.

❷ 탐색기를 이용해 스케치가 저장된 MovieVideo 스케치 폴더 안으로 들어가서 data 폴더를 만든다.

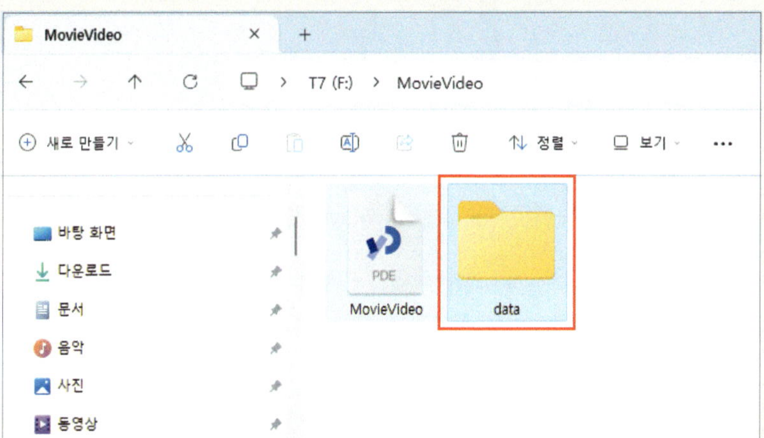

❸ 다시 탐색기 안에서 MovieVideo/data 폴더 안에 저자가 제공한 교재데이터/23장/pushant.avi 파일을 복사하여 붙여넣기 한다.

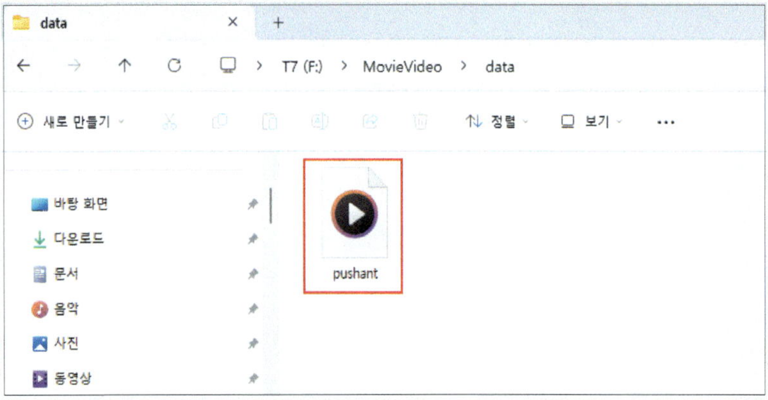

❹ video 라이브러리를 불러오기 위해 메인메뉴 스케치/내부라이브러리/Video Labrary for Processing 4를 선택한다. 그럼 최상단에 import processing.video.*; 코드가 자동 작성된다.

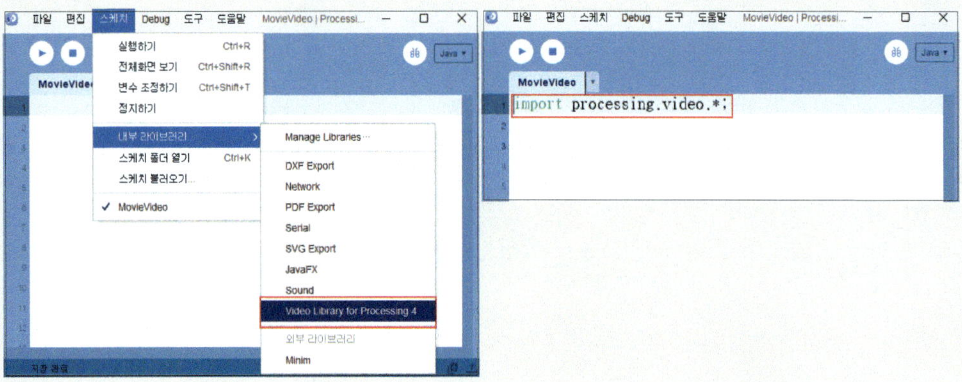

❺ Movie 클래스를 작성하고 불러올 녹화영상을 담을 myMovie 변수를 선언한다.

❻ setup() 함수 안에서 new 키워드와 함께 Movie객체를 만들면서 괄호 안 매개변수에 (this, "pushant.avi")불러올 녹화동영상 이름과 파일유형을 넣는다.

❼ 동영상을 계속 반복재생하기 위해 myMovie.loop() 함수코드를 넣는다.

❽ draw() 함수 안에서 녹화동영상을 렌더링 할 때는 image() 함수를 사용한다. 괄호 안 매개변수는 (동영상변수이름, 가로위치, 세로위치, 가로크기, 세로크기)형식으로 들어가야 한다. (녹화비디오의 중심점은 상단좌측 꼭지 점으로 좌표축의 원점에서 그려지게 만들었다. 동영상크기는 size(640, 480)와 동일하기 때문에 따로 매개변수를 넣지 않고 생략했다.)

❾ 비디오는 image가 한 장이 아니기 때문에 시퀀스 이미지로써 계속 읽어 들여야 한다. 지속적

으로 읽어 들이기 위해 movieEvent() 함수를 선언하고 myMovie.read( ) 함수가 실행되어야 동영상이 실행된다. (※ 스케치 폴더의 경로 중에 한글 폴더가 중간에 있으면 녹화동영상이 재생이 안 되는 에러가 발생한다. 따라서 반드시 비디오와 관련된 스케치 폴더는 영문 폴더 안에 저장할 것을 추천한다.)

MovieVideo

```
import processing.video.*;
Movie myMovie;                                  ❺
void setup() {
  size(640, 480);
  myMovie = new Movie(this, "pushant.avi");  ❻
  myMovie.play();                               ❼
}

void draw() {
  image(myMovie, 0, 0);                         ❽
}

void movieEvent(Movie myMovie) {
  myMovie.read();                               ❾
}
```

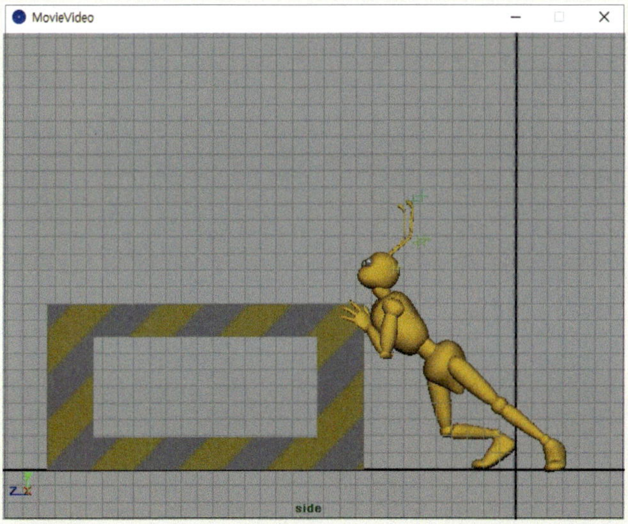

23-2 동영상을 모자이크로 변환하기

이번 예제에서는 동영상이미지를 커다란 사각형픽셀로 변환시켜 타일패턴으로 만들어보자. 이 작업의 기본 아이디어는 21장의 예제 21-3 '텍스트 모자이크 만들기' 방법과 유사하게 사용할 것이다. 타일패턴에 텍스트를 넣었던 방식을 활용해서 동영상의 픽셀 대신 사각도형으로 대체하는 것이다. 코드구현의 키포인트는 이중 for문을 이용하여 녹화동영상의 픽셀을 get() 함수로 가져와 다채로운 사각형도형을 배치하는 것이라고 볼 수 있다. 앞서 작업했던 예제 23-2를 가져와 이어서 작업을 진행하도록 하자.

예제 23-3. 동영상을 모자이크로 변환하기

❶ int 데이터타입의 pixelScale 이름의 변수를 선언하고 10값을 할당한다. (나중에 이 변수값은 사각도형의 가로/세로 크기를 지정할 때 사용할 것이다.)

❷ draw() 함수 안에서 이중 for문을 만든다. 바깥 for문은 x축 방향으로 사각도형을 만들고, 내부 for문은 y축 방향으로 사각도형을 만들게 된다. 각 for문 내부의 불린 조건식에서 이미지의 width 크기 / height 크기까지 사각도형을 pixelScale 크기로 생성되게 만든다.

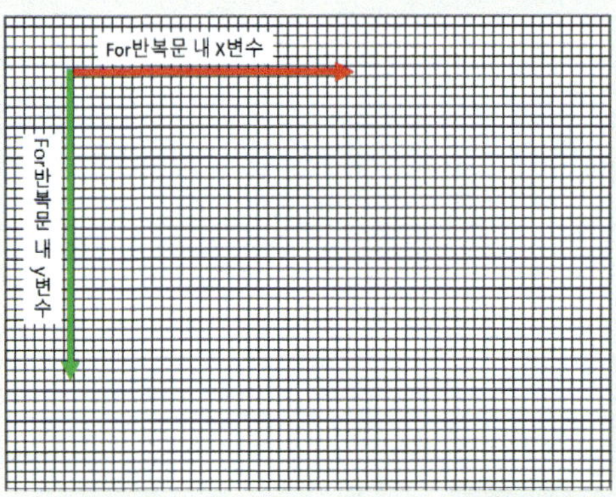

내부 for문의 { }코드블록영역에서 color타입의 c변수를 선언하고 녹화동영상에서 x, y위치의 픽셀 색을 get(x, y)함수로 가져와 c변수에 할당한다. 이 색을 사각도형의 색으로 fill(c)로 넣으면 된다. rect(x, y, pixelScale, pixelScale) 함수로 사각도형을 그리도록 한다. 실행버튼을 클릭하면 개미애니메이션영상이 타일패턴으로 변환된 것을 확인할 수 있다.

MovieVideo

```
import processing.video.*;
Movie myMovie;
int pixelScale = 10;          ❶

void setup() {
  size(640, 480);
  myMovie = new Movie(this, "pushant.avi");
  myMovie.play();
}
void draw() {
  for(int x = 0; x < width; x += pixelScale){
    for(int y = 0; y < height; y += pixelScale){
      color c = myMovie.get(x, y);
      fill(c);                                    ❷
      rect(x, y, pixelScale, pixelScale);
    }
  }
}
void movieEvent(Movie myMovie) {
  myMovie.read();
}
```

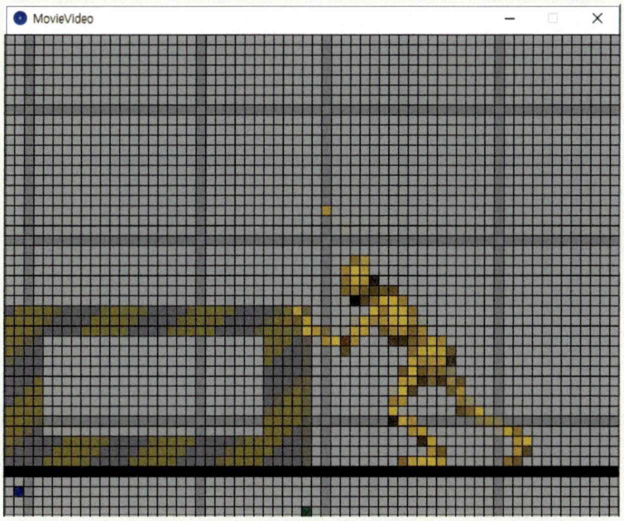

23-3 녹화비디오를 흑백이미지로 변환하기

이번 예제에서는 동영상이미지를 흑백이미지로 변환시켜보자. 사실 17장에서 배웠던 이미지필터 filter(THRESHOLD, 0.5)를 사용하면 거의 비슷한 효과를 만들어 낼 수 있다. 그러나 근본적인 이미지 변환의 원리를 이해하기 위해 픽셀 하나하나를 제어하는 방법을 사용해볼 것이다. 기본 원리는 녹화비디오의 픽셀을 하나하나 검증해서 만약 명암색의 중간 값보다 밝으면 흰색, 어두우면 검정색을 넣는 방식이다. 이번 예제에서 특별히 사용될 명령어는 칼라를 회색 톤으로 변화시키는 brightness() 함수와 픽셀에 색을 지정하는 set() 함수이다. 앞서 만들었던 예제 23-3을 다시 가져와 이어서 작업을 진행하자.

예제 23-4. 녹화비디오를 흑백이미지로 변환하기

❶ float 타입의 colorScale 이름의 변수를 선언하고 120값을 할당한다. (나중에 이 변수값은 픽셀 하나하나의 명암 색을 중간값으로 검증할 때 사용할 것이다.)

❷ draw() 함수 안에 이중 for문은 if 조건식을 사용하여 픽셀을 검증하는 과정의 코드들이다. (첫 번째 color c = myMovie.get(x, y) 구문은 get(x, y) 함수를 이용해 픽셀 하나하나를 가져와 칼라 타입의 c변수에 할당한다는 코드다. 두 번째 if(brightness(c) 〉 colorScale) 구문에서 brightness(c) 명령어를 사용해 c 변수에 담겨진 명암 색을 실수값으로 바꾸고 colorScale과 비교우위를 검증하게 된다. 만약 검증된 결과값이 참이면 myMovie.set(x, y, color(255)) 구문을 통해서 해당 픽셀에 흰색을 넣는다. 만약 거짓이면 검정색을 넣게 된다.)

❸ 최종렌더링 시 녹화비디오가 흑백 이미지로 변환되어 그려지게 하기 위해 for문을 빠져나와 image(myMovie, 0, 0) 구문을 작성한다. 렌더링을 실행하면 컬러 녹화비디오가 흑백으로 바뀐 것을 확인할 수 있다.

MovieVideo

```
import processing.video.*;
Movie myMovie;
float colorScale = 120;          ❶

void setup() {
  size(640, 480);
  myMovie = new Movie(this, "pushant.avi");
  myMovie.play();
}
void draw() {
  for(int x = 0; x < myMovie.width; x ++){
    for(int y = 0; y < myMovie.height; y ++){
      color c = myMovie.get(x, y);
      if(brightness(c) > colorScale){
        myMovie.set(x, y, color(255));
      }else{                                    ❷
        myMovie.set(x, y, color(0));
      }
    }
  }
  image(myMovie, 0, 0);          ❸
}
void movieEvent(Movie myMovie) {
  myMovie.read();
}
```

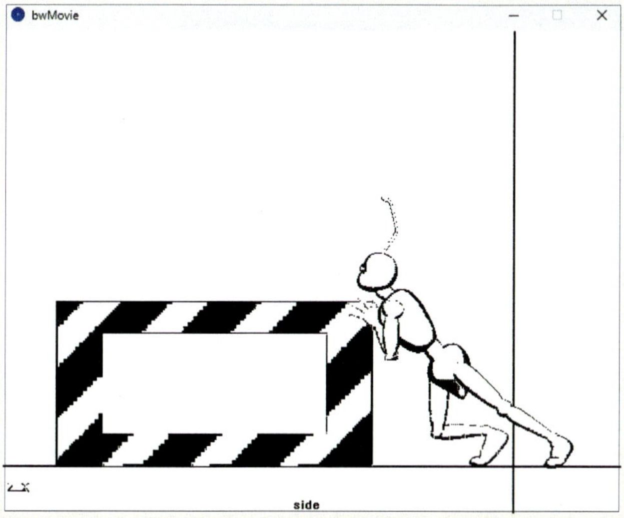

23-4 캡쳐비디오 구현하기

이번 예제에서는 웹캠을 이용해 capture 비디오가 렌더링 되도록 만들어보자. 캡쳐비디오를 구현하기 위해 PC 컴퓨터를 사용하는 분들은 웹캠 pc카메라를 하나 구입해야 한다. 웹캠은 기능이나 해상도에 따라 가격이 다양하다. 2k, 4k 같은 고해상도의 비싸고 전문적인 카메라도 있으나 일반인들이 화상회의나 대화를 나누기 위해 사용하는 full HD 1080p 웹캠으로도 충분하다. 노트북은 기본적으로 웹캠이 설치된 노트북이 대부분이어서 따로 구입하지 않아도 될 것이다. 만약 웹캠이 없는 노트북 사용자는 PC 웹캠을 구입하여 사용하기 바란다. 웹캠의 브랜드나 가격, 기능 상관없이 5만 원 이하의 웹캠을 구입할 것을 권장한다.

▲ 그림 23-2

PC용 웹캠의 설치는 매우 간단하다. 웹캠에 달려 있는 USB 케이블을 PC의 USB 단자에 연결하면 자동으로 인식하게 된다. 그리고 그림 23-3처럼 웹캠을 모니터에 올려놓고 카메라가 나를 바라보도록 만들자. 프로세싱을 열고 file/저장을 선택해서 스케치를 저장한다. 저장이름은 captureV로 한다.

▲ 그림 23-3

예제 23-5. 캡처비디오를 구현하기

❶ 실시간 capture 비디오를 불러오려면 앞서 녹화비디오 때처럼 video 라이브러리코드를 작성해야한다. 코드를 메뉴 옵션 Sketch / Import Library / Video Labrary for Processing 4를 선택하면 import processing.video.*; 코드가 자동 작성된다.

❷ 앞서 녹화비디오를 불러올 때 Movie class의 변수를 선언했던 것처럼 Capture 클래스를 사용하고 변수를 선언해야 한다. 변수의 이름은 video로 하겠다.

❸ setup() 함수 안에서 객체를 구성하기 위해 new 키워드를 사용한다. (그리고 ( )괄호 안에 this 라는 키워드는 captureV 라는 스케치를 말한다. 결국 자기 자신을 참조하라는 말인데, 카메라가 비디오 capture를 시작할 때 자기를 참조하면서 자신이 생성할 객체의 속성이나 함수를 참조할 수 있게 된다. 1280, 720 숫자는 카메라에 캡쳐된 비디오의 너비와 높이다.)

❹ 카메라가 준비되면 프로세싱에게 이미지를 캡쳐하도록 start() 함수로 지시하게 된다.

❺ draw() 함수 안에서 image(video, 0, 0) 함수로 캡쳐비디오 이미지를 그리게 된다.

❻ 앞서 녹화비디오를 이미지로써 계속 읽어내기 위해 movieEvent() 이벤트 함수를 사용했던 것처럼 captureEvent() 이벤트 함수를 사용한다. 코드도 거의 같다. 렌더링을 실행하면 웹캠으로 캡쳐된 자신의 동영상이미지가 나타난다.

captureV

```
import processing.video.*;   ❶
Capture video;               ❷

void setup() {
  size(1280, 720);
  video = new Capture(this, 1280, 720);   ❸
  video.start();             ❹
}

void draw() {
  image(video, 0, 0);        ❺
}

void captureEvent(Capture video) {  ┐
  video.read();                     ├ ❻
}                                   ┘
```

23-5 캡쳐비디오 pixels[]로 흑백이미지로 변환하기

이번 예제에서는 캡쳐비디오를 흑백이미지로 변환시켜보자. 그런데 이번에는 get(), set() 함수를 이용해 녹화비디오를 흑백이미지로 변환시켰던 예제 23-4 방식을 사용하지 않을 것이다. 이번에는 pixels[](픽셀배열)를 이용할 것이다. pixels[]은 내장변수이기 때문에 따로 객체를 선언할 필요가 없고 get() 함수보다 픽셀데이터를 가져오는 속도가 훨씬 빠르다. 그래서 실시간 캡쳐비디오를 흑백이미지로 변환시키는 작업에 get() 함수를 사용하면 픽셀 하나하나를 불러오는 속도가 느려서 깜빡거리는 현상이 발생할 우려가 있다. pixels[] 배열을 사용할 때는 항상 아래 두 가지 함수를 함께 사용해야 한다.

loadPixels( )	픽셀배열에 접근하기 전에 입력해주는 함수
updatePixels( )	픽셀배열 작업이 완료되고 난 후 픽셀을 업데이트 하라고 프로세싱에게 알려주는 함수

앞서 예제 23-5를 가져와 pixels[] 배열을 사용하여 캡쳐비디오를 흑백이미지로 변환시켜보자.

예제 23-6. 캡쳐비디오를 흑백이미지로 변환하기

❶ float 데이터타입의 colorScale 이름의 변수를 선언하고 170값을 할당한다. 추후 이 변수값은 픽셀 하나하나의 명암색을 중간값으로 검증할 때 사용할 것이다. (colorScale 할당된 변수값은 255에 가까울수록 어두운 영역이 넓어지고 0에 가까울수록 밝은 영역이 넓어진다. 본인의 캡쳐이미지 명암에 따라 적절하게 넣어주길 바란다.)

❷ draw() 함수 안에서 웹캠카메라로 입력된 캡쳐비디오의 픽셀들을 가져오기 위해 video.loadPixels() 접근코드를 넣어준다. 캡쳐비디오 자체는 렌더링하지 않는다.

❸ 캡쳐비디오 위에 새롭게 흑백이미지로 비디오를 그려야 하기 때문에 빈 픽셀배열 loadPixels()를 넣어 준다.

❹ 이중 for문 안에 첫 번째 줄 int loc = x + y * video.width 구문은 2차원 캡쳐비디오 화면을 1차원적 픽셀배열로 바꾸는 수식이다. 두 번째 줄 color c = video.pixels[loc] 픽셀 하나하나씩을 가져와 칼라타입의 c변수에 할당한다는 코드이다. 세 번째 줄 if(brightness(c) 〉 colorScale) 구

문에서 brightness(c) 명령어를 사용해 c 변수에 담겨진 명암색을 실수값으로 바꾸고 colorScale과 비교우위를 검증하게 된다. 만약 검증된 결과값이 참이면 해당 픽셀에 흰색, 거짓이면 검정색을 넣는다.

❺ 픽셀을 흑백색상으로 변환시키는 작업이 완료되었기 때문에 updatePixels()코드를 넣어 픽셀을 업데이트하라고 프로세싱에게 알려준다. 렌더링을 실행하면 칼라동영상이 흑백동영상으로 바뀔 것이다. (colorScale 변수값을 조금씩 수정해보면 흰색과 검정색 영역이 달라지는 것을 확인할 수 있다.)

captureV

```
import processing.video.*;
Capture video;
float colorScale = 170;                    ❶

void setup() {
  size(720, 480);
  video = new Capture(this, 720, 480);
  video.start();
}

void draw() {
  video.loadPixels();                      ❷
  loadPixels();                            ❸
  for(int x = 0; x < video.width; x ++){      ⎫
    for(int y = 0; y < video.height; y ++){   ⎪
      int loc = x + y * video.width;          ⎪
      color c = video.pixels[loc];            ⎪
      if(brightness(c) > colorScale){         ⎪
        pixels[loc] = color(255);             ⎬ ❹
      }else{                                  ⎪
        pixels[loc] = color(0);               ⎪
      }                                       ⎪
    }                                         ⎪
  }                                           ⎪
   updatePixels();                         ❺ ⎭
}

void captureEvent(Capture video) {
  video.read();
}
```

CaptureV

Media Art Learning by Coding

CHAPTER 24

오디오와 미디어아트

개요

- 오디오 재생방법 알아보기
- 오디오 음량, 속도 조정하기
- 버튼 클릭해서 음악 재생하기

공기 중 파통을 일으켜 전달되는 어떤 소리는 우리에게 특별한 감정을 일으킨다. 미디어아트 작품에도 오디오 파일을 프로세싱으로 불러와 소리의 감정을 느끼게 만들자.

24-1 오디오 재생방법 알아보기

지금까지 배워온 프로세싱은 시각이미지로써 현실 속 대상을 상징화하거나 상상이미지를 구체화는 방식으로 프로그래밍을 구현해왔다. 이 같은 제작 과정을 열심히 따라온 여러분들은 배경음악이나 음향효과가 없었다고 하더라도 크게 아쉬움을 느끼지 못했을 것이다. 그러나 이번 장을 통해 이미지와 오디오를 함께 경험하게 된다면 그동안 배경음악이 없어서 얼마나 허전한지, 그리고 음악이 작품에 어떤 감흥을 느끼게 해주는지 크게 깨닫게 될 것이다. 그렇다고 이번 장을 통해서 전문적인 음향합성기술을 배우지 않을 것이다. 나도 그래픽디자인

▲ 그림 24-1

전공자 일뿐 오디오 전문지식을 갖고 있지 못하다. 따라서 그림 24-1같이 축음기이미지와 함께 세 개의 타원버튼을 클릭할 때마다 다양한 오디오 파일들을 재생하는 간단한 인터렉티브 미디어 콘텐츠를 만들어 보자.

프로세싱과 호환되는 음향파일유형은 제한적이다. wav, aiff, mp3 포맷정도이다. 만약 다른 포맷의 파일을 불러오고 싶다면 무료 오디오 편집기를 사용해서 wav나 mp3 유형으로 변환하여 사용하기 바란다.

wav	윈도우 환경에서 주로 사용하는 무손실 압축포멧이며 44khz/16bit 음원을 손실없이 재생하는 파일형식. 음질은 좋지만 용량이 큰 편.
aiff	애플에서 만든 mac환경에서 사용하는 표준 오디오 무손실 압축포멧.
mp3	mpeg-1의 디지털오디오 규격으로 개발된 손실 압축포멧. 사람이 듣는데 중요하지 않은 부분을 버리고 용량을 줄인 가장 대중적인 파일포멧.

오디오 파일을 불러와 실행하기 위해서 sound 라이브러리가 필요하다. 먼저 프로세싱에서 BGM 스케치를 만든다. 그리고 라이브러리 매니져 창으로 가서 사운드 라이브러리를 설치하기 위해 스케치 메뉴/내부 라이브러리/manage Libraries 선택한다.

예제 24-1. sound 라이브러리 설치하기

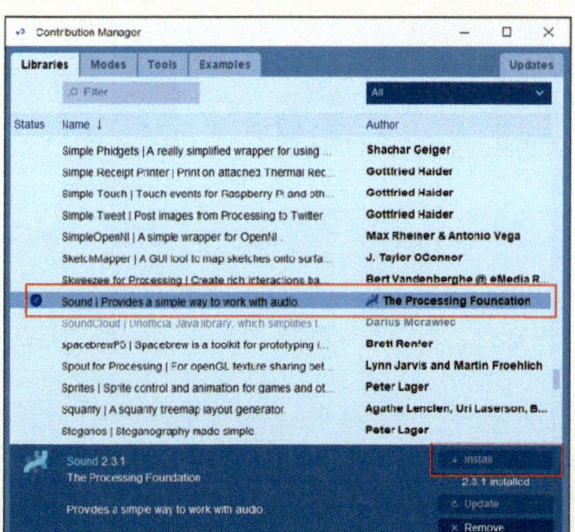

❶ 라이브러리 매니져 창이 나오면 Sound | Provides a simple way to work with audio.를 설치한다.

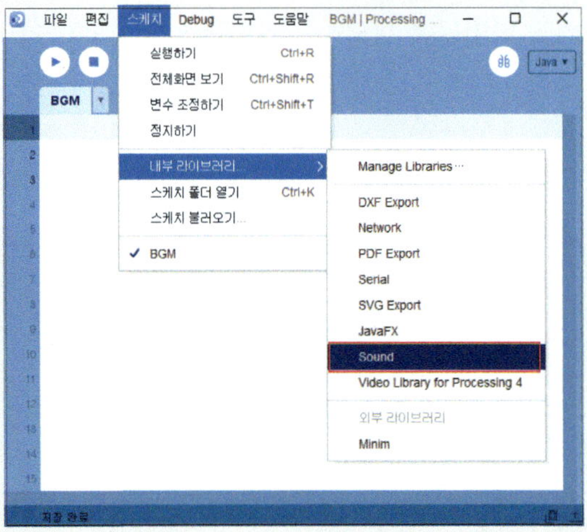

❷ 메인메뉴/스케치/내부라이브러리/Sound를 선택한다. 그럼 에디터의 최상단에

import processing.sound.*;

코드가 삽입된다.

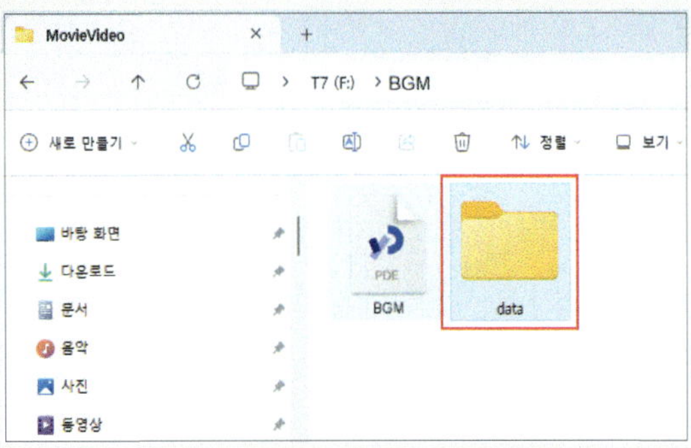

❸ 탐색기를 이용해 스케치가 저장된 BGM 스케치폴더 안으로 들어가서 data 폴더를 만든다.

❹ 교재 데이터/24장 안에 모든 파일을 복사하여 data 폴더 안에 파일들을 붙여넣기 한다.

❺ 오디오파일을 메모리에 담기 위한 변수가 필요하다. SoundFile 타입의 song 변수를 만든다.

❻ setup() 함수 안에서 data폴더에 저장되어 있는 Soft Feeling.mp3 파일을 불러온다. 이 과정은 앞서 녹화비디오 파일로드 과정과 비슷하다.

❼ 음향을 재생하려면 song. play() 함수를 사용하면 된다. 그러나 play() 함수는 한번만 재생되

기 때문에 무한반복재생을 원한다면 loop() 함수를 사용해야 한다.

BGM

```
import processing.sound.*;          ❷
SoundFile song;       ❺

void setup(){
 size(512, 512);
 song = new SoundFile(this, "Soft Feeling.mp3");   ❻
 song.loop();             ❼
}

void draw(){

}
```

❽ Jazz 음악분위기를 연상시키는 배경이미지를 삽입해보자. PImage 객체를 만들기 위해 img 변수를 만들어라.

❾ setup() 함수 안에서 loadImage(이미지이름, 파일유형) 함수를 사용해 turntable.jpg 이미지를 불러온다.

❿ darw() 함수 안에서 image(img, 0, 0, 512, 512) 함수를 사용해 배경이미지가 렌더링 하도록 만든다. (재생버튼을 클릭하면 위 이미지와 함께 Soft Feeling 음악이 나온다.)

BGM

```
import processing.sound.*;
SoundFile song;
PImage img;                    ❽

void setup(){
 size(512, 512);
 song = new SoundFile(this, "Soft Feeling.mp3");
 song.loop();
 img = loadImage("turntable.jpg");   ❾
}

void draw(){
  image(img, 0, 0, 512, 512);  ❿
}
```

BGM

24-2 오디오 음량, 속도 조정하기

SoundFile 클래스는 play(), loop(), pause(), stop()으로 재생, 반복, 멈춤, 정지를 작동시켜 주면 된다. 이 외에도 사운드가 재생되는 동안 섬세하게 음향을 조정할 수 있다. 예를 들어 볼륨(amp), 속도(rate), 패닝(pan) 같은 함수로 소리의 크기, 속도, 좌우 스피커의 볼륨을 실시간 조정시킬 수 있다. 사운드 라이브러리에 아래와 같은 다양한 함수들이 있다.

amp( )	사운드 크기를 조절할 수 있다. 0~1 (0은 무음, 1은 최대음량)
rate( )	사운드 속도를 조절할 수 있다. 1.0은 정상속도, 2.0은 2배속도
duration( )	사운드의 길이를 초단위로 나타낼 수 있다.
frame( )	사운드의 프레임을 int(정수)로 나타낼 수 있다.
jump( )	사운드를 원하는 시작점으로 점프해 재생 시킬 수 있다.
isPlaying( )	사운드가 재생되고 있는지 확인하는 기능이다. 참, 거짓 값을 반환한다.
pan( )	사운드의 음향을 왼쪽 채널(-0.1), 오른쪽 채널(1.0)에 몰아줄 수 있다.

다음 예제에서 볼륨조정(amp) 함수를 사용해보자. 사운드 볼륨조정은 렌더링 화면에서 마우스 커서를 좌우 움직이면서 실시간 미세 조정할 수 있게 만들려고 한다. 화면의 왼쪽 끝은 볼륨이 0이고 화면의 오른쪽 끝은 볼륨이 1이 될 것이다. 이때 사용하는 주요한 함수가 또 있는데 바로 map() 함수이다. 이전 장에서도 자주 사용했던 map(mouseX, width의 최소값, width의 최대값, 볼륨의 최소값, 볼륨의 최대값)함수로 사운드의 범위값을 화면의 좌우 거리값으로 변환시킬 것이다. 앞서 작업하던 24-1 예제 BGM 스케치를 가져온다.

예제 24-2. sound 볼륨 조정하기

❶ draw() 함수 안에 image(img, 0, 0, 512, 512)코드 아래에 새로운 코드를 추가하자. float 타입의 volume변수를 만들고 map( ) 함수를 volume변수에 할당한다.

❷ amp() 함수 안에 숫자 대신 volume변수를 삽입하여 사운드의 볼륨 song.amp(volume)을 조정하도록 만든다. (화면 내에서 커서를 좌우 움직이면 볼륨이 커졌다 작아졌다 하는 것을 경험하게 될 것이다.)

BGM

```
import processing.sound.*;
SoundFile song;
PImage img;

void setup(){
 size(512, 512);
 song = new SoundFile(this, "Soft Feeling.mp3");
 song.loop();
 img = loadImage("turntable.jpg");
}

void draw(){
  image(img, 0, 0, 512, 512);
  float volume = map(mouseX, 0, width, 0, 1); ❶
  song.amp(volume); ❷
}
```

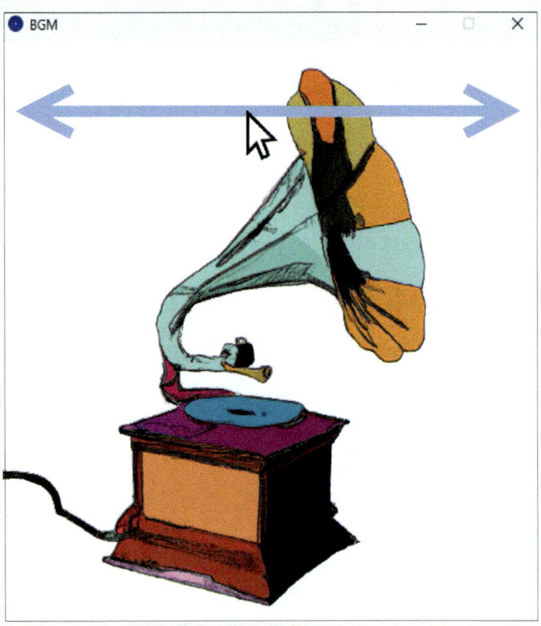

※ 렌더링 시 위 그림처럼 화살표가 나타나지 않는다. 마우스 커서의 좌우 움직임을 시각적으로 보여주기 위함이다.

amp() 함수 대신 재생속도를 조정하는 rate() 함수를 사용해 보자. 재생속도는 1.0이 정상속도이고, 2.0이 2배 빠른 속도이다. 아래 코드는 0배속부터 4배속까지 범주로 코드를 적용한 것이다. ① ② 코드를 아래 코드로 교체하고 마우스를 좌우 움직이면 사운드 속도가 달라지는 것을 경험하게 될 것이다.

```
float speed = map(mouseX, 0, width, 0, 4);
song.rate(speed);
```

24-3 버튼 클릭해서 음악 재생하기

이번 예제는 3개 원형 버튼을 만들고 각 버튼을 클릭할 때마다 각 버튼에 연결된 음악들을 재생하는 인터렉티브 미디어콘텐츠를 만들어 볼 것이다. 이 예제의 주요한 점은 첫 번째, 버튼을 클릭할 때 원하는 기능이 실행되도록 만들어 주는 mousePressed() 함수를 사용한다는 점이다. 두 번째, 버튼의 모양과 음악재생 기능이 동일하기 때문에 각각 따로 따로 만들어주기 보다 '버튼' class로 만들어 주는 것이 훨씬 효율적이라는 점이다. 세 번째, 버튼 위에 마우스 커서를 올려놓으면 타원형의 색이 빨간색으로 전환되는 기능을 위해 커서와 버튼 간의 거리값을 기준으로 롤오버(버튼에 마우스 포인터가 올라갔을 때 색이 바뀌는 전환효과) 효과를 적용할 것이다. 이 기능은 class 내부에서 함수로 정의할 것이다.

먼저 프로세싱에서 그림 24-2처럼 2개의 탭을 만들어주도록 하자. 첫 번째 만들어야 하는 탭은 " song"이고, 두 번째 만들어야 하는 탭은 "music"이다. (프로세싱을 실행하고 바로 file/save 하면서 저장이름을 song으로 작성하면 song 탭을 만들 수 있다. 두 번째 화살표 ▼ 탭을 클릭해서 새 탭 " music"을 만들어라)

▲ 그림 24-2

먼저 music Class 코드부터 작성하자. Class 코드를 직관적으로 시각화시킬 수 없지만 버튼의 속성과 기능을 고려해서 Class에 들어갈 내용이 무엇인지 생각해 보자. 먼저 속성으로는 버튼의 위치, 버튼의 크기, 버튼의 색, 버튼과 연결된 음악정도가 있을 것이고, 기능으로는 커서와 버튼 간의 거리에 따라 버튼색이 바뀌도록 만드는 전환기능함수, 음악이 재생되도록 만드는 함수, 실재 화면에 버튼을 그려주는 디스플레이 함수정도가 있을 것이다. music 탭을 클릭하고 Class 코드를 작성하자.

예제 24-3-1. 버튼 클릭으로 음악 재생하기-music클래스 만들기

❶ Class 이름은 Music이란 이름으로 지정한다. 클래스이름은 관습적으로 첫 글자는 대문자로 작성한다. 클래스에 대한 데이터는 변수들로 구성되어 있는데, 버튼의 위치 (x, y), 버튼의 크기 (r), 버튼의 색(c), 버튼을 클릭했을 때 재생될 음악을 담기 위한 변수선언(jazz)을 한다.

❷ 생성자 { }블록영역은 데이터에서 만들어진 변수에 초기값을 설정하거나 지시사항을 전달하는 곳이다. Music 생성자 함수에는 매개변수로 버튼의 위치 (float x_, float y_), 버튼의 크기 (float r_), 버튼을 클릭했을 때 불러올 파일이름 (String jazz_ 음악파일이름은 문자열이기 때문에 String 데이터 타입) 4개를 넣었다. 버튼 칼라(c)는 random() 함수로 자동으로 색이 지정되도록 만들 것이다. 맨 아래 코드 jazz = new SoundFile(BGM.this, jazz_)는 jazz 객체에 song.this에 대한 참조와 함께 음향파일을 생성자로 보냄으로써 초기화된다.

❸ contact() 함수는 마우스 커서가 버튼 위에 올려 졌을 때 반응효과를 발생하기 위해 만든 함수다. 커서와 버튼이 접촉했는지 안했는지 조건검증을 하기 때문에 결과는 참 또는 거짓 값이 나온다. 그래서 함수를 void 대신 boolean 반환타입으로 만든다.(함수는 { }코드블록에서 나온 결과 데이터 유형에 따라 함수이름 앞에 결과값의 반환형을 명시해야 한다) 조건검증은 두 사물의 거리값을 구할 수 있는 dist() 함수를 사용할 것이다. 조건의 내용은 커서와 버튼 사이의 거리값을 구하고 그 거리값이 버튼의 크기(지름)보다 작으면 참값을 반환하고 크면 거짓을 반환한다.

dist() 함수	두 점 사이의 거리값을 구해주는 함수 (예 : dist(x1, y1, x2, y2))

❹ PlaySong() 함수에서는 음악을 재생하는 play()를 적용하기 위한 함수다. 다만 play() 함수를 넣기 전에 먼저 음악이 현재 재생되고 있는지 확인하는 예외처리 조건문(!jazz.isPlaying())을 넣어야 한다. 그렇지 않으면 클릭할 때마다 매번 음악이 다시 시작되는 에러가 발생한다.

❺ Display() 함수에서는 버튼을 그려주는 역할을 하는 함수다. Display(float mx, float my)매개변

수는 마우스 커서의 움직임을 가져오는 mouseX, mouseY를 참조하는 변수이다. if(contact(mx, my)) ~ 조건식은 마우스커서가 버튼 위에 올라가면 버튼 색을 빨간색, 그렇지 않으면 랜덤한 색(c)으로 지정하라는 조건식이다. 버튼은 ellipse(x, y, r, r) 함수로 타원도형을 만들 것이다.

song	music

```
class Music {
  float x;
  float y;
  float r;                                              ❶
  color c;
  SoundFile jazz;

  Music(float x_, float y_, float r_, String jazz_) {
    x = x_;
    y = y_;
    r = r_;                                             ❷
    c = color(random(255), random(255), random(255));
    jazz = new SoundFile(song.this, jazz_);
  }

  boolean contact(float mx, float my) {
    if (dist(mx, my, x, y)< r) {
      return true;
    } else {                                            ❸
      return false;
    }
  }

  void PlaySong() {
    if (!jazz.isPlaying()) {
      jazz.play();                                      ❹
    }
  }

  void Display(float mx, float my) {
    if (contact(mx, my)) {
      fill(255, 0, 0);
    } else {
      fill(c);
    }                                                   ❺
    stroke(0);
    strokeWeight(1);
    ellipse(x, y, r, r);
  }
}
```

다음과정으로 메인 스케치인 song 탭에서 코드를 작성하자. song 탭에서 크게 세부분으로 나누어 주요한 기능을 작성해야 한다. setup() 함수에서 Music Class의 객체배열을 선언한 후 버튼의 위치와 크기, 불러올 음악파일을 지정하는 객체 초기화 작업을 진행한다. draw() 함수 내에서 버튼들을 그리는 작업을 진행하며, mousePressed() 함수에서 버튼 클릭과 함께 음악이 재생되도록 만들 것이다.

예제 24-3-2. 버튼 클릭으로 음악 재생하기-song탭 코드작성하기

❶ 최상단에 사운드 라이브러리를 들여온다.

❷ 배경에 저자가 제공한 LP음반과 축음기가 합성된 이미지("phonograph.png")를 불러올 것이다. PImage클래스 img 변수를 하나 선언한다.

❸ Music 클래스로 music객체 배열을 3개 선언한다. (나중에 오디오파일을 각 배열 안으로 불러올 것이다.)

❹ setup() 함수 안에서 size를 800픽셀로 만든다. img 변수에 loadImage("phonograph.png") 함수로 이미지를 할당한다. 사운드 객체배열인 music[0]~music[2]까지 버튼의 x, y 생성위치, 버튼의 지름크기, 불러올 음악파일 이름을 각 변수에 할당하면서 초기화한다.

❺ draw() 함수 안에서 background() 색은 본인이 원하는 대로 지정하라. image() 함수로 배경이미지image(img, 0, 0, 800, 800)를 그린다. for문 안에 Music 클래스에서 만든 Display(mouseX, mouseY) 함수를 사용해 3개의 버튼이 디스플레이 되도록 만든다. 이때 괄호 안 매개변수는 실시간 마우스커서 위치값을 가져오는 mouseX, mouseY 내장변수를 넣는다.

❻ mousePressed() 함수는 마우스를 클릭할 때만 실행되는 내장함수이다. 이때 어떤 버튼을 누르든 동일한 명령이 실행되기 때문에 for문을 사용했다. for문 내부에서 조건식으로 버튼을 클릭했을 때 music[i].contact(mouseX, mouseY)이 실행되고 버튼위에 커서가 놓여있는지 확인한다. 만약 참이면 music[i].PlaySong() 함수를 실행하여 음악을 재생하고 그렇지 않고 거짓(버튼 외에 배경을 클릭하면)이면 music[i].jazz.stop() 사운드 클래스의 stop명령을 실행하여 음악이 멈추도록 만든다.

song | music

```
import processing.sound.*;                  ❶
PImage img;                                 ❷
Music[] music = new Music[3];               ❸

void setup() {
  size(800, 800);
  img = loadImage("phonograph.png");
  music[0] = new Music(width*0.85, height*0.1, 64, "Soft Feeling.mp3");      ┐
  music[1] = new Music(width*0.85, height*0.3, 64, "Fine Dining.mp3");       ├ ❹
  music[2] = new Music(width*0.85, height*0.5, 64, "King Porter Stomp.mp3"); ┘
}

void draw() {
  background(40, 70, 70);
  image(img, 0, 0, 800, 800);
  for (int i=0; i<3; i++) {                    ┐
    music[i].Display(mouseX, mouseY);          ├ ❺
  }                                            ┘
}

void mousePressed() {                          ┐
  for (int i=0; i<3; i++) {                    │
    if (music[i].contact(mouseX, mouseY)) {    │
      music[i].PlaySong();                     ├ ❻
    } else {                                   │
      music[i].jazz.stop();                    │
    }                                          │
  }                                            ┘
```

❼ 모든 코드를 작성한 후 프로세싱의 ▶ 실행버튼을 클릭하면 그림 24-3처럼 렌더링 될 것이다. 오른편 상단부터 만들어져 있는 타원형의 3개의 버튼 위에 마우스 커서를 올려놓거나 클릭해 보아라. 그러면 버튼의 색이 빨간색으로 바뀔 것이고 클릭하면 버튼과 연결되어 있는 jazz 음악이 재생될 것이다.

▲ 그림 24-3

Media Art Learning by Coding

CHAPTER 25

미디어아트 내보내기

개요

- 독립형 프로그램으로 만들기
- 이미지로 저장하기
- 동영상으로 만들기

프로세싱에서 제작한 이미지, 모션그래픽, 인터렉티브 미디어 콘텐츠를 퍼블리싱(출판/출력)하는 다양한 방법들을 알아보자.

25-1 독립형 프로그램으로 만들기

지금까지 제작했던 프로세싱의 결과물을 누구나 관람할 수 있게 만들고 싶다면 어떻게 해야 할까? 여러분도 알다시피 여러분이 만든 결과물을 누군가 보려한다면 그 사람의 PC에도 프로세싱이 설치되어 있어야 한다. 프로세싱이 설치되어 있지 않거나 설치와 사용법을 모를 경우 어떻게 해야 할까. 여기서 퍼블리싱의 필요성이 대두되는데 누구나 쉽게 볼 수 있는 일반적인 유형(이미지, 동영상, 실행파일 등)으로 만들어야 한다. 프로세싱에서는 최종결과물을 다양한 형식으로 출력하는 방법을 제공한다. 첫 번째 축음기와 jazz 음악 같은 인터렉티브 미디어콘텐츠처럼 작동 가능한 실행파일로 만들 수 있다. 두 번째 도형으로 구축한 그래픽이미지를 이미지 포맷으로 저장할 수 있으며, 세 번째 애니메이션 되는 그래픽이미지나 녹화/캡쳐 비디오 같은 동영상을 배경음악과 함께 동영상으로 출력할 수 있다.

먼저 독립형 프로그램으로 만드는 방법부터 알아보자. 독립형 프로그램이라는 것은 프로세싱개발 환경이 설치되어 있지 않더라도 독립적으로 실행할 수 있는 프로그램을 의미한다. 따라서 여러분이 만든 작품이나 미디어콘텐츠를 외부 전시공간에서 전시할 때 또는 키오스크(Kiosk) 환경에 준하는 공공서비스 장소에 대중들이 쉽게 이용할 수 있도록 단말기에 설치할 수 있다. 앞장에서 완성한 예제 24-3을 가져와 독립형 프로그램으로 만들자.

예제 25-1. 24장에서 만든 〈축음기와 jazz 음악〉을 독립형 프로그램으로 만들기

❶ 독립형 프로그램으로 내보내기를 하려면 파일(File)/어플리케이션으로 내보내기(Export Application)을 선택한다.

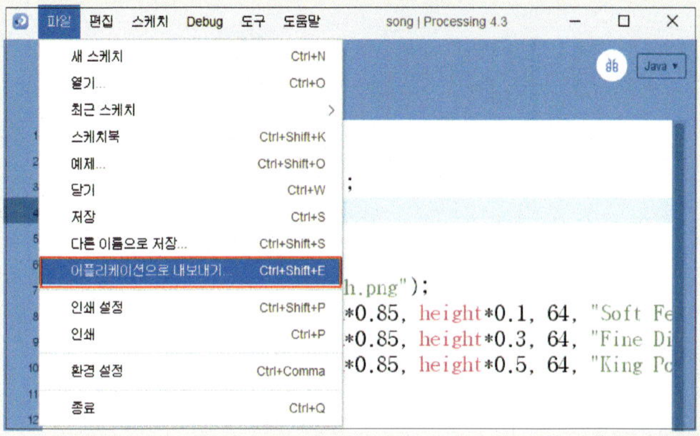

❷ 어플리케이션으로 내보내기(Export Application)을 선택하면 아래와 같은 '내보내기' 옵션창이 뜬다. 아마 본인의 pc시스템 OS에 따라 플랫폼은 자동적으로 선택되어 있을 것이다. (윈도우 OS는 윈도우 (intel 64-bit), mac OS 사용자는 mac OS(Apple Silicon)이 선택되어 있을 것이다.) 여러분은 원하는 운영체제를 선택가능하며, 가능하면 중복선택하지 말고 특정 운영체제, 하나만 선택하기 바란다. 그렇지 않으면 문제를 일으킬 수 있다. 내보내기 버튼을 클릭한다.

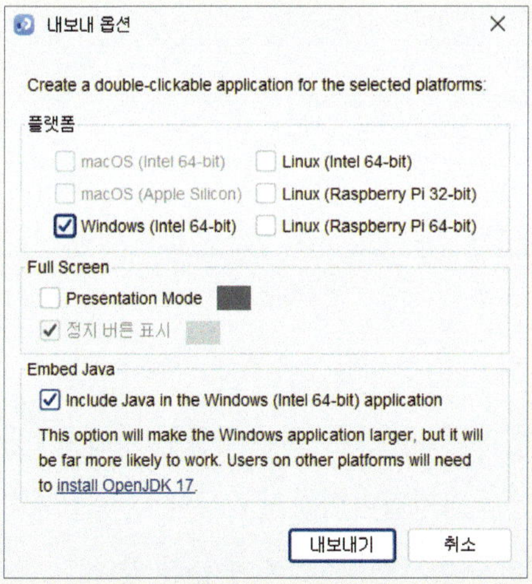

❸ 그러면 아래 그림처럼 song 스케치 폴더 안에 windows-amd64라는 폴더가 생성되었을 것이다. 그 폴더 안에 동그란 파란색모양의 song.exe 파일이 보일 것이다. 해당 파일을 더블클릭하면 프로세싱에서 예제 24-3을 실행했던 것처럼 같은 화면이 나타날 것이고, 버튼클릭과 음악 재생도 동일하게 실행될 것이다.

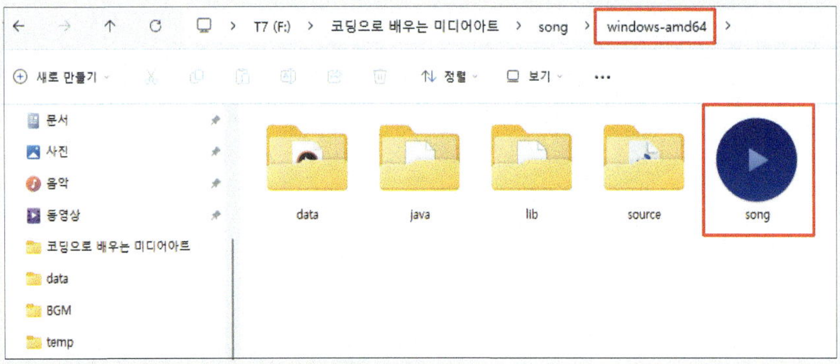

25-2 이미지(pdf, png)로 저장하기

완성된 그래픽이미지를 스틸(정지)이미지로 내보내보자. 프로세싱에서는 다양한 이미지 유형으로 내보내기가 가능하다. 먼저 그 방법을 알아보기 전에 디지털이미지의 종류에 대해 잠깐 알아보자. 컴퓨터에서 생성하는 그래픽이미지는 크게 벡터와 비트맵, 두 가지 종류가 있다.

벡터 (vector)	벡터는 정점(vertex)과 정점 사이의 선(Bezier cirve)을 수학적으로 계산하여 렌더링하는 과정을 거쳐 그림을 표시한다. 따라서 수학식으로 도형을 만들어 내기 때문에 파일크기가 비트맵에 비해 작고 화면을 확대, 축소해도 이미지가 가지고 있는 정보에 변화가 없기 때문에 계단현상 없이 선명하다. 어도비사의 일러스트레이터 같은 프로그램에서 제작된 ai 이미지나 PDF가 대표적인 벡터 이미지 파일이다. 고해상도 이미지를 만들어 낼 수 있기 때문에 인쇄용 이미지를 만들 때 사용하면 좋다.
비트맵 (bitmap)	비트맵 이미지는 픽셀들의 조합으로 그려지는 이미지들이다. 색 정보를 가진 픽셀군집으로 이미지를 표시하기 때문에 정교하고 화려한 표현이 가능하다. 다만 원본이미지의 크기가 작으면 확대했을 때 계단현상이 생겨 선명하지 못한 이미지가 될 수 있다. 그래서 선명한 이미지를 얻기 위해 이미지 크기를 키우면 벡터이미지에 비해 파일크기가 커지는 단점이 있다. 주로 사진 이미지나 어도비사의 포토샵 같은 프로그램에서 제작된 psd. 또는 jpg, png, tif 파일유형이 비트맵 이미지방식이다.

먼저 벡터 타입인 pdf 형식으로 내보내는 방법을 알아보자. pdf 형식으로 내보내기 위해서는 pdf 라이브러리를 불러와야 한다. 이 라이브러리에는 beginRecord(), endRecord()함수가 주요하게 사용된다.

예제 25-2. pdf 이미지로 내보내기

❶ 프로세싱을 켜고 빈 스케치를 saveImage 라는 이름으로 저장한다. 나중에 이미지결과물을 저장하면 스케치 폴더에 저장되기 때문에 반드시 먼저 스케치를 저장해야 한다.

❷ pdf 이미지로 export 하기 위한 라이브러리를 불러와야 한다. 스케치/내부 라이브러리/PDF Export를 선택한다. 그러면 최상단에 import processing.pdf.*; 코드가 추가될 것이다.

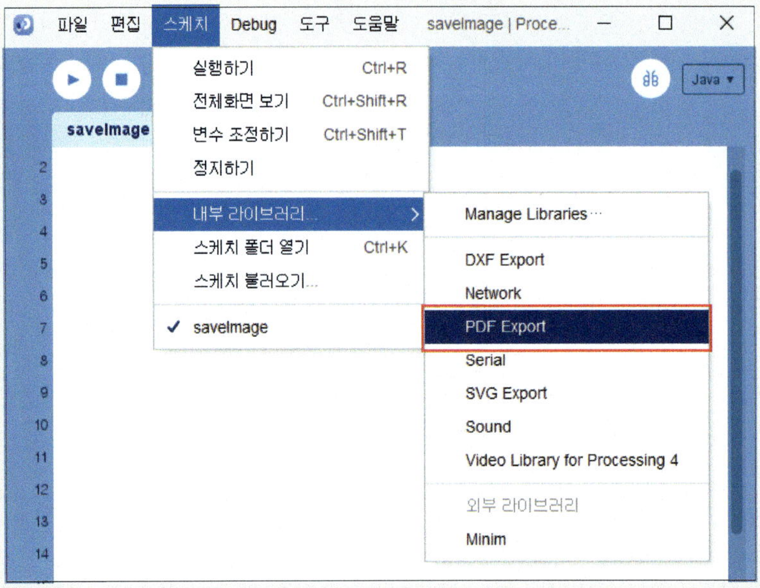

❸ beginRecord()는 벡터이미지로 기록하는 프로세스를 시작한다. (beginRecord()는 setup() 함수에서 실행시키는 게 좋으며, 두 개의 매개변수를 요구한다. 첫 번째 매개변수는 renderer 종류이고, 두 번째는 저장할 파일이름이다. 첫 번째 매개변수에는 PDF, SVG 같은 벡터 렌더러만 들어갈 수 있다.)

❹ draw() 함수 안에서 keyman() 함수 코드를 넣어라.

❺ endRecord()는 beginRecord()에 의해 시작된 기록 프로세스를 중지하는 명령어이다.

❻ keyman은 5장 함수 편에서 제작했던 예제 5-3에서 만든 캐릭터이다.(얼굴부분만 남겨두고 나머지 도형을 삭제함) 여러분들도 자신만의 캐릭터를 가져와 함수로 만들어보길 바란다.

saveImage

```
import processing.pdf.*;
void setup() {
  size(500, 500);
  beginRecord(PDF, "keyman.pdf");    ❸
}
void draw() {
  background(255);
  keyman(250, 250);                  ❹
  endRecord();                       ❺
}

void keyman(float x, float y) {      ┐
  pushMatrix();                      │
  translate(x, y);                   │
  //키맨 머리                          │
  stroke(0);                         │
  fill(200);                         │
  ellipse(0, 0, 150, 150);           ├ ❻
  //키맨 눈                            │
  fill(0);                           │
  ellipse(-30, 0, 30, 30);           │
  ellipse(+30, 0, 30, 30);           │
  popMatrix();                       │
}                                    ┘
```

❼ ▶ 실행버튼을 클릭한다. saveImage 스케치 폴더 안에 들어가면 keyman.pdf 파일이 생성되어 있을 것이다. 해당 파일은 웹브라우저인 크롬, 엣지 또는 pdf뷰어 프로그램 등으로 열 수 있다. (파일을 연 상태에서 키보드 ctrl + 마우스 휠을 굴려보면 아래그림처럼 이미지가 확대될 것이다. 최대한 확대한 상태에서 이미지를 확인해보면 벡터이미지의 특성대로 깨끗하고 선명하게 그림이 그려져 있는 것을 확인할 수 있다.)

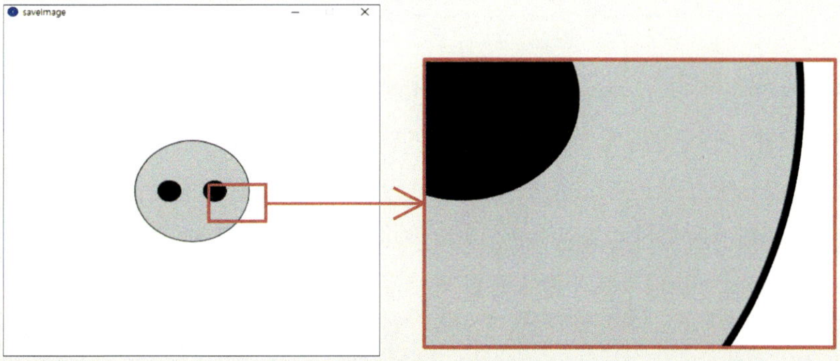

이제 비트맵 타입인 png 형식으로 내보내는 방법을 알아보자. png 형식으로 내보내기 위해서는 saveFrame() 함수가 주요하게 사용된다. 이전 예제 25-2를 가져와 수정해보자.

예제 25-3. 비드맵 이미지로 내보내기

❶ pdf관련 라이브러리코드와 beginRecord(), endRecord()함수를 모두 지운다. 그리고 draw() 함수 안에서 saveFrame("keyman.png") 코드를 추가한다. (일반적으로 saveFrame()함수는 draw() 함수 안 맨 아래 끝에 작성하는 것이 좋다. 상단 코드가 처리된 후 완결상태를 렌더링 해야 하기 때문이다.)

saveImage

```
void setup() {
  size(500, 500);
}
void draw() {
  background(255);
  keyman(250, 250);
  saveFrame("keyman.png");          ❶
}
void keyman(float x, float y) {
  pushMatrix();
  translate(x, y);
  //키맨 머리
  stroke(0);
  fill(200);
  ellipse(0, 0, 150, 150);
  //키맨 눈
  fill(0);
  ellipse(-30, 0, 30, 30);
  ellipse(+30, 0, 30, 30);
  popMatrix();
}
```

❷ ▶ 실행버튼을 클릭한다. saveImage스케치 폴더 안에 들어가면 keyman.png 파일이 생성되어 있을 것이다. 해당 파일은 윈도우나 mac os에 내장된 이미지뷰어 프로그램에서 열 수 있다. (파일을 연 상태에서 키보드 ctrl + 마우스 휠을 굴려보면 위 그림처럼 이미지가 확대될 것이다. 최대한 확대한 상태에서 윤곽선을 확인해보면 비트맵이미지의 특성대로 계단현상이 생긴 것을 확인할 수 있다. 따라서 비트맵 이미지를 사용할 때는 큰 사이즈로 출력할 필요가 있다.)

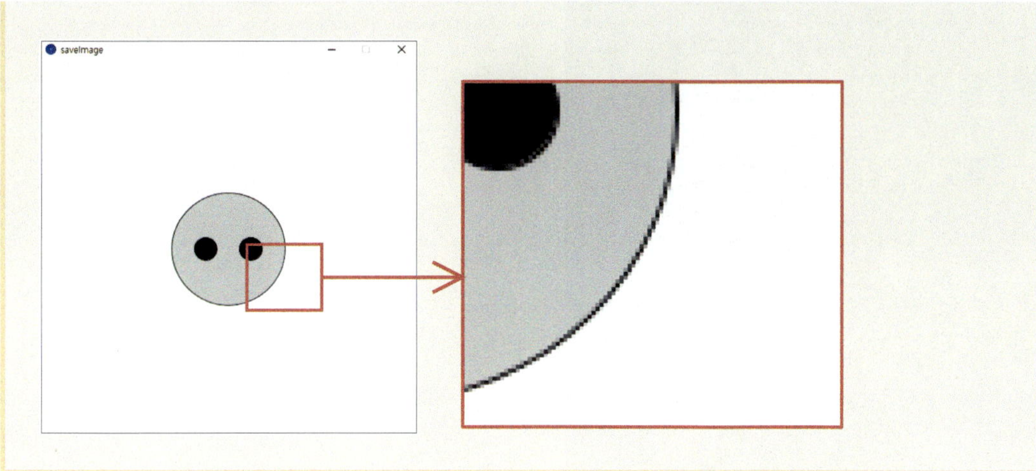

25-3 동영상으로 저장하기

이번에는 동영상 유형으로 만들어보자. 그런데 동영상을 제작할 때는 이미지를 만드는 것처럼 ▶ 실행버튼을 누름과 동시에 바로 동영상(avi, mp4) 파일로 만들 수 없고 프로세싱 안에 있는 Movie Maker라는 동영상 제작 툴을 가지고 만들어야 한다. 그래서 먼저 해야 할일은 앞서 배운 saveFrame() 함수로 일련의 연속(sequence) 이미지를 만들어야 한다. 다음으로 동영상과 어울리는 적절한 배경음악과 함께 연속이미지를 Movie Maker에서 결합한다. (배경음악은 반드시 필수조건은 아님) 이런 과정을 통해 동영상으로 만들 수 있다. 주요한 명령어는 시퀀스 이미지를 렌더링 해주는 saveFrame() 함수이다.

saveFrame("스케치 내 저장폴더 / 파일이름####.png")

saveFrame() 매개변수로 파일명에서 문자열 "####"해시마크를 찾고 이것을 이미지의 일련번호로 바꾸게 된다.

동영상 출력 예제는 그림 25-1처럼 마우스의 움직임을 쫓아가는 빨간 타원과 그 궤적을 표현한 간단한 모션그래픽 작업물이다. 모션그래픽 구현코드에 대한 설명은 생략하겠다. 이번 예제는 동영상으로 출력하는 방법을 이해하는 것이 목적이니 원하는 시퀀스 프레임까지 렌더링 거는 방법과 저장하는 명령어코드만 알아보자.

▲ 그림 25-1

예제 25-4. 동영상으로 저장하기

❶ 첫 번째 프로세싱을 실행하고 mouseTrace 이름으로 스케치를 저장한다. 두 번째 mouseTrace 폴더 안에 output이라는 새폴더를 만든다. 세 번째 저자가 제공한 음악파일인 교재 데이터/25장/Otis McMusic.mp3를 mouseTrace스케치에 넣어라.

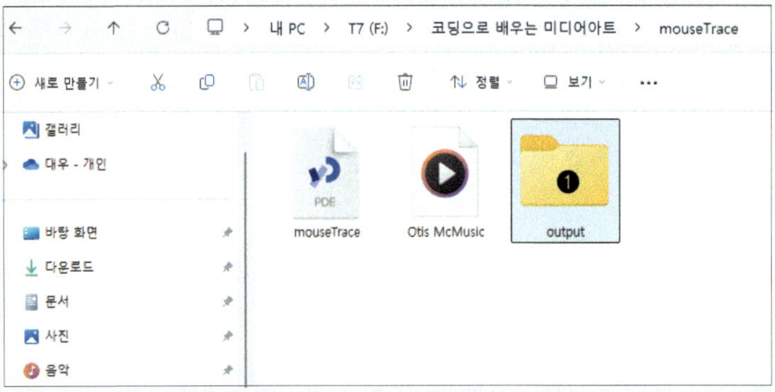

❷ 마우스의 움직임을 따라 빨간선의 궤적이 생기도록 만드는 코드를 작성한다.

❸ draw() 함수 안에서 계수기로 사용할 cnt 변수에 1을 지속적으로 더해서 값이 증가하도록 만든다. 조건식에서 cnt 변수가 300을 넘으면 현 스케치 실행을 중지exit()하도록 만든다.

❹ 시퀀스이미지를 저장하기 위해 saveFrame("output/trace####.png")함수 안에 저장경로가 포함된 형식으로 코드를 추가한다.

mouseTrace

```
float x = 0;
float y = 0;
float easing = 0.05;
int cnt = 0;

void setup() {
  size(500, 500);
}

void draw() {
  noStroke();
  fill(0, 10);
  rect(0, 0, width, height);
  x = x + (mouseX-x) * easing;
  y = y + (mouseY-y) * easing;

  fill(255, 0, 0);
  ellipse(x, y, 30, 30);                    ❷

  cnt += 1;
  if(cnt >300){
   exit();                                  ❸
  }

  saveFrame("output/trace####.png");        ❹
}
```

❺ ▶ 실행버튼을 클릭하고 마우스를 아래 그림처럼 움직인다. 300프레임까지 렌더링 되면 렌더창이 중지된다.

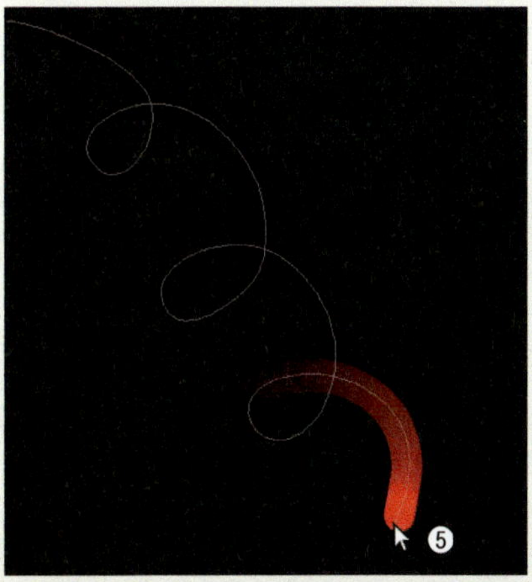

❻ mouseTrace/output 폴더를 확인해보면 마우스 모션그래픽이 시퀀스이미지(0 ~ 300frame)로 렌더링 된 것을 확인할 수 있다.

❼ 프로세싱 메인메뉴/도구/Movie Maker 선택한다. 그러면 Movie Maker 창이 뜰 것이다.

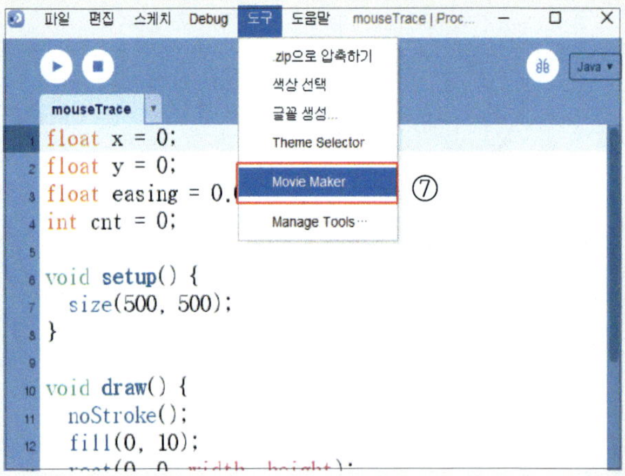

❽ Movie Maker 창 아래 부분에 Drag a folder with Image ~ 아래 빈칸에 output 폴더를 던져 넣어라.

❾ Movie Maker 창 맨 아래 부분에 Drag a Sound file ~ 아래 빈칸에 사운드 파일을 던져 넣어라.

❿ 최종적으로 동영상을 만들기 위해 Create Movie...버튼을 클릭한다. (same size as originals 체크박스는 프로세싱 안 size() 함수에서 기입한 렌더링사이즈와 동일하게 지정하겠다는 의미임)

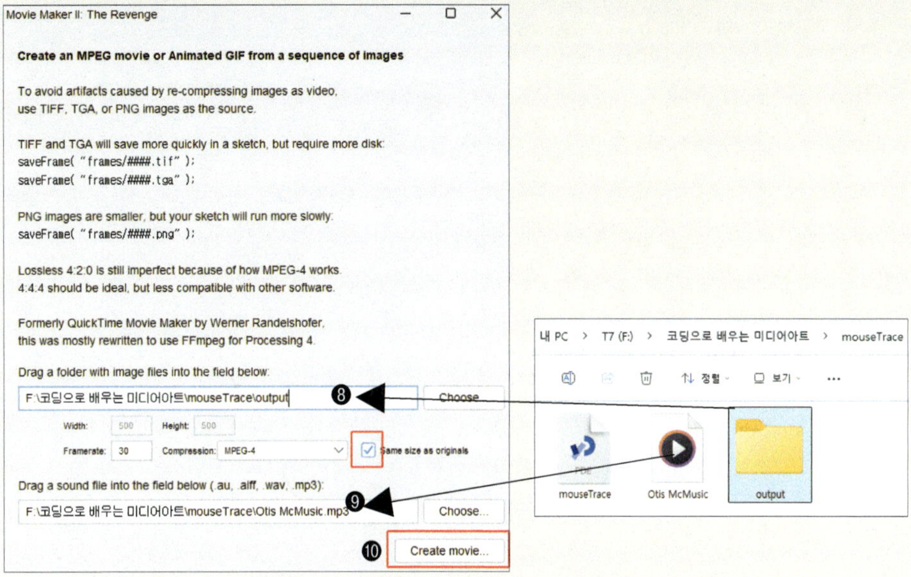

⓫ mouseTrace 폴더 안에 mouseTrace.mp4 동영상 파일로 만들어진다. 동영상 파일을 더블 클릭해서 실행하면 아래 그림처럼 동영상이 보일 것이다.